GEORGES ROUAULT

Stephan Koja

GEORGES ROUAULT

Malerei und Graphik

Prestel

Dieses Buch erschien anläßlich der Ausstellung ›Georges Rouault – Malerei und Graphik‹
in den Salzburger Landessammlungen Rupertinum (17.7.–17.10.1993).

Das Projekt wurde gefördert von:

American Express Österreich
Französisches Außenministerium (Association française d'action artistique)
Österreichische Forschungsgemeinschaft
Porsche Salzburg
Spedition FRANZ WELZ Salzburg

Übersetzung der Quellentexte aus dem Französischen (S. 203–208): Ingrid Hacker-Klier, Steingaden

Umschlagvorderseite: *Die Cumäische Sibylle,* 1947 (Kat. 63)
Umschlagrückseite: *Im Land des Durstes und der Angst,* um 1948 (Kat. 74)
Frontispiz: Georges Rouault, 1953

Die Deutsche Bibliothek – CIP-Kurztitelaufnahme

Georges Rouault: Malerei und Graphik [anläßlich der Ausstellung ›Georges Rouault –
Malerei und Graphik‹ in den Salzburger Landessammlungen Rupertinum (17.7.–17.10.1993)].
Stephan Koja. Rupertinum Salzburg. – München: Prestel, 1993

Photonachweis siehe S. 214

Prestel-Verlag · Mandlstraße 26 · 80802 München
Telefon (089) 3817093-0 · Telefax 38170935

Gestaltung: Heinz Ross, München

Reproduktionen: Karl Dörfel GmbH, München
Papier: BVS* matt, 150 g/m², der Fa. Scheufelen, Lenningen/Württemberg
Satz, Druck und Bindung: Passavia Druckerei GmbH Passau

Printed in Germany

ISBN 3-7913-1294-4

Vorwort

Georges Rouault, ein Jahrzehnt früher geboren als Picasso, überspannte ähnlich wie dieser mit einer Lebenszeit von nahezu neunzig Jahren und beseelt von einer leidenschaftlichen geistigen Konsequenz die Zyklen der Kunst unseres Jahrhunderts. Vielfach und allzu vordergründig als Vertreter des Expressionismus vereinnahmt, ist Rouaults Werk doch weitgehend als eine solitäre Einzelleistung zu betrachten. In seiner Entwicklung folgte es einer inneren Logik und hat den wechselnden Zeitstilen nur peripher etwas zu verdanken. Eine Zuordnung der Werkabschnitte zu den Avantgarden unseres Jahrhunderts bleibt daher ein letztlich unfruchtbarer Versuch.

Kontinuität und ein fast unmerkliches ›Ausreifen‹ und ›Wachsen‹ eines einmal gefundenen Ausdruckskanons und ikonographischen Repertoires sind für Rouault charakteristischer als jähe Stilwechsel. Er erschloß sich seinen *einen* geistigen Kosmos bis in die letzte Dimension, anstatt flüchtiger Besucher vieler Welten zu sein. Rouaults Position als Einzelgänger, ja Außenseiter hat in einem Jahrhundert des Moderne-Kults hierin seine Ursache. Auch seine zutiefst christliche Überzeugung bewirkte eine gewisse Distanz zu den schillernden Strömungen seiner Zeit und deren Repräsentanten. Hinter formaler Neuentwicklung oder gesellschaftlicher Kritik suchte er nach mehr – nach einer Antwort auf die metaphysische Frage des Menschen. Gerade diese Auffassung vom Menschen ist es, die seine einzigartige Stellung in der europäischen Malerei des 20. Jahrhunderts anschaulich vor Augen führt. – In unserer Zeit, für die der Glaube an den Fortschrittsbegriff in der Kunst brüchig geworden ist, ersteht das Schaffen Rouaults aufs neue: als ein monolithisches Werk von höchster innerer Konsistenz.

Ein derartiges Projekt hätte ohne die Mithilfe vieler nicht zustandekommen können. In Dankbarkeit sei mein verstorbener Doktorvater Wilhelm Messerer erwähnt, der die Beschäftigung mit Rouault mit besonderem Interesse begleitet und nachhaltig unterstützt hat.

Isabelle Rouault, Tochter des Künstlers, hat mir in all den Jahren bei meinen Untersuchungen jede nur erdenkliche Hilfe gewährt. Dankbar denke ich auch an die Zusammenarbeit mit Sigrun Loos vom Rupertinum in Salzburg anläßlich der dortigen großen Werkübersicht des Jahres 1993.

STEPHAN KOJA

1 Georges Rouault, *Wer schminkt sich nicht?* (Qui ne se grime pas?), 1923. Tafel 8 des Radierzyklus *Miserere,* 56,5 x 43 cm

Der Mensch in Verstellung und Enthüllung

»Sprechen Sie nicht von mir, es sei denn, Sie wollten die Kunst preisen. Versuchen Sie nicht, mich als Fackel des Aufruhrs und der Verneinung darzustellen. Was ich gemacht habe, ist nichts. Messen Sie mir nicht so viel Bedeutung bei. Ein Schrei in der Nacht. Ein verlorenes Schluchzen. Ein ersticktes Lachen. In der Welt sterben unter ihrer Last alle Tage tausend und abertausend unbekannte Bedürftige, die mehr wert sind als ich. Ich bin der schweigsame Freund derer, die in der Ackerfurche arbeiten, ich bin der Efeu des ewigen Elends, der sich an der aussätzigen Mauer emporrankt, hinter der die rebellische Menschheit ihre Laster und ihre Tugenden verbirgt. Als Christ glaube ich in so ungewissen Zeiten nur an Jesus am Kreuz«[1].

GEORGES ROUAULT

Gaukler und Spielleute

Voller verhaltener Traurigkeit blickt uns in der achten Tafel des Radierzyklus *Miserere* der Kopf eines tragischen Clowns an (Abb. 1). Der Schmerz, der aus Augen und Mund spricht, geht nahe. *Wer schminkt sich nicht?* hat ihm Rouault als Titel gegeben.

Es ist eine verhaltene und dennoch bedrängende Traurigkeit. Einfach und knapp ist die Schilderung, mit wenigen kräftigen Linien und Flächen. Der kurze Hals, die Kopfneigung, der große Schädel auf kleinem Leib, die schmalen Schultern, die wie eingeschnürt wirken: all das gibt den Eindruck des Eingeengten, des Tragens einer Last. Tief gräbt sich die Kontur in die rechte Wange, während die linke vom rauhen Grau ausgemergelt wirkt. Das größte Dunkel herrscht in den Augen, so daß sich alles in diesem Schauen konzentriert. Blick und sprechende Form des Mundes verraten ein Wissen – ein größeres, bitteres Wissen.

Um 1905 schildert Rouault in einem Brief an den Historiker und Kunstkritiker Édouard Schuré, den er im Atelier Gustave Moreaus kennenlernte, wie er zu dem Thema des Clowns gekommen ist:

»Seit dem Ende eines schönen Tages, als der erste Stern, der am Firmament funkelte, mir, ich weiß nicht warum, das Herz zuschnürte, habe ich für mich daraus unbewußt eine ganze Poesie entwickelt. Dieser Wagen der Nomaden, angehalten an der Straße, das alte, abgezehrte Pferd, das im mageren Gras weidet, der alte Clown, an der Ecke seines Wohnwagens sitzend und gerade dabei, sein schillerndes und buntgeschecktes Kleid zu flicken; dieser Kontrast leuchtender, glitzender, zum Amüsieren gemachter Dinge zu diesem Leben unendlicher Traurigkeit – wenn man es aus einiger Entfernung betrachtet. – Dann habe ich das alles vergrößert. Ich habe klar gesehen, daß der ›Hanswurst‹ ich war, daß wir es sind … fast wir alle. Das geschmückte und paillettenbestickte Kleid gibt uns das Leben, wir sind mehr oder weniger Hanswurste, wir alle tragen ein ›paillettengeschmücktes Gewand‹. Wenn man uns überrascht, wie ich den alten Clown überrascht habe, oh, wer wagt dann zu sagen, er sei nicht bis ins Mark von unermeßlichem Mitleid ergriffen. Ich habe den Fehler (vielleicht ein Fehler … auf jeden Fall ist es für mich abgrundtiefes Leiden), nie irgend jemandem sein Kleid mit Pailletten zu lassen, möge er König oder Kaiser sein. Die Seele ist es, die ich von dem Menschen sehen will, den ich vor mir habe … und je größer er als Mensch ist und je mehr man ihn menschlich erhebt, um so mehr bange ich um seine Seele.« Und Rouault fügt hinzu: »Die ganze Kunst aus dem Blick einer alten Gaukler-Mähre (Mensch oder Pferd) zu entlehnen, das ist ›wahnsinniger Hochmut‹ oder ›völlige Demut‹, wenn man dafür geschaffen ist, dies zu tun.«[2]

Trotz dieses den Künstler tief beeindruckenden Ereignisses erfaßt ihn das Thema doch wahrscheinlich nicht so voraussetzungslos, wie es hier den Anschein haben will. Vielmehr steht er damit in einer langen Tradition französischer oder in Frankreich schaffender Künstler, denen die Gestalten von Zirkus, Theater und Jahrmärkten Anregung für ihr künstlerisches Schaffen boten.

Nachdem die Figuren der Commedia dell'arte mit Harlekin, Pantalone, Mezzetin, Polichinelle, Colombine und dem Doktor in Paris heimisch geworden waren und sich der glücklose, im Streit mit Harlekin um die Gunst Colombines stets unterliegende Pierrot zur Lieblingsfigur auf den Vergnügungsstätten des Volkes entwickelt hatte, erfuhr das Bild des Spaßmachers in der ersten Hälfte des 19. Jahrhunderts eine entscheidende Wendung. Diese wurde durch das Zusammentreten mehrerer Faktoren ausgelöst: Der Mime Jean-Gaspard Debureau (1796-1846) hatte zu Anfang des Jahrhunderts damit begonnen, einen neuen Pierrottypus erstehen zu lassen, der mit der Zeit so berühmt wurde, daß er viele Literaten und Künstler der Zeit anzog und zu eigenen Werken inspirierte. Pierrot wurde hier immer mehr als differenzierte, humorvolle, aber auch melancholische bis tragische Gestalt interpretiert. Daneben hatte eine Neubewertung des Werkes von Antoine Watteau eingesetzt, dessen Bilder nun hoch geschätzt und besprochen wurden und deren Themenwelt des Theaters sich zunehmender Beliebtheit erfreute. Ein Bild darunter erlangte gerade in dieser Zeit besondere Berühmtheit – sein *Gilles*, vermutlich aus dem Jahr 1718.

Aber noch ein Drittes kommt wesentlich hinzu: vollzog sich doch in der Romantik jene Abwendung vom glatten Rationalismus der Aufklärung, die dem Gefühl nun neue Bedeutung verlieh, die das Verhältnis von Individuum und Gesellschaft neu beurteilte und dabei letztere oft als gefährlich und feindselig auffaßte. Gerade in den von der Allgemeinheit Verkannten konnte für sie das eigentlich Wertvolle liegen, weshalb sich ihnen das Interesse nun vermehrt zuwandte. Alfred de Vigny hatte dem völligen Unverständnis der Gesellschaft dem Dichter gegenüber in seinem Gedicht *Moïse* ergreifend Ausdruck gegeben. Das Genie ist mit seiner Gottesgabe wie geschlagen und verliert – wie Moses – die Geborgenheit des Volkes. In seinem Stück *Chatterton* (1835) geht er sogar noch weiter und zeigt einen begabten Dichter, der von seiner Kunst nicht leben kann und unter einem falschen Namen bei einem reichen Kaufmann lebt. Als der Bürgermeister von London ihm eine Butler-Stelle anbietet, um ihn aus seiner finanziellen Not zu befreien, und er im gleichen Augenblick einen kritischen, die Echtheit seiner Werke anzweifelnden Artikel erhält, begeht er, da er sich von allen unverstanden fühlt, Selbstmord.

Debureaus Leistung bestand vor allem darin, im Rahmen der neubelebten Pantomime aus dem naiv-dümmlichen Tölpel des Pierrot allmählich eine hochsensible, melancholische und fröhliche, insgesamt viel differenziertere Gestalt gemacht und durch seine unerhörte mimische Kraft der Figur immer neue Facetten gegeben zu haben. Dadurch – und durch die schier unerschöpfliche Fülle seiner Tänze – wurde er schon zu Lebzeiten berühmt und zu einer der wichtigsten Erscheinungen des Pariser Kulturlebens, auch wenn das Théâtre des Funambules auf dem Boulevard du Temple, in dem er auftrat, zu den schäbigsten Kellertheatern gehörte und vor allem der Unterhaltung einfacher Leute diente.

Debureau gab dem Pierrot auch ein neues Kostüm: Das weiße Gewand versah er wieder (nach dem Vorbild des Pagliaccio) mit weiten Ärmeln, großen Bommeln und puderte sich das Gesicht ganz weiß. Auf die Halskrause aber verzichtete er, um seinen langen Hals zu unterstreichen, und setzte über die Haare eine eng anliegende schwarze Kappe, die in starkem Gegensatz zum Weiß seines Gesichtes stand. Trotz dieser Veränderungen war sein Vorbild zweifellos der *Gilles* Watteaus, der zu jener Zeit allgemein als melancholisch, sensibel und hintergründig aufgefaßt wurde (Abb. 2).

Wie schon zuvor Jacques Callot und sein Lehrer Claude Gillot hatte Watteau die Welt des Theaters zu einem eigenen Bildgegenstand gemacht, war jedoch noch einen Schritt weiter gegangen und hatte die Bühnenfiguren aus dem Zusammenhang der Bühne herausgelöst und im Rahmen seiner ›fêtes galantes‹ verwendet – einer Zwischenwelt zwischen Theater und Wirklichkeit, einem Traumreich amourösen Empfindens, das doch nie ganz ohne ernsten Zug blieb. Watteau übernahm zwar das Gegenspielerpaar von Pierrot und Harlekin in vielen seiner Bilder – gab ihnen und dem Großteil der übrigen Figuren aber individuelle Züge, so daß oft auch einzelne Schauspieler identifizierbar waren.

Akteure sind es also oft, die dargestellt sind – und doch in einer so veränderten Umgebung und ihrem Zueinander so ergeben, daß Spiel und Wirklichkeit ineinander verfließen und das Handeln der Figuren zu ihrem eigenen wird. In diesem schwebenden Zwischenreich bewegt sich auch Watteaus *Gilles* (ein Pierrot, denn die Figuren des Clowns der Pariser Jahrmärkte, des ›Gilles‹ und des Pierrots der Inszenierungen der italienischen Komödie waren bald nach ihrem Erscheinen im 17. Jahrhundert zu einer verschmolzen und die Namen daher bald Synonyma[3]), und doch nimmt dieses Bild eine Sonderstellung ein. Zwar wird durch die im Hintergrund auftauchenden Komödiantenfiguren Bezug auf den Kontext des Theaters genommen, doch ist Gilles

2 Jean-Antoine Watteau, *Gilles*, um 1718. Öl, 185 x 150 cm; Louvre, Paris

in diesem lebensgroßen Bild aus jeglichem Handlungszusammenhang herausgelöst. Groß und etwas unteransichtig, erhöht über die anderen Figuren, von denen nur die Oberkörper zu sehen sind, steht er vor dem Betrachter.

Gilles verharrt unbeweglich, seine herabhängenden Arme und an der Vorderseite der Schenkel angelegten Hände haben etwas Ungeschicktes, fast Hilfloses; und dann jenes undurchdringliche Schauen, dieser Blick, der zwar auf den Betrachter gerichtet ist und doch nichts zu halten scheint, dieses anteilnahmslose Dastehen, das die einzigartige Wirkung dieser Gestalt ausmacht. Sicherlich liegt in der Tiefe des Blicks etwas Schweres, ein Schatten von Melancholie, und doch ist es vor allem jenes Unwägbare, wie das Gesicht von einem, der sich selbst aus dem vordergründigen Antlitz des Darstellers zurückgezogen hat in das Innerste seiner selbst. Dieses Herausgelöstsein und dieses Schauen waren es, die die Interpretatoren der zweiten Hälfte des 19. Jahrhunderts bis heute dazu anregten, in der Figur des Gilles die Inkunabel des traurigen Clowns zu sehen, als Gleichnis für den Künstler in einer nur vordergründig an ihm interessierten Umwelt.

Unter all den Deutungsversuchen, die – gerade unter dem Hinweis auf den Esel im Hintergrund – Gilles als den Genarrten verstanden oder die in seiner Gestalt den todkranken Künstler selbst erkennen wollten, sei nur auf den beachtenswerten Aufsatz von Dora Panofsky verwiesen, die im Hinblick auf Gilles' isoliertes Dastehen vor dem Betrachter auf erhöhtem Platz den Vergleich mit Darstellungen des Ecce homo zog (man denke etwa an

Rembrandts Radierungen *Christus lehrend*, um 1652, oder *Christus, dem Volke vorgestellt*, 1655).[4] Auch wenn Posner den eigen- und einzigartigen Charakter Gilles' allzusehr leugnet und betont, daß die Pierrots der Zeit Watteaus »Bühnengestalten von lockeren Sitten, obszön in der Sprache und schwerfällig in der Umgangsform«[5] waren, ist ihm wohl in gewissem Maß insofern recht zu geben, als alle diese Deutungen von der Konzeption eines Clowns des 19. Jahrhunderts ausgehen.[6]

Für unseren Zusammenhang ist entscheidend, daß dieser *Gilles* ab der Mitte des 19. Jahrhunderts innerhalb eines symbolistischen Kunst- und Weltverständnisses zu einem besonderen Typus des Pierrot wurde (als unverstanden Begnadeter am Rand der Gesellschaft, der wissend und traurig zum Sinnbild künstlerischer Existenz wird) und seine vorbildliche Kraft bis zu Georges Rouault bewahrte, der den Louvre regelmäßig besuchte und die Sammlungen außergewöhnlich gut kannte (vgl. dessen Ölbild *Gilles* von 1939, Privatbesitz).

Verbunden mit Debureaus Neuinterpretation des Pierrot wurden Watteaus Werk und sein *Gilles* immer stärker rezipiert. Die ersten Publikationen zu Watteaus Schaffen aus den dreißiger Jahren des 19. Jahrhunderts waren getragen von Begeisterung und Bewunderung; seine Arbeiten dienten als Anregung für alle Kunstgattungen – auch für die Mode. Künstler aus dem Kreis der Romantiker um Théophile Gautier in der Rue de Doyenne, zu dem zahlreiche Literaten und Maler wie Banville, Hedouin, Champfleury, Mussel, Dumas, Gavarni, Roqueplan, Wattier und Delacroix gehörten, publizierten über Watteau und zeigten sich gleichzeitig von Debureaus pantomimischem Können fasziniert. Der *Gilles* wurde zum Gegenstand zahlreicher Aufsätze[7] und Abhandlungen.

Neben der Deutung des *Gilles* als Selbstporträt Watteaus wurde damals der melancholische Charakter des Pierrot festgelegt, der – darin durchaus Ausdruck der symbolistischen Traum- und Todessehnsucht der Künstler – in seiner Traurigkeit auch dem Tod zugeneigt ist: »... und das Haupt gesenkt, hat der arme Pierrot für einen Moment den Saal vergessen; vor der ganzen Menge träumt er (so viele Dinge! das Leben in einem Augenblick). Er träumt, ist wie versunken. Auf Wiedersehen Leute, ich werde sterben.«[8]

Watteaus Bühnengestalt wurde zum Vorbild für zahlreiche Imitationen und regte die Künstler in der zweiten Jahrhunderthälfte vielfach an. Er wurde in Stichen reproduziert und verbreitet und wirkte so auch über die Grenzen Frankreichs hinaus.[9]

In den sechziger Jahren malten Charles Mouginot[10] und Edouard Manet[11], in den siebziger Jahren auch Thomas Couture[12] nach dem Vorbild Watteaus Kinder als Pierrots. Maler wie Emile Wattier oder Jules Chéret spezialisierten sich auf die Nachahmung von Watteaus ›fêtes galantes‹. Der Pierrot tauchte in Bildern Daumiers[13] und des frühen Renoir auf.[14] Degas stellt in den achtziger Jahren eine ganze Serie von Harlekinszenen dar[15], und Anfang unseres Jahrhunderts beginnt Pablo Picasso das Thema aufzugreifen, das ihn dann sein ganzes Leben beschäftigen wird.[16]

Wesentlich waren es aber die Schriftsteller und Dichter, die das Thema des Pierrot ausformulierten und ihm jene melancholische Deutung gaben, die die bildende Kunst des späten 19. Jahrhunderts und der Jahrhundertwende nachhaltig beeinflussen sollte. In Scharen waren sie ab etwa 1920 in das Théâtre des Funambules gepilgert, um Debureaus Pantomimen zu bewundern. Als erster hatte Charles Nodier diesen für die literarische Welt entdeckt und 1826 den Vergleich zu *Gilles* hergestellt: »M. Debureau ist weder Autor noch Bühnenbildner noch Bühnenarbeiter (wie sein Kamerad Laurent), er ist nichts als Gilles: das sagt alles über die Überlegenheit seines einmaligen Talents.«[17] Angeregt durch Debureau schrieb Nodier selbst erfolgreiche Pantomimen, Jules Janin veröffentlichte 1836 ein Buch über Debureau[18], und, wie erwähnt, trug der Kreis um Théophile Gautier in der Rue de Doyenne durch eigene Pantomimen und die Begeisterung für diesen Mimen stark zu dessen Bekanntheit bei.

Théodore de Banville, der sich in einer Vielzahl von Gedichten und Stücken mit der Figur des Pierrot auseinandersetzte und zu den größten Bewunderern Debureaus gehörte, identifizierte sich so sehr mit dieser Gestalt, daß er von seiner Umwelt bald Pierrot genannt wurde. In seinem Gedicht *Ancien Pierrot* (1857), das er in der ersten Person in Form einer Erzählung gibt, heißt es gegen Ende, als ihn eine Fee wieder in einen Pierrot zurückverwandelt: »Und schon halte ich mir den Bauch vor Lachen, als ich meine Nase bleichen sehe, gleich der des Mondes.«[19]

Dieser Vergleich zwischen gebleichtem Gesicht des Pierrot und dem kalten Mondlicht, das mit dem Tod assoziiert wird, taucht um diese Zeit häufig auf. Schon zwei Jahre zuvor hat Charles Baudelaire damit den französischen Pierrot vom englischen Clown, der durch die Rezeption des Werkes von Edgar Allan Poe bekannt geworden war, abgegrenzt: »... bleich wie der Mond, geheimnisvoll wie das Schweigen, geschmeidig und stumm wie die Schlange, steif und lang wie der Galgen war dieser künstliche, durch besondere Federn bewegte Mensch, an den uns der arme Debureau gewöhnt hatte.«[20] Der Pierrot wird zur mondsüchtigen, tragischen, manchmal auch morbiden Gestalt. Diese Deutung setzt sich gegen Ende des Jahrhunderts immer stärker durch und verdrängt nach und nach das differenzierte und auch humorvolle Bild, das Debureau in seinen Pantomimen gezeichnet hatte.[21]

Im Fin de siècle gewinnt der Pierrot immer skurrilere und makaberere Züge – so in Albert Girauds Gedichtzyklus *Pierrot lunaire* von 1884 (der Arnold Schönberg 1912 zu seinem Stück *Pierrot lunaire* inspirierte) oder im Werk von Joris Karl Huysmans (den Rouault ab 1901 gut kannte), der auch sadistische Züge hinzutreten läßt. Im Surrealismus schließlich kippt die Figur des Pierrot – und nun auch schon ununterschieden die des Clown – völlig ins humorig Makabere, Groteske und Schockierende um.

Dennoch gewinnt der Spaßmacher durch all die Jahre immer stärker die Kraft einer Identifikationsfigur für den Künstler, eines Sinnbilds der künstlerischen Existenz. Besonders eingehend hat diesem Verständnis Baudelaire in der Schilderung eines persönlichen Erlebnisses Ausdruck gegeben, das in der Intensität wie der daraus folgenden gedanklichen Konsequenz mit der von Rouault in seinem Brief an Schuré wiedergegebenen Erfahrung vergleichbar ist (so sehr vergleichbar, daß man eine Anregung durch Baudelaire, dessen *Kleine Prosagedichte* Rouault neben den *Blumen des Bösen* besonders schätzte und in der Bibliothek, die ihm sein Lehrer zur Verfügung gestellt hatte, schon früh kennenlernen konnte, fast annehmen muß):

> »Es war eine dieser Festlichkeiten, mit der die Gaukler, Taschenspieler, die Vorführer von Tieren, die Wanderverkäufer rechnen, um die schwa-

chen Zeiten des Jahres auszugleichen. Alles war voller Licht, Staub, Geschrei, Tumult; die einen gaben aus, andere gewannen, die einen wie die anderen gleichermaßen fröhlich. – Am Ende, am äußersten Ende der Zeile von Buden, als ob er sich schamvoll selbst aus all diesem Glanz verbannt hätte, sah ich einen armen Gaukler, bucklig, gebrechlich, verlebt, nur noch die Ruine eines Menschen, rücklings an einen Pfosten seiner kleinen Bude gelehnt – einer Hütte, elender als die des verrohtesten Wilden, und dieses Bild äußerster Not wurde von zwei tropfenden, qualmenden Kerzenstümpfen nur zu gut beleuchtet. – Überall Wonne, Gewinn, Prasserei; überall die Gewißheit, Brot für die nächsten Tage zu haben, überall der überschwengliche Ausbruch von Lebensfreude. Hier das absolute Elend, und erst noch – Gipfel des Grauens! – ein aufgetakeltes Elend, mit komischen Lumpen angetan, in welche die Not, viel mehr als die Kunstfertigkeit, die Gegensätze hineingeflickt hatte. Er lachte nicht, der Armselige. Er weinte nicht, er tanzte nicht, er gestikulierte nicht, er schrie nicht; er sang kein Lied, kein lustiges und kein klägliches. Er hatte aufgegeben, er hatte abgedankt. Sein Schicksal war besiegelt. – Aber welch tiefen, unvergeßlichen Blick ließ er über die Menge und über die Lichterflut gleiten, deren Bewegung ein paar Schritte vor seinem abstoßenden Elend Halt machte. Ich fühlte, wie meine Kehle von der schrecklichen Hand der Hysterie zusammengedrückt wurde, und es war mir, als würden meine Augen von jenen widerspenstigen Tränen verdunkelt, die nicht rinnen wollen. – Auf dem Rückweg, gefangen von diesem Eindruck, versuchte ich meinen plötzlichen Schmerz zu analysieren, und ich sagte mir: Ich habe soeben das Bild des alten Schriftstellers gesehen, der die Generation überlebt hat, deren glänzender Unterhalter er gewesen war; das Bild des alten Poeten, ohne Freunde, ohne Familie, kinderlos, erniedrigt durch sein Elend und durch die Undankbarkeit der Öffentlichkeit und in der Bude, in die die vergeßliche Welt nicht mehr eintreten mag.«[22]

Die Thematik des Spaßmachers entsprach also durchaus einem Zeitgeschmack, und doch lag sie Rouault aufgrund persönlicher Erfahrungen besonders nahe. Die bunte, bewegte, das eigene Träumen anregende Welt (Rouault berichtet, daß er als Kind sehr verträumt war[23]) hatte schon den Knaben tief beeindruckt und sollte ihn in dieser Faszination sein ganzes Leben begleiten und oft auch zum Gegenstand der Sehnsucht werden lassen:

»Zirkus meiner Jugend
Für arme Vorstadtkinder
mit vom Elend schmalen Mündern
Zirkuslicht ist ihre Sonne, Herzensheiligtum
Widerschein verlorner Paradiese, vielleicht,
Weiß ich's?«[24]

Auslösend für das Thema aber war Rouaults tiefe existentielle, geistige und künstlerische Krise, die ihn nach dem Tod seines Lehrers Gustave Moreau im Jahre 1898 erfaßte. Schon zuvor hatte er die Erfahrungen ungerechter Beurteilung bzw. des schematischen Denkens des Akademismus bei seiner zweimalig erfolglosen Bewerbung um den Rom-Preis und dem ihm erst nach Einspruch der Mitstudenten verliehenen Prix Chenavard machen müssen. Nun fiel auch die väterliche Fürsorge und künstlerische Ermutigung dieses von Rouault hochverehrten Mannes fort, dem er maßgeblich seine Bildung verdankte. Auf der Akademie wurde den Schülern seiner Klasse von den anderen Lehrern offene Ablehnung entgegengebracht – keiner war bereit, sie aufzunehmen. Moreau, aus dessen Atelier u.a. so bedeutende Maler wie Manguin, Matisse oder Marquet hervorgegangen waren, hatte jeden Ansatz eigenständigen künstlerischen Ausdrucks unterstützt und wie kein anderer die Eigenart eines jeden seiner Schüler erkannt. Rouault hatte er in ganz besonderem Maße gefördert, als einzigen Schüler zu sich nach Hause eingeladen und ihm den Zugang zur französischen Literatur und Geistesgeschichte eröffnet, darunter zu Blaise Pascal, dessen Gedankenwelt Rouault tief beeindruckte. Aufgrund der ernsten und stets auf das Tiefere dringenden Art des jungen Malers hatte ihm Moreau aber auch prophezeit, daß er es nicht leicht haben werde: »... ich sehe für Sie immer mehr Absonderung und Einsamkeit: Sie lieben eine ernste und enthaltsame Kunst, die in ihrer Grundessenz religiös ist ...«[25].

Zum Verlust des geliebten Lehrers trat noch die Vereinsamung, da seine Familie Paris verließ, um seine eben erst verwitwete Schwester und ihr Kind in Algier zu besuchen, und dort ein ganzes Jahr lang blieb. Rouault kämpfte mit materiellen Schwierigkeiten, war ohne Atelier, ohne Ansprache und ohne künstlerische Perspektive.[26] Auf einmal traf ihn die Härte des Lebens mit voller Wucht und öffnete ihm die Augen für das Elend der anderen Menschen.

»Ich machte damals eine der heftigsten moralischen Krisen durch. Ich war Dingen ausgesetzt, die sich nicht in Worten ausdrücken lassen. Und ich begann, mit einem beleidigenden inneren Schwung zu malen, der alle Welt entsetzte ... Es waren meine Verleumder, die mir zu Bewußtsein brachten, was ich gemacht hatte; doch wenn sie weniger voreingenommen gewesen wären, hätte ich ihnen gerne gesagt, daß dieser instinktive Wandel, dieser Umschlag, nicht der Einfluß Lautrecs, Degas' oder anderer Moderner war, der mich dazu angeregt hatte, sondern ein inneres Bedürfnis und der vielleicht unbewußte Wunsch, nicht auf die Dauer ins religiös Konventionelle zu verfallen.«[27]

Die Jahre waren geprägt von innerer Unsicherheit und Suche. (Erst 1903, als Rouault zum Konservator des Moreau-Museums bestellt wurde und ein bescheidenes Einkommen erhielt, besserte sich seine finanzielle Situation.) Rouault lernte die Niederungen und Schattenseiten der Gesellschaft kennen und war tief betroffen: die Dirnen, die Tagelöhner, die Gaukler; er fühlte sich eins mit den ganz einfachen, schwer arbeitenden und schlecht bezahlten Leuten, unter denen er im Vorort Belleville aufgewachsen war. Gemeinsam mit einigen Freunden (darunter Bonhomme und Marquet) gelang es, am Boulevard Rochechouard ein Atelier zu mieten und auch etwas zu beheizen. Hier standen ihnen im Winter arme Straßenmädchen Modell, die sich dafür bei ihnen aufwärmen konnten. Es sind dies die Frauen von Rouaults eindrucksvollen Dirnenbildern.

Auch religiös suchte Rouault in dieser Zeit nach Orientierung und litt unter der Polarisierung von Staat und kirchlichem Leben, die in einer antiklerikalen Gesetzgebung ihren sichtbaren Niederschlag fand.[28] Unter diesen Umständen gaben ihm die konsequenten Glaubenszeugnisse von Joris Karl Huysmans und besonders Léon Bloy großen Rückhalt. Rouault hatte 1901 Gelegenheit gehabt, Huysmans über den Laien-Bruder und Moreau-Schüler Antonin Bourbon kennenzulernen und war zu ihm in die Maison Nôtre-Dame in der Nähe des Klosters Ligugé bei Poitiers gereist, wo Huysmans mit dem Maler Jean Louis Forain und anderen eine dem Kloster verbundene Künstlerkolonie gründen wollte. (Huysmans' Interesse und Offenheit der modernen Kunst gegenüber waren bekannt: Als einer der ersten schrieb er über Cézanne, Puvis de Chavannes, Rops, Degas, den mit ihm befreundeten Moreau.) Das Gesetz gegen religiöse Vereinigungen vom 1. Juli 1901, das die Aufhebung der Abtei zur Folge hatte, machte diese Pläne schließlich zunichte.

Rouault kehrte nach mehrmonatigem Aufenthalt nach Paris zurück, gründete 1903 gemeinsam mit Matisse, Desvallières, Marquet, Piot und dem Kunstkritiker Yves Rambosson den Salon d'Automne und war bei der ersten Ausstellung schon mit zwei Bildern vertreten. Aber erst ein Jahr später, nachdem er die Bekanntschaft Bloys gemacht hatte, erschienen erstmals Bilder seines neuen Stils auf dem Herbstsalon und wurden von der Öffentlichkeit schockiert aufgenommen[29]: Dirnen, finstere Vorstadtexistenzen und Clowns, in fahrigen, dunklen Strichen und düsteren Farben auf die Blätter geworfen. Die durchlittenen Jahre hatten eine erste Reifung des Malers bewirkt, hatten die Lösung vom übermächtigen Vorbild des Lehrers ermöglicht und zudem sein Augenmerk auf das Elend in seiner Umgebung gelenkt.

Der *Kopf eines tragischen Clowns* von 1904 (Tafel 7) bringt uns das Elend eines dieser Spaßmacher erschreckend nahe. Ungehemmt in ihrer Heftigkeit werden da dunkle, unkontrolliert wirkende Striche auf das Papier geworfen, die sich erst nach und nach zur konkreten Darstellung verdichten. Der bittere Mund, das aus den geweiteten Augen sprechende Leid in diesem zerklüfteten Antlitz sind bedrängend.

Rouault war später selbst verblüfft über die eigene Unerbittlichkeit des Gestaltgebens: »Aber als ich bestimmte meiner Bilder ansah, sagte ich mir: Bin ich es, der das gemalt hat? Ist das möglich? Es ist erschreckend, was ich gemacht habe.«[30] Was in ihnen zum Ausdruck drängt, ist das Leiden zwischen der in aller Ausgesetztheit und Bitterkeit erfahrenen Lebenswirklichkeit und dem beschönigenden Ideal klassizierenden Kunstbetriebs. Es ist dieselbe Betroffenheit, die Daumiers Gaukler-Darstellungen verraten, derselbe Blick auf die Schwere solchen Lebens, der uns in Picassos Harlekins und Saltimbanques der ›rosa Periode‹ entgegentritt.

Ausgezehrt und drahtig sind Daumiers Saltimbanques, mit stark gealterten, tief zerfurchten Gesichtern und stets in Situationen dargestellt, die das schwere Los dieser Spielleute vor Augen führen: das Herbeitrommeln der Leute zu einer Aufführung und das angstvolle Ausschauhalten nach geldbringendem Publikum,[31] der Ortswechsel der Spielleute und ihre ausgezehrten Gestalten beim Tragen der wenigen ärmlichen Aufführungsutensilien oder die abendliche Stunde der Erschöpfung und des Zusammenzählens der kargen Tageseinkünfte (Abb. 3).[32] Diese Blätter Daumiers sind ohne jeden Spott – vielmehr voller Anteilnahme, voller Mitgefühl – und wenn sich auch manch komische Seite findet, so ist es die unfreiwillige Komik, die menschliches Elend manchmal an sich haben kann.

Der Gaukler wird hier – wie der Arbeiter – »in seiner Anonymität zum eigentlichen Helden und seine Welt zu einem Zentralgebiet von Daumiers Schaffen. Und die Überzeugung von der Größe dieses ›ursprünglichen‹ Menschen ist bei ihm – davon spricht jeder Pinselstrich, jeder Zug der Kreide – nicht eine kalte Doktrin, sondern heißes Erlebnis. Die unsentimentale Liebe zu den Armen, deren Größe er in ihrem Elend sieht, ist ihm eingeboren; er gehört zu ihnen und teilt ihr schweres Los, Fleisch von ihrem Fleische und Geist von ihrem Geiste.«[33]

Darin ist ihm Rouault, der Daumiers Werk übrigens hoch geschätzt, ihm auch wiederholt Texte gewidmet und wohl auch die Daumier-Ausstellungen auf der Centenale 1900 und in der Ecole des Beaux-Arts 1901 gesehen hat, eng verwandt. Aber Rouault wird in der Folge in der Bemühung um größere Allgemeinheit seiner Aussage über Daumier hinausgehen, der ja bereits den gewöhnlichen Menschen zum Mittelpunkt seines Schaffens gemacht hat.

3 Honoré Daumier, *Die rastenden Gaukler* (Les saltimbanques au repos), 1865. Öl, 30,4 x 37,5 cm; Norton Simon Museum of Art, Fullerton (Cal.)

Im *Kopf eines tragischen Clowns* ließ sich dies schon feststellen, wenn selbst der einzelne Clown nur mehr auf einen Teil seines Oberkörpers und das Gesicht reduziert wird und jede nähere räumliche Bestimmung im Hintergrund wegfällt. Dennoch steht das zerfurchte, leidgezeichnete Antlitz manchen Gesichtern Daumiers und ihren ausgemergelten, harten Zügen sehr nahe.

Rouaults Anteilnahme gilt in diesem Zusammenhang allen, deren Broterwerb im Unterhalten der Leute, im Sich-zur-Schau-Stellen und Verstellen besteht – daher neben den Clowns und Gauklern auch den Akrobaten, Ringern und Gewichthebern. 1906 entstand ein Blatt, das einen mächtigen, fetten Ringer darstellt und *Der Ringer Rollin* betitelt ist. In scharfen Kontrasten, wie jäh beleuchtet, taucht die mächtige Erscheinung aus der Finsterkeit des Hintergrunds auf. Große Teile des Gesichts bleiben im Dunkeln, nur Stirn und Augenpartie sind hell herausgehoben – ausdruckslos starrt er vor sich hin über seinen übergroßen, störend breit und behäbig gewordenen Körper, der nichts Bewegliches mehr an sich hat. In einem Prosagedicht von 1907 hat Rainer Maria Rilke womöglich denselben Gaukler beschrieben: »Aber, sieh da, Père Rollin, der so berühmt geworden ist auf allen Jahrmärkten, ›arbeitet‹ nicht mehr. Er schwenkt nicht mehr die ungeheuren Gewichte und er (der Beredteste von allen) sagt kein Wort. Er ist aufs Trommeln gesetzt. Rührend geduldig steht er da mit dem zu weit gewordenen Athleten-Gesicht, in dem die Züge locker durcheinanderhängen, als wäre aus jedem einzelnen das Gewicht ausgehängt worden, das ihn spannte. Bürgerlich angezogen, eine gestrickte himmelblaue Cravatte um den kolossalen Hals, hat er sich auf der Höhe seines ehrlichen Ruhms zurückgezogen in diesen Rock und in die bescheidene Stellung, auf die, sozusagen, kein Glanz mehr fällt: Aber wer, von diesen jungen Leuten, ihn mal gesehen hat, der weiß ja doch, daß in diesen Ärmeln die berühmten Muskeln stecken, deren leisestes Spiel die Gewichte zum Springen brachte. ...«[34]

In den *Kassiererinnen des Jahrmarktszirkus* (Tafel 17) beläßt Rouault besonders in den zerfurchten, gealterten Gesichtern unter dem Plunder von Rüschen, Hüten und Federn kaum etwas von illusionierendem Reiz. In der *Zirkusreiterin* (vgl. Abb. 5) zeigt er als Athletin eine auf die Muskelfrau reduzierte Gestalt, in ihrer vollen, aber vor allem kräftigen Leiblichkeit, mit rohen Strichen herausgeschlagen aus dem sie umgebenden kalten Blau und Schwarzblau. Ein Leib, der ans schwere Arbeiten gewöhnt ist, steht hier in der unbefangenen, gar nicht graziösen Haltung der Entspannung einer Pause vor uns – im Hintergrund in einer Türöffnung wartet ein Clown mit einer Trommel. Noch breiter und mächtiger als ihr Leib aber ist ihr Kopf gebildet, der sich aus den hart kontrastierenden Farben fleckig zusammensetzt: in schonungsloser Grobheit ein Mund mit häßlichen Zähnen als schwarzes Loch, eine knollige Nase, kräftig geschminkte Augen und das vorstoßende Kinn in dem teigigen Rund der Wangen. Diese Züge sprechen von ständiger körperlicher Anstrengung, von der Mühsal einer tagtäglich zelebrierten Perfektion, die keine Rücksicht auf die Tagesverfassung der Ausführenden kennt. Es ist die Schattenseite einer Showexistenz, deren glanzvoller Auftritt im effektvollen Licht der Arena die Härte der Details (und wohl auch die Häßlichkeit des Einzelnen) in der glitzernden Hülle des faszinierenden Augenblicks verbirgt.

Dieser Aspekt der Clowns-Existenz bleibt auch später im Werk Rouaults präsent. *Alter Clown mit Hund* (1925, Abb. 4) spiegelt in seiner ganzen Haltung die Last des Alterns nach einem mühevollen Akrobatenleben wider und erinnert an Baudelaires Worte über sein Erlebnis eines »vieux saltimbanque« – doch ist Rouaults Schilderung weniger hoffnungslos, schafft eine leisere Melancholie, indem er den Eindruck der traurigen Gestalt des Gauklers in warm bergender Farbigkeit auffängt.

4
Georges Rouault,
Alter Clown mit Hund
(Le vieux clown
au chien), um 1925.
Öl, 73 x 48 cm;
Kiyoharu-Museum,
Shirakaba, Japan

5
Georges Rouault,
Die Zirkusreiterin
(L'Ecuyère), 1906.
Aquarell und
Pastell,
68,5 x 52 cm;
Musée d'Art
Moderne de la
Ville de Paris

Dabei interessierte Rouault am Clown immer mehr als nur sein Anderssein, seine gesellschaftliche Außenseiterstellung. Für viele Künstler der Zeit war dies zu beschreiben oftmals ausreichend – in der zweiten Hälfte des 19. Jahrhunderts war es geradezu eine Mode geworden, sich der Randexistenzen anzunehmen, sie zu besingen oder zum Gegenstand von Bildern zu machen.[35] Der Clown wurde zum Thema für Literaten und Künstler. Immer sucht Rouault zu verallgemeinern, zu einer Gültigkeit der Aussage zu gelangen, die über dem Einzelnen, Konkreten steht. So gibt es in seinem Werk[36] außer in seinen Porträts kaum Arbeiten, in denen konkrete, individuelle (oder vom Künstler individualisierte) Menschen dargestellt wären. Schon bei dem Clown-Kopf mit dem Titel *Wer schminkt sich nicht?* (Abb. 1) wurde diese Beschränkung auf ganz Weniges, Wesentliches deutlich. Auch im *Kopf eines tragischen Clowns* war es mehr als nur der persönliche Schmerz dieses Einen, war es der Ausdruck einer im Grunde jedes menschliche Leben erfassenden Wirklichkeit: »... im Clown aber liegt das offenste Gleichnis der menschlichen Existenz: heimatlos landfahrend, schutzlos ausgesetzt, gerade in der lächerlichen Verkleidung schlichter enthüllt«[37]. Zuweilen gewinnen Rouaults Gestalten in der Veranschaulichung dieser Verfassung zeichenhafte Intensität. So in *Trio* (1917-20), ein im kompositionellen Aufbau und stummen Zueinander der Figuren an Daumiers *Die rastenden Gaukler* erinnerndes Gemälde. Der vorderste, erhöht sitzende Clown mit seinem stark vornübergeneigten Kopf, dem betont langen Nacken und dem schlaff auf die Schenkel gelegten linken Arm wirkt erschöpft, ja gebrochen. Seine ganze Haltung verrät das Tragen einer großen Last, die auf ihm noch schwerer zu ruhen scheint als auf den beiden anderen.

Noch eindringlicher hat dieser Gedanke in *Der verwundete Clown I* (Abb. 6) seinen Niederschlag gefunden, wo zwei Clowns einen dritten in ihrer Mitte führen, im Bild fast vollkommen nebeneinander auf einer sehr schmalen Vordergrundbühne vor einer abendlichen Landschaft angeordnet. Die stützenden Arme laufen auf das Zentrum des Bildes zu und treffen sich dort, wo der mittlere, verwundete Clown sacht seinen Unterarm auf ihre hilfreich dargebotenen Hände legt. In der Gestalt des verwundeten Clowns gelang Rouault in der zurückgeneigten Haltung, dem unsicheren Standmotiv, der höchsten Sensibilität im Gestus des sacht und schwach aufgelegten Armes und in der Neigung des Kopfes mit dem verhalten schmerzlichen Ausdruck eine Komprimierung, ein Typus des persönlich innerlichen Schmerzes, des Ganz-bei-sich-Seins im Leid, aber eben auch der menschlichen Schwachheit, die zu den gültigsten Verkörperungen seines Menschenbildes zählt. Das reiche und kräftige Kolorit von Rot, Grün und Blautönen aber ist es, das verhindert, daß die hier anschaulich gemachte Erkenntnis der unserer Verfügbarkeit letztlich entzogenen Welt, ja unser selbst, ohne Hoffnung und trostlos bleibt. Diese lebhafte Farbigkeit und die Würde in der Haltung der Figuren, ihre edle Haltung selbst noch im Schmerz lassen eine höhere Bestimmung des Menschen, eine tiefere, noch verborgene Unversehrtheit ahnen.

»Wir sind Possenreißer«, sagt Pascal, dessen *Pensées* Rouault Zeit seines Lebens auf dem Nachtkästchen liegen hatte[38], »daß wir uns in der Gesellschaft von uns gleichen erholen, die elend wie wir, ohnmächtig wie wir sind: sie werden uns nicht helfen – allein wird man sterben. Also gilt es zu handeln, als ob man allein wäre; und würde man dann prächtige Häuser bauen usw.? Man würde, ohne zu zögern, die Wahrheit suchen; und wenn man sich weigert, das zu tun, so beweist man, daß man die Achtung der Menschen höher schätzt als das Suchen der Wahrheit.«[39]

Es ist derselbe Gedanke, der in *Wir halten uns für Könige* aus dem Zyklus *Miserere* (Tafel 94) zum Ausdruck kommt: Der Mensch hält sich für etwas Außergewöhnliches, für mächtig, für einen König, anstatt in Demut sein Abhängigsein anzuerkennen, und wird so zum Toren vor denen, die ihn mit etwas Abstand betrachten und überhaupt vor einem objektiven Maßstab, der sich eben nicht nach seinen Vorstellungen verbiegen läßt. Wenn Rouault wiederholt in Gedichten[40] und einigen Bildern (*Der Zwerg;* 1937, oder *Zirkuszwerg;* Farbradierung aus *Cirque de l'Etoile filante,* vgl. Tafel 131) den Zwerg zum Gegenstand der Darstellung macht, so schwingt auch stets der Gedanke der Bedürftigkeit gerade bei diesen schwachen und erst um gesellschaftliche Anerkennung Ringenden mit.

6
Georges Rouault,
Der verwundete Clown I
(Le clown blessé I), 1932.
Öl, 200 x 120 cm;
Musée National d'Art
Moderne, Centre
Georges Pompidou,
Paris

7
Pablo Picasso,
Akrobat und junger Harlekin (Acrobate et jeune arlequin),
1905. Gouache,
105 x 76 cm;
Privatbesitz

Im europäischen Kontext wird deutlich, daß zu Beginn des Jahrhunderts auch für andere Künstler das Gaukler- und Zirkusleben und sein gleichnishafter Charakter für die Gefährdung und Ausgesetztheit des Menschen bedeutsam wurde. Schon 1901, besonders aber ab 1905 hatte Picasso in Paris Harlekins, Pierrots und Gaukler dargestellt und war dabei wohl zu einem gewissen Grad von sozialer Anteilnahme geleitet, worauf Blätter wie *Akrobat und junger Harlekin*[41] von 1905 schließen lassen (Abb. 7), auch wenn für viele Arbeiten sicher gilt, daß »das Milieu der Artisten durch die Ähnlichkeit mit seinen existentiellen Problemen und seiner sozialen Stellung eine nachhaltige Anziehung auf ihn«[42] ausübte. Picassos *Gaukler mit Hund* von 1905, aus szenischem oder erzählerischem Zusammenhang gelöst, erreicht ein hohes Maß an Allgemeingültigkeit: Wie da der junge Mann im Harlekinkostüm mit dem kleinen Ranzen auf dem Rücken und der Knabe neben ihm, der wie gedankenlos die Hand auf den Kopf eines Hundes gelegt hat, regungslos dastehen und nachdenklich oder geistesabwesend in verschiedene Richtungen vor sich hinschauen, ist von hoher suggestiver Kraft. Dazu kommt noch ihr Aufragen vor einer weiten, leeren Landschaft – selbst das Haus im Hintergrund zeigt seine fensterlose, verschlossene Seite –, in der sie verlassen stehen.

Akrobat und junger Harlekin vermittelt eine ähnliche Stimmung. Untätig und wie ungebraucht sitzen die beiden Gaukler in dem kahlen Raum, ausgemergelt und mit langen, kargen Gliedern, der Rechte die dünnen, drahtigen Arme wie schützend vor seinem kärglichen Leib verschränkend. Der magere, ausgezehrte Gesamtcharakter ist bis in die Details durchgehalten – in den ekkigen Knien und Ellbogen, den harten und scharfkantigen Halskrausen, den schlanken Hälsen, schmalen Nasen, den mageren, hart-knorpeligen Ohren. Auch diese beiden, wenngleich einander zugewendet, schauen wortlos vor sich hin, sitzen schweigend nebeneinander – die Figur des Knaben ist dabei noch geöffneter, gelöster, auch Gesicht und Blick beleuchteter und offener und doch voll müder Teilnahmslosigkeit.

Dennoch erreicht Picasso in keinem der beiden Bilder die letzte, entscheidende Schärfe der Aussage, wie sie uns beispielsweise Rouaults *Kopf eines tragischen Clowns* zeigt, aber auch nicht diese Tiefe der Trauer und Melancholie, diese umfassendere Sicht von menschlichem Leid, die so viele Arbeiten Rouaults prägt. Picassos Bilder sind sinnlicher – und sinnlich ist auch die Leiderfahrung und das Schicksalhafte.

In den Augen des *Tragischen Clowns* von Rouault und in dem sich unter dem Schmerz leise öffnenden Mund liegt ein existentieller Aufschrei, eine tiefe Verwundung. Hier bedarf es keines Beiwerks. Allein das Gesicht ist ein Drama persönlicher Versehrtheit – eines Leides, das sich der Teilhabe durch andere verschlossen hat. Jeder Pinselstrich Rouaults ist dabei von innerer Erregung erfüllt, da gibt es brutale, höchst eigenwillig formzerstörende dunkle Striche, da herrschen kühle und düstere Farben vor. Nichts findet sich, das dekorativ gemeint wäre, auch das Kostüm ist knapp, nur mit den zur Bestimmung der Clownsfigur notwendigen Teilen geschildert. Picassos Bilder hingegen weisen trotz aller Zurückhaltung in der Farbigkeit noch dekorative Züge auf – das gilt natürlich besonders für die mit viel Liebe geschilderten Harlekinkostüme, aber auch im Hinblick auf die Schönlinigkeit der Figuren. Seinen Gestalten bleibt also stets etwas Anmutiges, Pittoreskes, was auch dem nie ganz festlegbaren Ausdruck ihres Blickes entspricht.

Ähnliches läßt sich von Picassos *Leierkastenmann* 1905 mit der sorgfältig geschilderten Narrenkappe des Alten und dem hübschen Knaben im Harlekinsgewand am Boden neben ihm, ja letztlich sogar von dem unvollendeten Bild *Der Tod des Harlekin* (Abb. 8) sagen. Ohne jede Emotion sind der Tote und die beiden hinzutretenden anderen Gaukler wiedergegeben. Nur der Hund im Vordergrund verrät im erhobenen Schwanz und der Kopfwendung etwas Bewegung. Sonst bleiben die beiden Betrachter genauso regungslos wie der vor ihnen liegende Leichnam mit

8 Pablo Picasso, *Der Tod des Harlekin* (La mort de l'arlequin), 1906. Gouache auf Karton, 65x95 cm; Slg. Paul Mellon, Upperville (Va.)

den gefalteten Händen. Alle drei sind sie jung, schlank und feingliedrig. Der Tote wirkt nicht wie im Tode erstarrt, sondern entspannt. Beide Harlekins betrachten ruhig den Toten, der Größere vorgebeugt, den langen Hals streckend; aber nichts in dem Bild verrät Anteilnahme oder Trauer. Das Bild hat etwas Märchenhaftes, Romantisches. Es hat den Anschein, als sei es Picasso hier vornehmlich um bildliche Probleme – malerische wie kompositionelle – gegangen, wenn man die vorbereitenden Skizzen, aber auch die flächige Behandlung der Figuren und der Farbkontraste betrachtet.

Man hat Rouault wiederholt mit den deutschen Expressionisten verglichen. Hier wie dort Dirnen, Vorstadtexistenzen, Clowns, hier wie dort eine Wildheit des Duktus, der ganz der inneren Erregung folgt, und der Mut zur Deformierung. Aber auch eine neue Behandlung biblischer Stoffe wurde als Indiz für eine innere Verwandtschaft herangezogen. Auch in Deutschland verstand man die Gestalten von Zirkus oder Varieté als gleichnishaft für die menschliche Existenz. »All diesen unbürgerlichen Repräsentanten des Großstadtlebens ist gemeinsam, daß sie in der Warenwelt der Städte ihre eigene Haut zu Markte tragen. Sie personifizieren deshalb in ihrer Existenz zugleich auch Glanz und Elend des Gesellschaftssystems.«[43] In Rilkes 5. *Duineser Elegie*, die das Erlebnis einer Gaukler-Familie in Paris (und auch Picassos *Gauklerfamilie* von 1905) zur Grundlage hat[44], finden wir zwar nicht diese Drastik der Mittel, aber eine vergleichbare Intensität der Erfahrung:

> »Oh ihr
> die ein Leid, das noch klein war,
> einst als Spielzeug bekam, in einer
> seiner langen Genesungen ...«
>
> und dann, bezogen auf einen jungen Saltimbanque
> (und wie zu ihm gesprochen):
>
> »manchmal, in halber Pause, will dir ein liebes
> Antlitz entstehn hinüber zu deiner selten
> zärtlichen Mutter; doch an deinen Körper verliert sich,
> der es flächig verbraucht, das schüchtern
> kaum versuchte Gesicht ... Und wieder
> klatscht der Mann in die Hände zu dem Ansprung, und eh dir
> jemals ein Schmerz deutlicher wird in der Nähe des immer
> trabenden Herzens, kommt das Brennen der Fußsohln,
> ihm, seinem Ursprung, zuvor mit ein paar dir
> rasch in die Augen gejagten leiblichen Tränen.
> Und dennoch, blindlings,
> das Lächeln ...«[45]

Für die deutschen Expressionisten waren die rauschenden Tänzerinnen der Varietés und die Zirkusleute anfänglich noch reine Verkörperung der von ihnen so gesuchten Unmittelbarkeit des Ausdrucks.[46] Künstler wie Max Pechstein, Erich Heckel oder Ernst Ludwig Kirchner versuchten in der Unmittelbarkeit ihrer künstlerischen Gestik dafür ein Äquivalent zu finden, wie beispielsweise die *Tänzerinnen* von Heckel (1910, Abb. 9) oder Blätter von Kirchner eindrucksvoll vorführen.[47] Die Rasanz der Bewegung, das sich vergessend Rauschhafte, die Raffinesse des Tanzes sind Gegenstand dieser Arbeiten, oder, wie im *Russischen Ballett* August Mackes von 1912[48], neben der betäubenden Geschwindigkeit des vorgeführten Ablaufs auch der rasche Wechsel von Farbeindrücken.

Mit der Übersiedlung von Dresden nach Berlin beginnt sich der Blick der ›Brücke‹-Maler auf diese Themen zu wandeln, so

9 Erich Heckel, *Tänzerinnen*, 1910. Holzschnitt, 12x20,5 cm

wie sich auch die Einstellung gegenüber der Großstadt ändert. Die Bilder werden düsterer, sperriger, splittriger. Die Sicherheiten des Bekannten fallen weg – und mit der Aufhebung der Tektonik in der Bildordnung beginnen die Figuren zu taumeln, fängt alles an zu wanken. In Kirchners *Zirkusreiter* von 1914 (Abb. 10) ist das Rund der Manege fast senkrecht aufgeklappt und scheint unmittelbar hinter den Zuschauern des Vordergrunds aufgerichtet. In dieser Arena bäumt sich ein Pferd mit seinem Reiter auf und

10 Ernst Ludwig Kirchner, *Zirkusreiter*, 1914. Öl, 200x150 cm; Slg. Morton D. May, St. Louis (Mo.)

füllt – die Ränder z. T. überschneidend – die ganze Fläche. Hinter ihm sucht taumelnd und Bein und Arme von sich streckend, Augen und Mund aufgerissen, ein Clown nach Halt, während der Schwalbenschwanz seines Fracks ihn wie nach hinten zieht. Hier scheint das Bild am steilsten, wie aus den Fugen geraten, und der Clown nach rückwärts zu stürzen, ausgeliefert an eine ihn unterwerfende Macht. Die Erregung ist auf ein fast unerträgliches Maß gewachsen – spitz und kantig sind die Formen, abrupt und ausgreifend die Bewegungen, unruhig vibrierend der Pinselstrich.

Aber auch thematisch tritt die Gefährdung nun stärker in den Vordergrund.

»Kirchners Holzschnitt einer Zirkusreiterin und seine Radierung *Voltigeuse zu Pferd* – wie sein Gemälde *Zirkusreiterin* deutlich von Seurat inspiriert – zeigen in erregter Spannung diese Diskrepanz: das gesteigerte Lebensgefühl der Zirkuswelt und die gleichzeitige Gefährdung. Die innere Erregtheit teilt sich mit in dem schwirrenden, vibrierenden Effekt der Strichbündel, wie sie jetzt für Kirchner in der Berliner Zeit typisch wurden. Die Strichbündel um die Hauptfigur bringen außerdem einen bewußten Unschärfe-Effekt wie bei einer mitgerissenen Kamera ins Bild. Damit wird die außerordentliche Angespanntheit der Situation deutlich gemacht.«[49]

Grell aus dem sonstigen Dunkel des Zuschauerraumes gehoben, hängt die Voltigeuse waghalsig an der Flanke des bildbeherrschenden, galoppierenden Pferdes, in völliger Labilität, die jederzeit zum Absturz führen kann, mit einem Fuß beinahe schon am Boden schleifend, den anderen steil in die Höhe und über den Pferderücken hinaus gestreckt. In dem vielfachen harten Abknikken der Formen liegt etwas atemlos Energiegeladenes, liegt wohl auch der Eindruck des Ausschnitthaften begründet.

Die Gefährdung des Artisten wird in Georg Heyms Gedicht *Seiltänzer* thematisiert:

»Sie gehen über den gespannten Seilen
Und schwanken manchmal fast, als wenn sie fallen.
Und ihre Hände schweben über allen,
Die flatternd in dem leeren Raume verweilen.
Das Haus ist übervoll von tausend Köpfen,
Die wachsen aus den Gurgeln steil, und starren
Wo oben hoch die dünnen Seile knarren.
Und Stille hört man langsam tröpfeln ...«[50]

Daneben können Erschöpfung, Leid und Tod zum Bildthema werden, wie in den Bildern Heckels. In *Sterbender Pierrot* (1913) sinkt ein Pierrot, von zwei Clowns, einer Krankenschwester und einer weiteren Person im Hintergrund umringt, mit tief gebeugtem, wie abgerissen in der Halskrause ›schwebendem‹ Kopf in sich zusammen. Der große Kragen und die dünnen, kraftlosen und eckig abgewinkelten Ärmchen geben ihm etwas Marionettenhaftes. Es gibt kaum Rundungen oder Schwingungen in dem Bild; so wie der Körper des Pierrot im Rücken hart umbricht und die Arme knicken, so kennen auch die kantigen, sperrigen Linien keine Weichheit, kein Ausschwingen, sondern nur ein wiederholtes abruptes Umbrechen und Abreißen: ein Primitivismus also, der auf jede Schönlinigkeit verzichtet. Die Kaltnadel-Technik ist in ihrer Rauheit bewußt gewählt. Durch diese gesuchte ›Primitivität‹ wird aber der Ausdruck des Schmerzes und des Mitleids nicht sehr spezifisch, er bleibt rauhes Formkürzel und wirkt trotz all seines Pathos fast dekorativ – dies gilt besonders für das Gesicht des sterbenden Pierrots.

Heckels Kunst (und die seiner deutschen Zeitgenossen) ist pathetischer, lauter, durch die gesuchte Deformation und Willkür auch aufdringlicher als die Arbeiten Rouaults. Bei Rouault findet sich kein Pathos, kein zelebrierter Schrei, oft vielmehr Statik und Unbeweglichkeit der Bildmotive (die manchmal durch Jahrzehnte beibehalten werden), aber sein Clown-Gleichnis ist vielfältiger und bedeutungsreicher. Die Einsamkeit seiner Clowns, ihre Weisheit, ihre Würde, ihre Melancholie haben im deutschen Expressionismus keine Entsprechung – eher vielleicht noch, aber nur in einigen Aspekten der Daseinserfahrung, in der Literatur, so etwa bei Georg Trakl. Das hat mehrere Gründe.

Auch wenn die deutschen Expressionisten sich den sozialen Randgestalten zuwandten, weil sie in ihrer ständigen Bedrohtheit und Gefahr, von den Schwierigkeiten ihres Lebens zerdrückt zu werden, Wesentliches der menschlichen Existenz erkannten, so übten diese Themen doch vor allem deshalb eine so starke Anziehungskraft aus, weil sie angesichts des eigenen unsteten und unsicheren Lebens am Rande einer Gesellschaft, die ihre künstlerische Arbeit ächtete, die Möglichkeit zur Identifikation für den Künstler boten. Als Symbole interessierten sie mehr als in ihrer Individualität.

Neben der elementaren Kraft der Natur, die sich für diese Maler in der Freiheit der Landschaft und auch in der Erotik kundtat (– beides unter ›Natürlichkeit‹ und ›Ursprünglichkeit‹ gesehen –), war besonders das Ich des Künstlers eines der tragenden Momente des Expressionismus. Stephan von Wiese geht sogar so weit, zu sagen:

»Dieses wahre und unzerstörbare Ich wird in expressionistischer Literatur und Kunst immer wieder zum Mittelpunkt. Die äußere Welt wurde hier schließlich häufig nur noch im Spiegel eines solchen Ich, das allein für wesentlich angesehen wurde, dargestellt. Nicht zuletzt daraus resultiert die prononcierte Ich-Perspektive expressionistischer Kunst.«[51]

Dies gilt auch in bezug auf das Bildthema. Hinzu kam, daß die Expressionisten zunächst anscheinend glaubten, in der gesuchten Elementarheit, in der Wildheit und Ekstase des Gefühlten und zum Ausdruck Gebrachten die Antwort auf ihre Fragen zu finden. Da wurde ein Pathos des elementaren Schreis, pulsierend von ursprünglichem Gefühl und ungebremst von Ratio und kultureller Konvention, von ›tiefaufrichtigem‹ und dennoch höchst subjektivem Primitivismus zelebriert, auch wenn der Gegner des Aufbegehrens nicht wirklich definiert war. Dies veranlaßte Jean Bazaine zu der Aussage, daß der Expressionist kein Revolutionär sei, »sondern nur ein Revoltierender, der sich an einer Welt rächen möchte, die er doch für unabänderlich hält«[52]. Deshalb scheint in expressionistischen Bildern die Lust an der Formzertrümmerung und aufdringlich ekstatischen Form zuweilen vor dem Ausdruck zu stehen.[53]

Das Unklare expressionistischer Revolte führt später zu einem Zerrinnen ins Gestaltlose oder zu einer Degenerierung zur reinen Form-Masche (die dem Banalen oft sehr nahe kommt) wie im Spätexpressionismus. Dies hat Wilhelm Worringer schon um das Jahr 1921 erkannt, als er sagte: »Hätte hinter diesen Bildern, die Elementarität keuchten, wirkliche Elementarität gestanden statt einer fiktiven Elementarität, so hätte es keiner auch nur sekundenlang ausgehalten in Räumen, die mit solchen Bildexplosionen geladen waren.«[54] Die angestrebte ›Primitivität‹ kann das gezielte Ausdruckswollen auch behindern, kann in ihrer Eigenwertigkeit sensiblere (und damit auch präzisere) Schilderung und Deutung erschweren oder gar unmöglich machen.

Bei Rouault nun begegnet man einer beständigen Suche nach Verdichtung und Intensivierung. Schon nach 1900 zeigt sich die Beschränkung auf das Wesentliche, die Bevorzugung der Einzelfigur oder weniger Figuren, auch bei diesen häufig die Reduzierung auf Büste oder Kopf, das Bescheiden mit schlichten, aber trotz ihrer Leisigkeit sprechenden Gesten, zeigt sich der – trotz aller Ungebundenheit – dienende Charakter der Farbe. Die Vielfalt wird zurückgenommen auf wenige einfache, große Formen, selbst wenn die Gestaltung in ihrer Unruhe diese noch zu verunklären scheint. Im *Kopf eines tragischen Clowns* etwa war es die Beschränkung auf dessen Büste, den schlichten Bogen der Halskrause, den Kopf mit dem einfachen Hut – aber gleichzeitig das vehemente Heranrücken an den Betrachter, die fast bildsprengende Präsenz. Auch wenn die erregten Striche manchmal lose mit den großen gestaltgebenden Formen zusammenzuhängen scheinen, haben sie doch stets dienende Funktion, helfen sie mit, den Bildgedanken zu verwirklichen, ohne in ihrem Eigenleben zu sehr in den Vordergrund zu treten. Schon hier also hat die Linie bedeutungstragende Funktion und wird sie in der Folge noch viel stärker bekommen (in komprimierter, verfestigter Weise). Noch mehr hat die Farbe zu dienen – sie wirkt ausdruckssteigernd in ihrem dumpfen, kühlen Blau und Blaugrün und schmutzigen Graubraun; in ihrem zerrissenen, fleckigen, zuweilen rauhen, wenig deckenden Auftrag gibt sie der Darstellung neben der augenscheinlichen Düsterkeit und Armseligkeit auch etwas Fragiles, Verletzliches. Alles aber tritt hinter der Durchbildung des Gesichtes zurück, dem Rouault in der viel eingehenderen Modellierung große Bedeutung beimißt und das im Blick der Augen die tiefe Verwundung dieses Clowns offenbart. Rouault war sich bewußt, daß das Auge das Fenster des Inneren ist, in dem das ›Licht der Seele‹, das Tiefste der Person zutage tritt. Die Augen und der Blick seiner Figuren gewähren deshalb in seinem ganzen Werk den tiefsten Einblick; zugleich sind sie größte Präzisierung und letzte Steigerung des anschaulichen Gesamtcharakters eines Bildes – zuweilen dessen aufs höchste verdichtete Zusammenfassung. Diese (größtmöglich gesteigerte) Sensibilität in Gestik wie Mimik aber ist es letztlich, die sein Menschenbild in Tiefe und Anschaulichkeit über das der Expressionisten, aber auch vieler späterer Zeitgenossen erhebt.[55]

In beständigem Hinhören lauscht Rouault dem Menschen und seinen leisesten inneren Regungen und macht diese zum eigentlichen Bildgegenstand – mithin auch Grund für die unzähligen Wiederholungen einmal gefundener Kompositionsschemata. Wie besessen von dem Drang, ständig zu verbessern und zu intensivieren, noch sensiblere Mittel zu finden, um genauer hinhören und besser niederlegen zu können, wollte er in die Tiefe wachsen und nicht in die Breite.

Die Maske – Verstellung und Enthüllung

Das zuvor angesprochene Bild *Wir halten uns für Könige* aus dem Zyklus *Miserere* spricht nicht nur von der Aussichtslosigkeit der Bestrebungen des Menschen, der auf die eigenen Kräfte vertraut; es läßt auch die ganze Problematik von Verstellung und Enthüllung, mit der sich der Künstler in so vielen Darstellungen beschäftigt, anklingen.

In den Augen dieses zähnefletschend Grinsenden blitzt etwas auf, das Abgründiges, Unheimliches ahnen läßt. Mit einer Krone, einer Halskette und einer umhangartigen Draperie hat er sich geschmückt, ist gedrungen und untersetzt gebaut; der Kopf ist halslos tief zwischen den breiten Schultern eingeklemmt. Den angewinkelten Arm an den Körper gepreßt und den Kopf im Profil nach vorn gerichtet, posiert er – und kann doch nicht umhin, dem Betrachter aus dem Augenwinkel einen dunklen und verstohlenen, zugleich aber auch höhnischen Blick zuzuwerfen. Übermäßig hart und grob sind seine Gesichtszüge gezeichnet. Er hat sich verkleidet, und er hat sich verstellt – vielleicht noch viel mehr vor sich selbst als vor den anderen.

Rouaults Blick ist schonungslos, zeigt die Figur in dieser Haltung voller Häßlichkeit. »Wir sind nichts als Lüge, Doppelzüngigkeit, Widerspruch«, sagt Pascal, »und wir verbergen und verkleiden uns vor uns selbst.«[56] Vielleicht hat die Härte dieser Aussage Rouault darin noch bestärkt, den Hang jedes Menschen, sich nicht aufrichtig als das zu zeigen, was er ist, und sich größer zu machen als die anderen, so erbarmungslos anzuprangern. In seinen späteren Jahren hat sich sein Zorn wesentlich gemildert. Selten ist Rouaults Angriff so massiv wie in diesem und einigen anderen Blättern des Zyklus *Miserere*, denen der Titel oft noch eine Steigerung verleiht.

Ganz allgemein ist rund um den Clown das Verstellen und Enthüllen ein Vielfaches und Vielschichtiges: Des Clowns Aufgabe besteht in der Verstellung und darin, in eine heitere Welt der Illusion zu entführen, der Sehnsucht nach Sorgenfreiheit nachzukommen und damit Freude zu bereiten. In diesem Sich-Verstellen aber enthüllt er auch gleichzeitig wieder, denn worüber er sich lustig macht, ist ja oft gerade die Eitelkeit und uneingestandene Selbstüberschätzung des Menschen, was er persifliert, sind menschliche Grundhaltungen. In der Torheit wird

11
Georges Rouault, *Wir sind Toren* (Nous sommes fous), 1922. Tafel 39 des Radierzyklus *Miserere*, 56,6x41 cm

Weisheit enthüllt. Die Schminke, die ihm das Clownaussehen verleiht, unterstreicht einzelne besonders markante Züge – und läßt gleichzeitig auch im Spiel den dahinterstehenden Einzelmenschen und sein Eigensein durchschimmern, verhüllt und enthüllt. Darin wird sie zum Sinnbild der Ambivalenz des Menschen, seines Rollenspiels und seiner wahren Natur.

Der *Pierrot* von 1920 zeigt einen Kopf mit geschminktem Gesicht, die Halskrause und noch ein kleines Stück seines Kostüms mit den Bommeln. Doch das Gesicht hat nichts Fröhliches, die Schminke kann nichts verbergen, die Halskrause ist nicht Schmuck, sondern wie ein höhnisches Beiwerk, in dem unbeweglich der Kopf steckt. Statt dessen steigern die farblich betonten Gesichtszüge und die kräftigen Kontraste noch den Ausdruck, der hinter der Maske versteckt bleiben sollte und doch zutage tritt: die großen, müden Augen, den enttäuschten Mund – insgesamt den etwas resignierenden, mißmutigen, aber auch von einer verborgenen Entschlossenheit geprägten Anblick.

Aber auch das Lächeln eines Zirkuszwergs – einer jener, die aus der Not eine Tugend zu machen und im grotesken Spiel dem Zuschauer den Eindruck zu geben versuchen, die Wirkung von Komik absichtlich zu erzielen – erstarrt unter den Händen Rouaults, verrät die leise Bitterkeit im Herzen; der scheue Blick weicht aus. In *Benito*[57] schließlich sind es die großen, weit geöffneten Augen, welche Ungeborgenheit, ja Angst verraten.

Doch Rouaults Blick dringt nicht nur hinter die Maske und legt das verborgen Menschliche frei, sondern erfaßt auch die gewollte Verstellung als grundmenschliches Phänomen. *Sein Anwalt beschwört in hohlen Phrasen seine völlige Unschuld ...* (Tafel 102) schleudert uns förmlich die Verlogenheit und Selbstgefälligkeit dieses Mannes entgegen – mit seinem gehobenen Kinn, dem eitlen Mund, den selbstsicher halbgeschlossenen Augen ... Er, der in der Verstellung sicher zu sein glaubt, enthüllt damit die eigentliche Wirklichkeit seiner Seele.

Einen der Höhepunkte im Bereich dieser Thematik aber bildet das Blatt *Wir sind Toren* (Abb. 11), das harmlos und abgründig ist, das erheitert und erschreckt, das im Enthüllen wieder verhüllt. Es ist dies wohl eine der bewegendsten Metaphern Rouaults für den Menschen – voller Heiterkeit, aber auch voll des ernsten Erstaunens angesichts des unmittelbaren Nebeneinanders von Hellem und Dunklem in ihm, angesichts der Unbegreiflichkeit menschlicher Individualität und der Unauslotbarkeit seines Wesens.[58]

Ein vergleichbar tiefes Gleichnis der Maske für das Rollenspiel des Menschen, für seine Sucht nach Verstellung und das gleichzeitig Enthüllende eben dieses Maskierens, um bestimmte Ziele zu erreichen, hat Max Beckmann in seiner Radierung *Fastnacht* (Abb. 12) geschaffen. Da lockt ein Harlekin in seinem von Punkten übersäten Anzug Colombine zu sich heran, den einen angezogenen Fuß unter der Bettdecke, den anderen ihr entgegenstrekkend, und blickt mit gierigen Augen aus der schwarzen Larve zu ihr auf. Colombine tut schon einen Schritt auf ihn zu. Die Haltung ihrer Hände ist doppeldeutig – die Rechte sucht die Berührung und ist doch auch Geste der Abwehr, die andere bewegt sich ihm zu und bleibt doch zaghaft, vielleicht auch Geste der Scham. Ihr Kopf ist zu ihm gesenkt, und doch geht ihr Blick über ihn hinaus. So bleibt sie, die sich ihm mit weichem und etwas schmerzlichem Mund zugewandt hat, rätselhaft.

12
Max Beckmann,
Fastnacht, 1922.
Radierung,
32 x 24,5 cm

Wie Gabriele Heidecker gezeigt hat, geht die Bedeutung des Blattes über dieses Spielen mit halbeingestandenen, halb offenen Wünschen, auch über das Spielen in Rollen noch hinaus. Denn hart wie eine ›Belsazar-Schrift‹ steht das Wort ›Fastnacht‹ zwischen ihnen an der Wand neben »dem Ausblick in den dunklen Raum, aus dem heraus – wie ein ›memento mori‹ – ihre Augen schauen.«

»Die vitale Lust ist überschattet durch den Aspekt von Tod und Ewigkeit, vor dem die Gesten der beiden eine umgekehrte Bedeutung erhalten können: die des Mannes könnte auch Schrecken sein, da er sich in seiner lüsternen Offenheit einem so unheimlichen Wesen ausgeliefert sieht. Solch eine Colombine als Personifikation des unendlichen Raumes malt Beckmann vor seinem Tod 1949, vor einem sich öffnenden dunklen Ausgang sitzend, als unerbittlich wartende Todesgöttin (nach Fr. W. Fischers Deutung).«[59]

Die Weisheit des Narren

Der Clown leidet nicht nur unter dem eigenen ständigen Anspruch, lustig zu sein und seine Rolle zu füllen, er leidet allgemein unter der ständigen Verstellung der Menschen, ihrer Unaufrichtigkeit und Eitelkeit, ihrem Denken in Vordergründigkeiten und der daraus resultierenden Haltung, andere in Rollen zu drängen und nur in diesen zu sehen.

Dieses Leiden ist notwendig – denn wenn er im kalten Zynismus oder Spott die Last von sich abwälzt, verliert er die Fähigkeit, seine Erkenntnis in befreienden Witz umzuformen, beginnt er zum Kabarettisten zu werden, der weit mehr für die persönliche Meinung eines geistreichen Menschen als für die in gewisser Weise herausgehobene, in ihrem Typus allgemeingültig verstandene des Clowns steht.

Natürlich aber leidet der Narr auch unter der Last der eigenen Erbärmlichkeit, Hinfälligkeit und der Unmöglichkeit, jenen harmonischen Zustand zu erreichen, der im Glück des Sich-ganz-im-Spiel-Verlierens erreicht oder erahnt wird. Er ist sozusagen erst im Spiel ganz er selbst – oder erhält zumindest die Ahnung einer unversehrten Identität.

Dieses persönliche Leiden unter dem Possenspiel (dem eigenen wie dem der anderen), unter dem Erfüllen einer Rolle war zweifellos ein Thema der Zeit, doch selten mit solch existentieller Betroffenheit wie bei Rouault. Oscar Wilde, der einen Essay über die *Wahrheit der Maske* verfaßte, ging so weit, daß für ihn erst das Maskenhafte das Medium sei, in dem die Wahrheit ausgesagt werden könne. Und Friedrich Nietzsche stellte fest, daß jeder tiefe Geist einer Maske bedürfe.

In der deutschen Literatur war das Problem zwar präsent, aber nur von wenigen mit vergleichbarer Ernsthaftigkeit behandelt oder in einen anderen Zusammenhang gestellt. Auch bei Georg Trakl taucht angesichts der Erkenntnis der Kleinheit des Menschen gegenüber der Forderung und Größe seiner Bestimmung das Bild der Maske, des Spiels auf, wenngleich oft mehr als Sinnbild für den Seelenzustand des schwermütigen Dichters:

CONFITEOR [1909]

Die bunten Bilder, die das Leben malt
Seh' ich umdüstert nur von Dämmerungen,
Wie kraus verzerrte Schatten, trüb und kalt,
Die kaum geboren schon der Tod bezwungen.

13 Georges Rouault, *Der alte Clown* (Le vieux clown), 1917–1920. Öl, 102 x 75,5 cm; Slg. Stavros Niarchos, Athen

14
Georges Rouault, *Zirkustrio* (Trio de cirque), 1924. Öl, 76 x 106 cm; The Philips Collection, Washington (D.C.)

Und da von jedem Ding die Maske fiel,
Seh' ich nur Angst, Verzweiflung, Schmach und Seuchen,
Der Menschheit heldenloses Trauerspiel,
Ein schlechtes Stück, gespielt auf Gräbern, Leichen.
Mich ekelt dieses wüste Traumgesicht.
Doch will ein Machtgebot, daß ich verweile,
Ein Komödiant, der seine Rolle spricht,
Gezwungen, voll Verzweiflung – Langeweile![60]

Es ist der gleiche Gedanke, der auch hinter Darstellungen Rouaults wie *Wer schminkt sich nicht* oder *Wer kennt sich?* (erinnernd an Goyas Titel *Nadie se conoce*) steht – die Unfähigkeit des Menschen, sich selbst oder den anderen wirklich zu begreifen. Das Stöhnen unter dem Los, sich selbst nicht zu kennen, immer wieder auf die Abgründe des eigenen Herzens stoßen zu müssen.[61] Die Maske oft auch als ein Halt, als eine Sicherheit, wenn anderes versagt oder zu zerbrechen droht und wenn das eigene Ich zu verwundbar ist inmitten von Verständnislosigkeit.

Rouault formulierte: »Ich glaube an das Leid, ich trage es nicht als Maske; das ist mein einziges Verdienst.«[62] Das Leiden erscheint ihm als Auftrag, aber auch ganz wesentlich als Weg des Heiles. Deshalb ist das Bild Rouaults vom Clown und damit das Bild vom Menschen niemals von einer pessimistisch-resignativen Sicht getragen, sondern im letzten – sei es in seinem erkennbar kämpferischen Charakter wie in der Frühzeit, sei es in der Ruhe und Harmonie der späten Bilder – von Hoffnung, von der Überzeugung, daß es letztlich doch gut ausgeht mit dem Menschen.[63]

Rouaults *Alter Clown* von 1917-20 (Abb. 13) ist ein weiser Narr – hinter den Zügen des Schmerzes verbirgt sich ein größeres Wissen, das besonders in den in unbestimmte Ferne gerichteten Augen zum Vorschein kommt. Er, der die eigenen Schwächen und die der Mitmenschen erkennt, ja gar nicht anders kann, als sie ins Lustige zu ziehen und den anderen den Spiegel vorzuhalten, ist im Spiel sich selbst und der Welt gegenüber aufrichtig – und auch deshalb Urbild des Künstlers.[64]

Daß Rouault auch im Gestus auf ganz verhaltene Weise der Trauer Ausdruck zu geben verstand, haben wir in dem *Alten Clown mit Hund* schon gesehen. Subtiler noch, und auf das äußerste zurückgenommen, erscheint sie in *Zirkustrio* (Abb. 14).

Insgesamt sind die meisten Clowns bei Rouault einsam – und sie sind es selbst dann, wenn sie zu zweit oder in Gruppen auftreten. Die Einsicht in die Gespaltenheit des Menschen ist dem Clown Anlaß zum Spiel und Anlaß zur Trauer. Zugleich aber macht sie ihn auch – in seiner Stellung als Gegenüber der Welt und der Gesellschaft – einsam.

In so vielen Bildern bisher konnte man dem einsamen Aufragen der Figuren, Büsten oder Köpfe begegnen – unbewegt, gerade herausschauend oder mit gesenktem Blick, allein vor einer nicht weiter beschriebenen Hintergrundfläche – wie etwa im *Alten Clown*.[65] Auch in Bildern wie *Zirkustrio* oder *Der verwundete Clown,* in denen Figuren gemeinsam agieren, ist die Eingeschlossenheit eines jeden in sich selbst und das nur verhaltene In-Beziehung-Treten der Personen charakteristisch. Selbst für die Spätzeit – in der es oft schon ein freieres Zueinander der Figuren gibt – gilt dies noch. In dem Bild *Bei Mondschein*, mit dessen Titel Rouault auf das bekannte Volkslied und die kunsthistorische Tradition dieses Themas anspielt[66], ist zwar der Gesichtsausdruck des Clowns nicht mehr so ernst oder traurig (wenn auch nachdenklich) und seine Büste im Hintergrund von zwei kleinen Gestalten begleitet; auch umgibt ihn eine halbrunde Nischen- oder Bogenform, in der sich zu seiten seines Kopfes eine Blume und der Vollmond befinden – und doch ist er allein, ja einsam. Zwischen ihm und den Figuren im Hintergrund herrscht keine Verbindung, groß ragt er vor den Hügellinien hinter ihm in den nächtlichen Himmel.

Der eskapistische Charakter der Clownsgestalt

Es wäre verfehlt, Rouaults Clownsbild auf das Melancholische, Traurige zu reduzieren oder darin die eigentliche Aussage seiner Darstellungen zu sehen, selbst wenn in einer großen Zahl von Werken dieser Eindruck überwiegt. So wie der Clown selbst (und so wie der Mensch) ist auch Rouaults Bild von ihm differenzierter. Er wäre kein Clown, hätte er nicht beide Seiten, die lustige und die traurige, die tölpelhaft draufgängerische und die nachdenkliche. »Seine kluge Selbsterkenntnis macht ihn traurig, und die Eitelkeit der Welt läßt ihn lachen und drängt ihn zum Tanz.«[67] Er verkörpert in seinem selbstvergessenen Spiel einen glückseligen Zustand, weist in der Vollkommenheit, Schönheit und Sorglosigkeit seiner Späße auf eine noch verborgene, die Gegensätze auflösende Harmonie und eine befreiende, gültige Identität des Menschen hin.[68]

Rouault liebte am Clown und am Zirkus – und davon zeugen neben den Bildern auch viele persönliche Aussagen – die Einfachheit der Freude, er liebte die Spontaneität, mit der sie ihren Einfällen folgten und ganz im Spiel aufgingen. Zugleich bewunderte er ihre Fröhlichkeit, den Eindruck, daß ihnen alles gelang (auch wenn die Aufführung gerade darin bestand, daß nichts gelang vor lauter Tolpatschigkeit), ihr körperliches Geschick, ihre Gabe, die Sorgen anderer vergessen zu machen. Rouault:

»Wir wollen lachen ohne Hintergedanken, besonders wenn wir grundlos traurig sind, wollen wir für einen Augenblick das schwere Los abwenden. Herausfordernde oder sanftmütige Hanswurste, ihr werdet an der Garderobe die verschiedenen Widerwärtigkeiten und das tägliche Elend zurücklassen, glaube ich – denn aus Standesgnade fliegen Hanswurste in den siebten Himmel, verlassen in der Sehnsucht ihrer Einbildung unsere düsteren Winter, es genügt ihnen, reiche und phantastische Kostüme zu haben, einen barocken Dekor und Lichter, um für einen Augenblick im Herzen festliche Stimmung zu spüren und eine künstliche und bezaubernde Welt entstehen zu sehen.«[69]

In Blättern wie *Zirkus* von 1905 (Abb. 15) oder *Die Zirkusparade* von 1907 begegnen wir dieser schillernden, künstlichen und turbulenten Welt in der Bewegung, der Unruhe von Formen und Farben, im aus Hell und Dunkel Zusammengestückten. In *Zirkus* vermitteln die drei clownesken Gestalten, die da auf den breiten Bühnenbrettern in die Tiefe aufgereiht stehen, den Eindruck, mitten in einer Zirkusszene zu sein, angestrahlt vom grellen Licht der Scheinwerfer und dabei ihr eigentliches Gesicht im Dunkeln lassend. Rouault hat hier wohl aus Toulouse-Lautrecs *Zirkusszene* in Form eines Fächerblatts von 1888 (Abb. 16) Anregungen bezogen. Hier fällt der Blick von hoch oben hinunter in das Rund einer Manege, wo eine Kunstreiterin gerade dazu ansetzt, den bespannten Reif vom Pferd aus zu durchspringen. In Rouaults drei in Fächerform gemalten Blättern *Zirkus (Die Zirkusparade), Tänzerin und Monsieur Loyal* sowie *Zirkusnummer* findet man ebenfalls einen erhöhten Augenpunkt eingenommen, unter dem sich die Bühnenbretter mit den Akteuren in starker Aufsicht in die Tiefe ausbreiten. Aber der Ausschnitt aus der Bühne bzw. Manege ist hier viel kleiner gewählt, die Aufmerksamkeit stärker auf die Figuren als Typen als auf einen Vorgang gelenkt. Rouaults Vorliebe für statische Darstellungen, für Beschreibungen dessen, was ist, wird hier abermals deutlich. Wie der Titel *Tänzerin und Monsieur Loyal* verrät, handelt es sich um den gleichen Zirkus – den Zirkus Fernando, später in Zirkus Medrano umbenannt, denn auch in Lautrecs Aquarell ist mit der mit Frack und Peitsche ausgestatteten Figur der Stallmeister Loyal gemeint.[70]

In *Zirkusparade* steht das Element der Bewegung von Formen und Farben noch stärker im Vordergrund. Hier gilt es, den Trubel, die erregte Stimmung, den ständigen Wechsel von Eindrükken, die Wirkung der Beleuchtung, das Aufscheinen der Farben, das kräftige, ja zuweilen wilde Agieren der Darsteller festzuhalten. In *Parade*, und deutlicher noch in *Le Chahut* (1905, Abb. 17) gewinnt die Darstellung ihre Intensität und ihren schillernd-fluktuierenden Charakter durch das scheinbar nicht festgelegte, von innerer Kraft und Erregung getragene eigenständige Handeln jedes Strichs – eine Unabhängigkeit, die diese ›Linien‹ auch dann nicht verlieren, wenn sie vom Auge des Betrachters zum Ganzen der Darstellung zusammengesehen werden. Da, wo der kraftvolle Duktus einer Bewegung gezeigt werden soll – wie beim Schlagen der Trommel oder im Hochreißen des Beins im Chahut – ist die Kontur gerichteter, breiter und die Form groß und einfach.

Gerade in *Le Chahut* wird dieser Zusammenhang von gezielt und mit größter Entschlossenheit gesetzten Strichen dort, wo Kraft wirkt und sich hinbewegt (– im Unterschenkel und Fuß des rechten Beins, Hals, Armen und Ellbogen –), und nervös zuckenden Linien da, wo nur das allgemeine Bewegtsein, das Rauschen des Gewandes etc. sich ausdrückt (– im Gewand der Oberschenkel, der Brust oder den Haaren –), besonders deutlich. Hier ist das Bild auch von einem durchgehenden, energischen Zug erfaßt, der großen und bildbeherrschenden Schräge der Beine, in der sich der ganze Schwung dieses auch von Seurat festgehaltenen Tanzes zusammenfaßt, wobei in der Übersteilung des rechten, hochgerissenen Beines noch etwas von dem Momentanen des Chahut zum Ausdruck kommt.[71]

Ist in den erwähnten Bildern – auch wenn sie im Grunde fast ausschließlich die Darstellung der vielfältigen Sinneseindrücke einer Zirkusaufführung zum Ziel haben – vielleicht durch die Verwendung kalter und dunkler Töne und starker Kontraste noch etwas von der Unwirklichkeit dieser Welt und dem zuwei-

15 Georges Rouault, *Zirkus/Die Zirkusparade* (Cirque/La parade) (Die Parade), 1905. Gouache und Pastell, 33,5 x 27,8 cm; Musée d'Art Moderne de la Ville de Paris

16 Henri de Toulouse-Lautrec, *Zirkusszene* (Scène de cirque), um 1888. Aquarell und Pastell, 31 x 57 cm; Privatbesitz

len falschen Glanz mitausgedrückt, so ergehen sich Darstellungen wie *Der Zauberkünstler* (Abb. 18) oder später Blätter wie *Jongleur, Tänzerinnen* oder *Parade* aus den Farbradierungen für sein Buch *Cirque de l'Etoile filante* ganz in der Schilderung einer sorglosen, harmonischen, farbenfrohen Welt.

Dort, wo Rouault in diesen Jahren Öl verwendet, kann es allerdings sein, daß die graphische Textur der zugrundeliegenden dunklen Zeichnung durch hellere und dichte Farbe teilweise stark überdeckt wird. Aber auch diese ist graphisch eingesetzt und läßt den forschen Duktus der Hand in den getrennten Pinselzügen erkennen. Deutlich finden wir dies in *Kopf eines Clowns*[72] und *Clown*. Die Kontraste von beleuchtet und verschattet werden durch grobe Pinselzüge kalter und dunkler Farben in ein graphisches Muster umgesetzt. Es ist nicht zu übersehen, daß er darin Arbeiten von Daumier – insbesondere dem *Mandoline spielenden Pierrot* – nahekommt. Auch hier die nervöse Handschrift, die große Unabhängigkeit der Striche, ein einziges Vibrieren aller Elemente, die sich erst im Gesamtbild zusammenschließen, bei Daumier auch die Härte schwarzer Konturlinien (vgl. etwa *Don Quichotte* von 1868-70, München, Neue Pinakothek und *Le Troubadour* von 1867, Cleveland Museum), aber doch stärkere chromatische Geschlossenheit, so daß das nervöse Flimmern der einzelnen Pinselstriche in die relative Einheitlichkeit der Farben eingebunden bleibt und durchwegs einem gemeinsamen Rhythmus und einer mehr oder weniger festen Richtung folgt.

Da Rouault in seiner Studienzeit die reichen Kunstsammlungen des Louvre schätzte und regelmäßig besuchte, um zu kopieren und zu lernen, und seine Verehrung der Meister des 18. Jahrhunderts – allen voran Chardin – bekannt ist, könnte auch Fragonards *Studie* (die 1869 in den Louvre kam) für ihn – so wie zuvor für Daumier – von Bedeutung für sein Bilddenken gewesen sein. Später ist es vor allem die Einfachheit der Gestaltung, die Rouault in den Bildern seiner Clowns und Pierrots sucht und die mit seiner Suche nach Verdichtung und Verfestigung in allen Bereichen einhergeht.

Schon aus den Jahren 1911-15 gibt es Beispiele, in denen die Beschränkung auf wenige große Formen, aussagekräftige Gesten und markante, starke, wenn auch noch nicht leuchtende Farben erfolgt. Der *Weiße Pierrot* von 1911 (Tafel 20) ist eines der schönsten Beispiele dafür. Dieses Blatt markiert mit den vereinfachten Linien, seiner Verdichtung auf einfache Flächen den neuen Stil, der um noch größere Typisierung bemüht ist.

In den späteren Illustrationen zu *Cirque de l'Étoile filante* entspricht der Konfliktfreiheit, anmutigen Schönheit und Buntheit dieser Welt eine große Gelöstheit in der Gestaltung, eine Leichtigkeit in den schlichten Formen und eine leuchtende Farbigkeit.

Es ist ein leichtes, lockeres Schwingen jeder einzelnen Linie im *Jongleur* (Tafel 133), das sich von einem Bogen, einer Kurve in die nächste fortsetzt, ohne harte Brüche und doch mit deutlicher innerer Kraft jeder der Einzelformen. Dieses Hervorgehen eines Schwunges aus dem anderen tritt natürlich mit dem Inhaltlichen in enge Beziehung. Viele der hier geschilderten Gestalten (vgl. Tafeln 129-133) zeichnen sich durch völlig gelöste Erscheinung und starke, leuchtende Farbigkeit aus.

Sie lassen sich mit den heiter-beschwingten Akrobaten Chagalls, die 1926 Einzug in seine Gemälde finden, vergleichen; diese tragen den Charakter des Zauberhaften, Leichten und Beweglichen mit großer Anmut vor (vgl. *Die Akrobaten* von 1926).

Rouaults Auffassung des Clowns erschöpft sich, auf das Ganze gesehen, nicht in der (zweifellos zu den tiefsten und gültigsten Deutungen der Figur zählenden) Beschäftigung mit der Tragik seiner Daseinsform, sondern ist auch von der Freude an der Heiterkeit des Zirkusgeschehens getragen. »Hanswurst, so voller offensichtlicher Freude / Du schläfst besser als ich / Mit einem guten und gesunden Schlaf ...«[73], sagte er einmal. Und an anderer Stelle:

»Ihr Komödiantenkinder auf allen Straßen der Ile-de-France, die ihr von Norden nach Süden und von Osten nach Westen rollt, friedliche und fröhliche Eroberer, die im Winter langsam der Sonne entgegenziehen, im Frühling über die grüne Ebene oder zum Ozean, ich habe euch immer beneidet, einsam und an den Ackerboden meiner Malerei gefesselt, wie der Bauer an sein Feld ...«[74]

Mit zunehmendem Alter trat für Rouault die Sonnenseite dieser Existenzen verstärkt ins Blickfeld; seine Weltsicht wurde zunehmend nachsichtiger und gelöster, vor allem in den Bildern der späten dreißiger und der vierziger Jahre. Gesichter wie in *Der Marokkaner, Onésime, Séraphine* (vgl. Tafel 58) oder das wache Schauen von *Kleiner Louis* sind voller Heiterkeit und voller farblicher Pracht. Diese ist es auch, die in diesen Jahren die Melancholie durchbricht – und eine innere Ausgeglichenheit durchschimmern läßt. *Die kleine Zauberin vom Zirkus ›Regenbogen‹* von 1948-49 (Abb. 19) ist wohl eine der letzten Steigerungen dieses volltönenden Kolorismus. Der Eigenwert der Farbe ist hier voll sonorer Fülle, der Darstellungswert auf ein Minimum beschränkt, und durch das prachtvolle Zusammenstehen von Gelb, Rot und Grün ist die Sinnlichkeit noch gesteigert. Das gibt diesem Bild (so wie vielen des Spätwerks) seinen stillen Zauber und – aus der Vermischung von leuchtender Pracht der Farben und leisem, in sich gefaßtem Ernst der Figuren – eine Ahnung von beglückender Harmonie.

Rouault im Clown

Rouault hat in den Clowns ein Thema umgesetzt, das ihn persönlich ab 1898 nicht mehr losgelassen hat. Er hat damit aber auch schon früh – und vergleichbar mit seinen Zeitgenossen – die Daseinserfahrung vieler Künstler zu Beginn des Jahrhunderts bildlich zu bewältigen versucht.

17 Georges Rouault, *Le chahut*, 1905. Aquarell und Pastell, 71 x 55 cm; Musée d'Art Moderne de la Ville de Paris

Während er an dem Zyklus *Miserere* und dann an den Illustrationen für *Réincarnations du Père Ubu* und *Les fleurs du mal* für Ambroise Vollard arbeitet (1917-27), wird er von dem Galeristen so sehr mit neuen Aufträgen überhäuft und ständig vorwärtsgedrängt[75], daß er Paris über Jahre nicht verlassen kann, sich keine Erholung gönnt, sondern nur Tag für Tag unermüdlich und unter Überforderung seiner Kräfte in dem von Vollard zur Verfügung gestellten Atelier weiterschuftet.[76] Aus gerade diesen Jahren aber gibt es einen unmittelbaren Beleg dafür, daß Rouault sich mit der Gestalt des Clowns identifizierte und ein ähnliches Schicksal in ihm erkannte: Im Zyklus *Miserere* verleiht er in dem Blatt *Wer schminkt sich nicht?* (Abb. 1) dem Clown seine eigenen Züge: die gleiche hohe, gewölbte Stirn, den schmalen Mund, die großen ausdrucksvollen Augen. Auch wenn die Identifikation mit der tragischen Existenz der Gaukler und Pierrots bei Künstlern und Literaten gegen Ende des 19. Jahrhunderts längst ein Topos war[77], muß gefragt werden, was für Rouault die Beweggründe einer solchen Identifikation gewesen sein mögen.

Es wurde bereits die schwere persönliche und künstlerische Krise Rouaults zu Anfang unseres Jahrhunderts angesprochen und dabei – verbunden mit der Ausbildung eines neuen Stils – auch das Auftauchen des Clown-Themas festgestellt. Angesichts seiner bitteren Erfahrung der Einsamkeit, aber auch der inneren Notwendigkeit, sich neuen Wegen des Ausdrucks, abseits des offiziellen Geschmacks und Kunstbetriebes zuzuwenden, mag sich die Identifikation mit jenen Außenseitern, die sich ihre menschliche und künstlerische Eigenständigkeit bewahrten, ähnlich wie auch Picasso angeboten haben. Doch sollte das Thema Rouault als Selbstinterpretation sein Leben lang begleiten. So scheint es letztlich, daß es Ausdruck einer tiefen Verwundung des hochsensiblen, eigenwilligen Künstlers war, deren Schmerz sich erst an seinem Lebensende zu mildern begann: des Unverstandenseins und doch Getriebenseins, Zeugnis abzulegen. Rouault war gerade auf diesen Punkt in höchstem Maße bedacht – lange Zeit hat er jedes Interview verweigert, selbst seinen Freunden die Adresse seines Ateliers verschwiegen und sich, wenn er heimgebracht wurde, an irgendeiner Straßenkreuzung absetzen lassen; darüber hinaus hat er in seinem Atelier die Fenster matt schleifen lassen, wegen des gleichmäßigeren Lichts, aber wohl auch, um ohne Zerstreuung dieser inneren Welt und ihren Eingebungen lauschen zu können[78].

Darin kommt Rouault ein Platz in der Tradition des ›Weisen Narren‹ zu. Schon die Geckengemeinschaften des 14. und die Narrenvereinigungen des 15. und 16. Jahrhunderts verstanden sich oft als mächtige korrigierende Kräfte im Leben. Im Dialog *Idiota de Sapientia* des Nikolaus Cusanus wird dann erstmals ein Aspekt angesprochen, den Rouault bewußt oder unbewußt in seinem Clown-Bild mitverstanden hat: »Nobilitierung des eigen-

18 Georges Rouault, *Der Zauberkünstler* (L'illusionniste), 1907. Verdünnte Ölfarbe und Aquarell, 44 x 33 cm; Privatbesitz

ständigen Denkens« gegenüber dem »Beharren auf Gesetzesautoritäten, die als Entmächtigung empfunden werden«[79]. Der Narr mit seinem intuitiven Erkennen und seinem Spaß nimmt das festgefügte, geordnete Wissen aufs Korn, durchbricht die Maßstäbe und ist damit der Wahrheit oft näher. Diese Überlegenheit intuitiven Schauens und unmittelbarer Erkenntnis gegenüber starrer Regelhaftigkeit ist ein Leitthema in Rouaults schriftlichen Aufzeichnungen. Vor allem die Besserwisserei der Kritiker fürchtete er:

»Ein Maler, der seine Kunst liebt, sollte doch sorgfältig einen zu langen Umgang mit den Kritikern und Schreibern vermeiden. Denn diese Herren deformieren – womöglich, ohne es zu wollen – alles, indem sie glauben, alles erklären zu können: Denken, Willen, Empfindsamkeit eines Künstlers, und sie scheren ihn, so wie Delila Samson schor. Sie haben nicht die Gabe der feinen Abstufungen, aber die instinktive Angst vor allem, was sie übertrifft oder verwirrt.«[80]

Ohne es sich selbst eingestehen zu wollen, ist er von Kritik tief betroffen – und dies auch noch, als er schon Förderer, Freunde, Verteidiger seiner Kunst hat:

»Manche Kunstwerke sind dazu verurteilt, ab ihrer Entstehung verspottet zu werden. Mit meinen Bildern Ursache des Skandals zu sein, war nie meine Absicht. Ich habe den Skandal nicht gewollt, nie habe ich die Polemiken gesucht, nie jemanden schockieren oder verletzen wollen. Einige stellen mich als ein derartiges Monster hin, wütend gegen eine Menschheit kämpfend, die ich mir voreingenommen, gemein und niederträchtig zu wünschen scheine.«[81]

Innerhalb vieler dieser Klagen aber urteilt Rouault selbst, spricht dem Außenstehenden implizit die Gabe der Einfühlung (vielleicht auch zuweilen scharfsichtigerer, analytischerer Erkenntnis) ab und gibt alle Autorität dem Künstler, der eben oft unverstanden bleibt. Wem gegenüber der letztlich Rechenschaft schuldig ist, kommt in folgender ›Zwiesprache‹ zum Ausdruck:

»Herr, ich weiß, daß ich ein undankbarer Diener bin, ein frecher Pinsel, der in der Abenddämmerung Morgen singen will: Aber dennoch bin ich nicht der, den all diese Auguren in mir vermuten, weder der militante Anarchist in Richtung einer Kunst der totalen Verdammung, noch der Klassiker der Klassiker, wie der andere sagen wird, Herr, ich bin ein Gehorsamer, was auch immer meine Schwäche sei. Mein Name ist Getreuer – das ist der eines alten Hundes, aber er ist schön in diesen Zeiten der Verneinung.«[82]

In diesen Texten wendet sich Rouault häufig in direkter Rede an die Personen des Zirkus und nennt ihre Namen – denn sie sind es, die – durch Lebenseinstellung und Existenzform ihm verwandt – ihn wirklich verstehen und auch sein Leid über das Unrecht der Kritiker teilen können. Zu ihnen und ihrer harten, aber heilen Welt fliehen oft seine Gedanken. Interessanterweise bleiben sie – die Auserwählten – neben den Kritikern Bezugspunkt seines Denkens, das Publikum, der einfache Betrachter, hingegen nicht.

Schließlich stellt auch Rouaults Charakter eine Beziehung zur Gestalt des Clowns her: eine konstante Spannung von Melancholie und Übermut, von Leid und selbstvergessener Freude. Diese Polarität war Rouaults Charakter (wie seine Tochter Isabelle und Bernard Dorival, der ihn gut kannte, unabhängig voneinander versicherten) in ausgeprägter Weise eigen. Er konnte sehr ernst und manchmal bitter sein – wieviele Bilder zeugen davon – und dann wieder, manchmal sogar gleichzeitig, übermütig, unbeschwert, zuweilen auch sarkastisch. In dem Bild *Der Träumer* (Tafel 61), bei dem es sich zweifellos um eine Anspielung auf seine eigenen Gesichtszüge im Clownskostüm handelt, herrscht nachdenklicher Ernst und eine leise, verhaltene Heiterkeit.

19 Georges Rouault, *Die kleine Zauberin vom Zirkus ›Regenbogen‹* (La petite magicienne du cirque de l'arc-en-ciel), 1948-1949. Öl, 88x72 cm; Musée National d'art Moderne, Centre Georges Pompidou, Paris

Christus im Clown

Angesichts der *Pierrette* von 1937 (Abb. 20), in der mit geringem formalen Aufwand, ja bestechender Schlichtheit die geistige ›Einkehr‹ eines Menschen, seine Reflexion dargestellt ist, oder anderer bisher behandelter Beispiele fällt auf, daß Rouault oft Gestalten mit geneigtem Kopf, vor allem aber gesenktem Blick darstellt: ein Mittel, um der inneren Welt Ausdruck zu geben. Dieses Niederschlagen der Augen und seitliche Neigen des Kopfes zur Veranschaulichung inneren Schmerzes taucht fast ausschließlich bei zwei Themen auf: bei den Darstellungen Christi und denen der Zirkusgestalten.

Stellt man der *Pierrette* Bilder wie *Passion/Ecce Homo* (Tafel 64), *Christus/Passion* (Tafel 65) oder eine frühe Darstellung wie die Keramik *Kopf Christi* von 1911 (Abb. 21) zur Seite, so erkennt man schnell den Zusammenhang, der über eine nur äußerlich ähnliche Anordnung hinausgeht. Groß ist die Hieratik und Bildstrenge, klar die Frontalität, Formen wie Linien sind stark verdichtet. Die dadurch gewonnene Konzentration wendet sich ganz

21
Georges Rouault,
Kopf Christi
(Tête du Christ), 1911.
Keramikplatte,
Durchmesser: 39,3 cm;
Privatbesitz

20
Georges Rouault,
Pierrette, 1937.
Öl, 22 x 16 cm;
Privatbesitz

dem Gestus (Neigung des Kopfes) und Ausdruck (in Augen und Mund) zu und bezieht daraus ihre Signifikanz. Dieses Dulden kennt keine Theatralik, kein lautes Wort, ist vielmehr ganz nach innen genommen und reflektiert. Aber auch Gesichter in Bildern wie *Wer schminkt sich nicht?* oder *Der alte Clown*, aus deren Blick tiefe Verwundung spricht, lassen die enge Verwandtschaft und geistige Nähe zum Christusbild erkennen, etwa wenn man zum Vergleich das berühmte Bild *Christus (Passion)* von 1937 (Abb. 43) danebenstellt.

1913 schrieb Rouault an den Dichter André Suarès: »Ich fühle, daß dieser Kopf eines Narren oder Pierrot, wenn er ernsten Charakter annähme ... (den er durch die Bedeutung von Zeichnung und Stoff schon hat), etwas Außergewöhnliches würde (Christus in der Passion zum Beispiel), deshalb ist mein Stoff gemacht [sic].«[83] Auch Rouaults frühe Clowns weisen Züge auf, die dem Antlitz Christi entsprechen. In *Kopf eines tragischen Clowns* oder *Clown mit kleiner Ziehharmonika* (Abb. 22) treffen wir auf tiefzerfurchte Gesichter und große, innere Pein verratende Augen. Mit

22 Georges Rouault,
Clown mit kleiner Ziehharmonika (Clown au bandonéon), 1906.
Aquarell und Pastell auf Papier, 78 x 46 cm;
Privatbesitz

23
Georges Rouault,
Verspottung Christi
(Christ aux outrages),
1905. Öl, 99 x 64 cm;
The Chrysler
Museum, Norfolk

Waldemar Georges Worten »bildet dieses von Menschlichkeit überströmende Antlitz eine klaffende Wunde. Warum es verschweigen? Diese Menschlichkeit gleicht der des von einer rasenden Menge beschimpften und verfluchten Gekreuzigten.«[84] Dem entspricht der Kopf des Bildes *Verspottung Christi* aus denselben Jahren (1905, Abb. 23) mit weit aufgerissenen, wie in einem inneren Aufschrei nach oben gerichteten Augen und einem von hart geführten Strichen zerfurchten Gesicht – eindrucksvolles Abbild seiner Schindung.

Der hinter dieser Zusammenrückung von Clown und Christus stehende Gedanke ist die uralte Auffassung, daß Christus aus Liebe zu den Menschen zum Toren geworden sei, zuletzt von allen verachtet und verspottet. Nur die Liebe kann solche ›Verrücktheiten‹ zustandebringen und selbst den entwürdigenden Kreuzestod auf sich nehmen, um den Beweis anzutreten. Schon Paulus spricht von der ›Torheit‹ des Kreuzes[85] und fragt: »Hat Gott nicht die Weisheit der Welt als Torheit entlarvt?« »Denn da die Welt angesichts der Weisheit Gottes auf dem Weg ihrer Weisheit Gott nicht erkannte, beschloß Gott, alle, die glauben, durch die Torheit der Verkündung zu retten.«[86] Im Jahr 1509 (die Zeit von Sebastian Brants *Narrenschiff*) führt Erasmus von Rotterdam den Gedanken weiter aus: »Ist nicht Christus selbst, der doch die Weisheit des Vaters ist, auf eine gewisse Art zum Toren geworden, als er eine Menschheit von ihrer Torheit retten wollte und menschliche Gestalt annahm? So ist auch er zur Sünde geworden, um Sünde zu tilgen, er wollte aber nicht anders tilgen als durch die Torheit des Kreuzes, durch einfältige und plumpe Sendboten.«[87] Der Jünger in der Nachfolge Christi ›steht nicht über seinem Meister‹, muß die gleiche Erfahrung machen und durch eine Lebensführung, die in den Augen der nichtgläubigen Welt als Torheit erscheint, das unvergängliche Leben zu erreichen trachten. Auch diese Bedeutung kann der Clown für Rouault gehabt haben.[88]

»Äußere Wesensmerkmale schlagen eine Brücke zwischen den Epochen und Kulturen: Der Narr bleibt unbehaust, bleibt Meister der Leere, die als einzigen Halt in der Haltlosigkeit die Bewegung selbst befiehlt, das Unterwegssein, das Aus-sich-selbst-Heraustreten, auch wenn das Ziel unbekannt ist, und gewinnt jeweils Züge des Göttlichen und des Menschlichen – nicht der Teufel oder Gott in purifizierter Gestalt, sondern ein Wesen von originärer Potenz kraft seines osmotischen Durchschreitens der Seinsgrenzen ins Übernatürliche.«[89]

Auch in der dramatischen Dichtung wurde der Clown vielfach zur Mittlerfigur gemacht, die die Gegensätze versöhnt, aber auch die Prügel einstecken und das Gelächter auf sich nehmen muß.

»Das Komisch-Groteske« ist im Werk Rouaults »das Tragische, und die Revolte des Künstlers wider des Menschen Verunstaltung wird (wie bei Dostojewski) in steigendem Maße zum Mitleid: Ist der Clown der sammelnde Vorsteller des Menschlich-Grotesken, so muß sein Porträt unvermerkt und absatzlos in dasjenige Christi übergehen.«[90]

Da schließlich im Clown sowohl die Züge des Künstlers als auch das Antlitz Christi auftauchen und formal aufs engste verwandt sind, liegt ein Zusammensehen der Stellung des Künstlers und Christi nahe. Dieser Gedanke der Auserwähltheit (bei Courbet sogar bis zum direkten Vergleich mit Christus gehend) hat seinen markanten Platz im Denken Rouaults; wohl nicht zufällig verleiht er einem dornengekrönten Christuskopf von 1899 seine eigenen Züge, und dies ohne anmaßende Absicht. All das bringt zu Bewußtstein, wie weit Rouault über das klischeehafte Bild vom traurigen Clown des 19. Jahrhunderts, aber auch vieler seiner Zeitgenossen hinausgegangen ist, bis hin zur Affinität mit dem göttlichen Narren, so daß Hans Urs von Balthasar, bezogen auf Rouaults Werk, sagen kann:

»Die Spiele des Narren von Parzival bis Don Quijote und Simplicius waren heiteres Vorspiel zum Ernst des Idioten[91], aber nun ist das Schicksal dieses einzelnen Einsamen zum Menschheitsschicksal geworden, das dort, wo es die allgemeine Sinnlosigkeit und Idiotie des Daseins ausruft, schon aufgefangen ist von dem sanften göttlichen Idioten am Kreuz, der schweigend alles in sich birgt und allem seine Form aufprägt. Form des göttlichen Erbarmens, bei der es souverän gleichgültig ist, ob ihre Herrlichkeit in irdischer Schönheit oder Häßlichkeit unsichtbar erscheint.«[92]

Größe und Elend des Menschen

»Gefährlich ist es, wenn man den Menschen zu sehr darauf hinweist, daß er den Tieren gleicht«, sagt Pascal in den *Pensées*, »ohne ihm zugleich seine Größe vor Augen zu führen. Noch gefährlicher ist es, wenn man ihm seine Größe ohne seine Niedrigkeit vor Augen führt. Am gefährlichsten ist es, ihn in Unkenntnis über beides zu lassen. Aber sehr nützlich ist, ihm das eine und das andere darzustellen. Weder darf der Mensch glauben, er gleiche den Tieren, noch er gleiche den Engeln, noch darf er in Unkenntnis über dieses und jenes sein, sondern er muß dieses und jenes wissen.«[93]

Rouaults Gesamtwerk ist wie ein lebenslanges Ringen um das Wesen des Menschen und um bildnerische Antworten auf die Grundfragen seiner Existenz. Und so findet sich darin das ganze Spektrum des Menschlichen: verlorenste und beklemmendste Niedrigkeit und Verworfenheit wie größte Schönheit und Würde. Was Pascal pädagogisch postuliert, verwirklicht Rouault in seinen Bildern des Menschen: nie wird seine Größe und Schönheit

24
Georges Rouault, *Dirne* (Fille), 1906. Aquarell und Pastell, 71 x 55 cm; Musée d'Art Moderne de la Ville de Paris

ohne die Last der Geschöpflichkeit dargestellt, nie seine Gefallenheit und Schwäche ohne den Blick auf seine Würde und die Erhabenheit seiner Bestimmung. – Zu Anfang ist der Blick geprägt von Betroffenheit und Empörung, seine persönlichen Lebensumstände hatten ihm die Augen geöffnet. Ab 1902-03 tauchen in seinen Bildern neben den Gauklern und Clowns Säufer, Dirnen, Ganoven und furchterregende Richter auf. Daß diese Betroffenheit echt war, veranschaulichen eindrucksvoll seine Darstellungen von Prostituierten. Rouault stellt sie schonungslos dar, voluminös, fett, aufgedunsen. Meist sind sie in belanglosen oder ungraziösen Haltungen gegeben, unbeteiligt nebeneinandersitzend, dumpf vor sich hinbrütend oder beim Anziehen der Strümpfe. Dabei wird auf jegliches Beiwerk verzichtet, auf alles Geglitzer, mit dessen Hilfe sie sich einen geliehenen Zauber geben könnten. Manche der Dirnen sind von einer so bedrängenden Präsenz, daß sie den Bildrahmen zu sprengen scheinen oder von ihm überschnitten werden, und der Großteil ist massiv an die vorderste – mit der Bildfläche fast zusammenfallende – Bildebene gerückt, so daß der Blick kaum an ihnen vorbei in die Tiefe des Raumes zu dringen vermag.

Auch in dem Bild *Dirne am Spiegel* von 1906 (Abb. 25) ist die im Profil vor uns sitzende Dirne nahe an den Betrachter herangerückt, so daß die Unterschenkel vom Bildrand überschnitten werden. Farblich ist das Bild auf Braun, Rostbraun und Blau bis Blaugrau reduziert – nur unterhalb des Körpers der Frau und hinter ihr erscheint kräftiges Braun. Keine der Farben erscheint rein – alle haben einen fleckigen, ›schmutzigen‹ Charakter. Scharf hebt sich das helle Inkarnat von der Düsterkeit des Hintergrundes ab – diese fahle Helle ist auch das Verbindende zwischen ihr und dem Spiegel. Mit energischen, schwarzen, mehrmals nachgezogenen Strichen ist der Umriß ihres Körpers festgelegt, in der Vehemenz von harten, wie hineingeschlagenen Strichen oder Farbfetzen den inneren Aufruhr verratend.[94] Den Darstellungen fehlt jede Leichtigkeit. Das hat nicht nur mit dem objektiven Volumen der Dargestellten zu tun, sondern mit der Gesamtauffassung ihrer Körper und deren Durchbildung. So wie auch im Falle der anderen Dirnen, deren Leiber schwer sind, ist in *Dirne am Spiegel* die Haltung fest mit dem Bett, auf dem sie sitzt, verbunden; an ihrem Körper ist alles lastend. Dazu aber tritt eine innerhalb der sonst so groben und hastigen Schilderung der Linien erstaunlich feine und aufmerksam durchgebildete Modellierung, die der Gestalt hohe Plastizität verleiht.

In der *Dirne* von 1906 (Abb. 24) sind die beschriebenen Eigenschaften noch viel weiter getrieben. Die Konturen sind hier weniger grob, aber mit teilweise schneidender Schärfe gezogen. Verbunden mit dem hellen Inkarnat wirkt der Körper dadurch wie herausgeschnitten und abgelöst vom Umraum. Rouault stellt die Dirne also im Augenblick und mit einer Geste des Sich-schön-Machens dar, aber auch in einem Moment, in dem sie mit sich allein ist. Damit aber wird der ganze fürchterliche Kontrast zwischen ihrer Verlorenheit und ihrer Sehnsucht deutlich.

Um neben der Anschaulichkeit des Leibes, der für Rouault Träger und Ausdruck der Seele ist, einen noch tiefergehenden Einblick in die innere Welt dieser Frauen zu ermöglichen, bedient er sich des öfteren des Spiegels, der nicht nur neutral wiedergibt, sondern – in zwei Fällen besonders kraß (vgl. Abb. 25) – das wahre Antlitz enthüllt. In beiden Bildern wird der Blickkontakt

25 Georges Rouault, *Dirne vor dem Spiegel* (Fille au miroir), 1906. Aquarell, 72 x 55 cm; Musée National d'Art Moderne, Centre Georges Pompidou, Paris

mit dem Betrachter über den Spiegel hergestellt – aber was einem da, den Spiegelrahmen groß füllend, entgegenblickt, ist erschrekkend. Über der unförmig-teigigen Masse eines Leibes ist es die mit einigen brutalen Strichen angedeutete Fratze eines leidenden Menschen. Selbst dieses Gesicht bleibt trotz der rauhen Ausführung differenziert.

Die Darstellungsmodi dieses Themas, das Rouault im wesentlichen nur von 1902 bis 1914 beschäftigte, sind, verglichen mit anderen Stoffen, breitgefächert.[95] Nur ganz wenige Blätter gibt es, in welchen Rouaults Sicht eher neutral wirkt und zuvorderst gestalterischen Problemen gilt – und nur hier ist es möglich, an Toulouse-Lautrec erinnert zu werden. Dabei fällt auf, daß bei all diesen Bildern Einzel- oder Doppeldarstellungen überwiegen und drei oder mehr Prostituierte die Ausnahme bilden.

Über die äußeren Umstände für das Interesse an diesem Thema, aber auch der Dirnenbilder im Konkreten ist bei den verschiedenen Biographen Unterschiedliches zu erfahren. »Diese Dirnen«, schreibt Georges Charensol, »das war eines Abends in Versailles in der Rue Colbert, daß er von dem Anblick betroffen war, den sie den Vorübergehenden durch die geöffneten Türen der Freudenhäuser boten, und von da an, mit der Erinnerung jener eindrucksvollen Minuten, begann er sie zu malen.«[96] Und Claude Roulet ergänzt dazu in seinen *Souvenirs* an Rouault: »Es war – erklärte er mir, indem er mir die Türe des Hauses zeigte –

eine laue und bezaubernde Nacht. Constantin Guys, Courbet, Degas, Lautrec wären in verschiedenen Techniken in der Lage gewesen, diese flüchtige Erscheinung festzuhalten. Für mich war es der Schock, die Eingebung. Ich sah diese blaue Frau, wie jeder sie sehen konnte, aber besser, da ich Maler bin, und als ich nach Hause ging, ereignete es sich ... der flüchtige Anblick begann sich zu wandeln. Wandel oder Anruf der inneren Welt. Nichts war kalkuliert. Ich bin kein Spezialist für Dirnen. So war es auch nicht die Frau, die ich durch die Türe gesehen hatte, die ich gemalt habe. Diese und die anderen haben meinem damaligen geistigen Zustand entsprochen.«[97]

Wirklich auslösend für eine existentielle Beschäftigung mit dem Thema der Prostituierten dürfte aber die Begegnung Rouaults mit einigen Schriftstellern und ihren Werken, allen voran Léon Bloy, gewesen sein. 1901 hatte Rouault versucht, sich in einen Kreis um den Schriftsteller Huysmans in der Nähe der Abtei Ligugé zurückzuziehen, um ein, wie er hoffte, christlich orientiertes Künstlerleben zu führen. Einige Jahre zuvor hatte Huysmans in seinem Roman *En route* (1895) seine Bekehrung und Rückkehr zur katholischen Kirche geschildert; nun schwebte ihm das Ideal einer religiös-orientierten Künstlergemeinschaft vor, die im Zusammenwirken auch eine glaubwürdige religiöse Kunst ermöglichen sollte. Wie erwähnt, mußte das Projekt schon nach kurzem wieder abgebrochen werden.

Die bei Rouault schon früh durch den Kontakt mit Moreau angelegte Nähe zum Symbolismus mag hier eine weitere Vertiefung erfahren haben, sind doch Gedanken wie die Suche nach dem ›großen Geistigen‹, nach dem hinter den Dingen der sichtbaren Welt Liegenden oder das Aufrührerische, Gesellschaftskritische tragende Gedanken Huysmans'. Es wäre auch denkbar, daß Rouault dabei Kenntnis von Huysmans' Buch *Marthe, Histoire d'une Fille* (1878) erlangte, das von einer Prostituierten handelt.

Betroffener noch – und wie es scheint , in seinem Inneren aufgewühlt – scheint Rouault jedoch durch die Lektüre von Bloys Büchern *Le Désespéré* und *La femme pauvre* gewesen zu sein, die ihn mit den Gedanken Ernest Hellos bekanntmachte. In diesen Büchern hatte Bloy, der von seiner Heirat mit Johanna Molbeck bis zu seinem Tod ein Leben in bitterer Armut und allgemeiner Ächtung (auch aufgrund seines unbeherrschten und selbst Wohlmeinenden gegenüber brüsken und abweisenden Wesens) führte, seine Auffassung von der Armut als einer Prüfung, aber auch der Auserwähltheit durch Gott dargelegt und sich der drastischen Schilderung des Elends und der äußersten Verlassenheit zugewandt. Bloys gesamtes Werk ist im Grunde autobiographisch. Dabei spielen Prostituierte oder Mädchen niedriger sozialer Schichten eine wesentliche Rolle – Bloy selbst hatte zwei Straßenmädchen geliebt und diese durch seinen glühenden Glaubenseifer bekehrt und zum Glauben geführt. So beschreibt er in *Le Désespéré* seine Begegnung und Beziehung zu dem Straßenmädchen Anne-Marie Roulé (im Roman ›Véronique‹ genannt) und seinen Entschluß, mit ihr zusammenzuleben, um sie auf den Weg des Glaubens zu führen. Daneben aber schildert gerade dieser Roman die inneren Kämpfe und die äußerste seelische Anspannung des erst selbst vor nicht allzu langer Zeit zum Katholizismus Bekehrten, aber durch sein mystisches Wesen zum Einzelgänger am Rand der Gesellschaft Verurteilten.

Vieles davon hat Rouault nachweislich beeindruckt, und mit vielem wird er sich wohl in seiner eigenen Situation identifiziert haben. Doch scheint er sich nicht nur aufgrund gemeinsamer äußerer Umstände, sondern auch aufgrund der Ähnlichkeit ihrer Charaktere von Bloy angezogen gefühlt zu haben: Beide waren Persönlichkeiten auf der Suche nach dem Unbedingten, aufbrausend, aber von einem glühenden Verlangen nach Wahrhaftigkeit und Authentizität erfüllt. Dem entsprach ihr Stil, der nie drastisch, nie direkt genug sein konnte. Beide litten sie unter der Gefallenheit des Menschen, seiner Schuldhaftigkeit und lehnten sich in ihren Arbeiten dagegen auf – und beide waren sie zugleich scheu und zurückgezogen in ihrem persönlichen Leben.

»[Bloys] Wirklichkeit ist in den Abgründen zu Hause, da, wo die Armut, das Leiden, die Verlassenheit und die Verzweiflung den Menschen anfallen und er in den Brennöfen des Schmerzes und der Qual geläutert wird wie das reine Gold im Feuer ... Der Mensch selbst erscheint als ein Wesen, das zwischen Abgründe gespannt ist. Er reicht bis in den Abgrund des Lichtes und bis in den Abgrund der Finsternis.« (Clemens ten Holder über Bloy)[98]

Übertreibungen, Wortkaskaden und Anhäufungen ›häßlicher‹ Ausdrücke, ausgewalzte und oft ganz unsinnig überdehnte Schilderungen des Widerwärtigen oder Niedrigen sind daher bei Bloy neben fast pamphletistischen, glühend vorgetragenen Reden und Einschüben die Regel – und doch erwartet den Leser unter die-

26 Georges Rouault, *Die Säuferin* (L'ivrognesse), 1905. Aquarell und Pastell, 71 x 56 cm; Musée d'Art Moderne de la Ville de Paris

sem Wust der höchsten Erregung oft tiefe, erschütternde Einsicht. Für Rouaults zu dieser Zeit noch unsichere, aber durch selbst durchlittene Jahre zur Entladung drängende Frömmigkeit war dieses glühende Bekenntnis richtungsweisend als unverfälschter und authentischer Weg. So glaubte er, Bloy als Repräsentanten echter Gläubigkeit den Katholiken entgegenhalten zu müssen:

»Ich liebe meine Kunst leidenschaftlich, und es gibt einen immer größeren Konflikt zwischen meiner Kunst und der Religion ... Und gerade im Augenblick, wo ich die Religion am meisten brauchte, haben mich die Meinungen und Ratschläge sehr gläubiger und respektabler Katholiken in Verwirrung gebracht ... Sie werden wissen, wie es um einen Künstler steht ... der so in seiner Kunst aufgeht, daß er mit Melancholie sieht, daß der Konflikt mit einem bedauernswerten Ablassen von der Religion enden könnte ...«[99]

»Ich glaube an Gott, ich glaube auch, daß er mir da heraushelfen wird ... Ich vergehe unter der Wucht meiner Schmerzen und vielleicht, in aller Bescheidenheit, unter den Schmerzen der anderen ... die Katholiken haben mich in einem Augenblick, wo ich tiefen Trost suchte, getötet. Sie haben Abscheu vor jeder Art von Handlung und die Gewißheit (und den irren Stolz, den diese Gewißheit gibt), die Wahrheit zu besitzen ... Sie werden immer mehr in einem sich enger und enger schließenden Kreis leben. Wenn ein Mensch wie Bloy ihr Mittelpunkt wäre und in einer Hand *La femme pauvre*, in der anderen *Le Désespéré* hielte, so wäre das etwas anderes ...«[100]

So werden für Rouault (nach diesem Vorbild) die Armen, die Dirnen, Gaukler und Vorstadtexistenzen zu den bevorzugten Themen, aber auch zu Gleichnissen für menschliche Grundverfassungen. Er ist persönlich tief von der Gegenwart Christi in den Armen, Leidenden, sozial Geächteten überzeugt. – Doch reicht die Beschäftigung mit Bloy noch viel weiter und beschränkt sich nicht nur auf Thematisches. Auch stilistisch scheint er so beeindruckt, daß Parallelen durchaus feststellbar sind. Clemens ten Holder hat Bloys Stil dahingehend charakterisiert, daß der Leser fühlen und sehen muß,

»... daß hier der Mensch in seiner Verlorenheit inmitten der Welt erkannt wird als ein Wesen, das wie der Autor selbst in der Spannung lebt zwischen Oben und Unten, zwischen Gott und Welt. Der Dichter pendelt zwischen den Polen dieser Spannung hin und her, und in und von dieser Spannung lebt auch seine Sprache. Sie kann jetzt rein und heilig sein, mystisch und zart, und im nächsten Augenblick ist sie grob, unflätig und gemein, Sprache der Gosse, wenn es die Darstellung einer Vision der Unterwelt verlangt. Auch die Sprache lebt nur in Extremen, sie kennt weder Kompromiß noch Toleranz«[101].

Rouaults Kunst erscheint wie die bildliche Umsetzung dieses Stils. Auch bei ihm steht als Bildintention die Darstellung des Kontrasts zwischen der wesenhaften Würde des Menschen und der Verworfenheit seiner Erscheinung im Vordergrund; sie führt – als Ausdruck einer echten Ergriffenheit – auch ihn dazu, sich ähnlicher Übertreibungen, großer farblicher wie formaler Spannungen, härtester Kontraste und Gegensätze, der Schlaglichter und der höchst subjektiven Bedeutungssetzung, auch des betont Häßlichen neben Anmutigem, zu bedienen.

Ein besonders eindrucksvolles Beispiel jener unerhörten Spannungen, die das Bild beherrschen und damit zum Ausdruck werden für die Spannung dieser Existenz, ist die *Säuferin* aus dem Jahr 1905 (Abb. 26). Zunächst muß das Bild ganz von zarten Pastelltönen geprägt gewesen sein, von einer Schilderung außerordentlicher Feinheit. Darüber aber legt sich nun immer dunkler werdend Strich für Strich – jeder von der unbeugsamen Energie der Ausführung kündend, bis hin zur erbarmungslosen Brutalität der Zeichnung, welche die Ruinierung dieses Menschen durch den Alkohol uns förmlich entgegenschreit. Jeder dunkle Fahrer auf der Gestalt ist wie ein weiterer Makel, wie eine weitere Furche, die die Sucht hinterlassen hat.

Neben dem Clown ist die Dirne eines der wichtigsten Gleichnisse des Menschseins im Werk Rouaults. Denn nicht die Schilderung individueller Persönlichkeiten ist sein Anliegen, sondern des Menschen schlechthin – in einer bestimmten Verfassung –, weshalb auch alle individualisierenden Elemente fehlen, die Räume nicht näher beschrieben werden und wir dem wirklich nackten, jedes Schutzes beraubten Menschen begegnen. Nicht nur um die Darstellung mißbrauchter, ausgenutzter und verlebter Geschöpfe geht es, sondern um jene noch tiefere Dimension der Schuld.[102] Und diesen Schluß legt die Anschaulichkeit der Bilder selbst nahe. Es gab bereits Gelegenheit, die enormen Spannungen und Kontraste in diesen Bildern wahrzunehmen, so daß sich in den Figuren zuweilen zwei Welten gegenüberstanden. Die Düsterkeit der Bilder, die Zerrissenheit, vor allem aber die unbarmherzige Verwendung von Schwarz neben zart lasierenden Tönen legte die Annahme eines noch tieferen inhaltlichen Gegensatzes in ein und derselben Figur nahe. Dabei hat sich Rouault sehr wohl in die furchtbare Situation dieser Frauen hineingedacht.[103] Die an die Kunst gestellten Forderungen des mystischen Schriftstellers Ernest Hello, mit dessen Denken Rouault über Bloy bekannt wurde, werden in diesen Darstellungen erfüllt:

»Die Kunst ist eine der Kräfte, welche die Erkenntnis und Phantasie verdorben haben, weil die Kunst behauptet, daß die Sünde schön ist. Die Kunst muß eine der Kräfte sein, welche die Phantasie heilen. Sie muß zeigen, daß die Sünde häßlich ist ... Die Funktion der Kunst ist es, die Wahrheit zu berichten – die religiöse Wahrheit.«[104]

Für Vermutungen, daß Rouault die Dirne auch als »Lösegeld für bürgerliche Ordnung und soziale Errungenschaften« aufgefaßt habe, bieten die Darstellungen keine Grundlage.[105]

27
Henri de Toulouse-Lautrec, *Im ›Star‹, Le Havre* (Au Star, Le Havre), 1899. Lithographie, 45,9 x 37,3 cm

Vielmehr erhebt Rouaults Kunst den beharrlichen Anspruch gegen den Zeitgeist oder soziale Ethik. Möglicherweise ist auch das Erbe einer besonderen Hinwendung zu diesem Thema in der Literatur Frankreichs im 18. und 19. Jahrhundert (besonders in Gestalt der ›courtisane vertueuse‹[106]) wirksam.

Bisher wurde nur von literarischen Anregungen gesprochen, aber auch aus dem künstlerischen Umfeld Rouaults dürften Anstöße gekommen sein. Als André Suarès den Maler einmal in einem Brief auf den religiösen Charakter seiner Kunst anspricht, nimmt er gleichzeitig eine sehr zutreffende Abgrenzung vor:

»Alles, was sie machen, ist religiös, selbst Ihre Clowns, selbst eine traurige Prostituierte: denn Ihr Clown weint unter seiner burlesken Schminke, und Ihre Prostituierte ist genau das, was sie ist: die Armseligkeit der Wollust, das verdorbene Fleisch eines Festes, das die Lebensfreude sich versprach. Daher trennt sie ein Abgrund von Toulouse-Lautrec, sonst so stark und mutig, aber nicht erlöst.«[107]

Neben Toulouse-Lautrec fand sich das Thema der Prostituierten im Werk von Steinlen, Faivre, Léandre, Guillaume, Truchet, Robida, Grun, Willette, Degas, Forain, Guys (wobei letzterer und Degas ganze Serien von Dirnen schufen), es war also ein durchaus verbreiteter Stoff. Toulouse-Lautrecs Œuvre war zu Beginn des 20. Jahrhunderts in Paris schon gut bekannt – 1889-94 waren Bilder von ihm im Salon des Indépendants zu sehen gewesen, 1891 und ein Jahr später in den Ausstellungen, die Le Barc de Boutteville veranstaltet hatte, 1893 in der Galerie Boussod et Valadon und drei Jahre später in der Galerie Goupil; schließlich auch in der großen Retrospektive 1902 bei Durand-Ruel.

Toulouse-Lautrec, der distanzierte und kühle Beobachter, behält diese Haltung auch bei seinen Bildern von Prostituierten bei. Er, der bestimmte Erscheinungsformen der Gesellschaft in den Blick faßt und deren Stilisierung durch optische Verfremdung und Überdehnung noch einmal stilisiert und in ihrem ästhetischen Reiz erhöht, der im Häßlichen auch das Gefährdete anklingen läßt, bleibt doch nicht ohne Lust an dieser Dekadenz. Es ist eine Lebenshaltung, die »das Moralische und das Soziale und deren Anspruch auf menschliche Verantwortlichkeit im ästhetischen Existieren«[108] auflöst. Dem dienen die preziösen Längungen und Deformationen, die Beschränkung auf symbolhafte Formen und Gegenstände, die Auflösung der Körper in Farbflächen, die gesuchte Ausschnitthaftigkeit und Asymmetrie. Vor allem aber ist es die stete Bemühung um die Übertragung der Wirklichkeit in die Arabeske, um die einfache, selbständige und schöngestaltige Linie, die in der Lage ist, Individuelles und Typisches prägnant auszudrücken. Immer sind die Darstellungen erzählerisch, oft anekdotisch, das Interesse gilt dem Transitorischen, Momenthaften, dem Ausschnitt.

Toulouse-Lautrecs Lithographie *Im ›Star‹, Le Havre* von 1899 (Abb. 27) zeigt etwas von der spöttischen Distanz, ja dem Amüsement des Malers. Wird doch hier die Verbindung von Laszivem (in dem tiefen, ordinären Ausschnitt und der übertriebenen Schminke im Gesicht) und Häßlichem hervorgekehrt – dieser ganze falsche Glanz von Rüschen und Maschen; und doch verraten die kaum plastische, aber von tändelnder Linie charakterisierte Zeichnung und das kokette Agieren der Figur eine unverhohlene Faszination für diese Verkommenheit, für das Showgeschäft der Halbwelt mit ihrem Betrug aus Sinnlichkeit, von dem man weiß und sich doch gerne betrügen läßt.

28 Henri de Toulouse-Lautrec, *Im Salon der Rue des Moulins* (Au Salon de la Rue des Moulins), 1894. Schwarze Kreide, Öl, 111,5 x 132,5 cm; Musée Toulouse-Lautrec, Albi

Toulouse-Lautrec beobachtet und belauscht seine Dirnen unbemerkt in beliebigen Augenblicken ihres Tuns, schildert das Milieu aus der momentanen Verrichtung der Frauen wie in *Frau im Korsett, Eroberung auf der Durchreise,* wo ein Kunde ihr beim An- oder Ablegen des Korsetts zusieht, aber auch mit einem gewissen Einverständnis mit ihrem Tun, worauf die mythologisch-erotische Darstellung an der Wand schließen läßt.

In der Studie zu *Frau, ihren Strumpf anziehend,* auch: *Dirne* interessiert nur die Schönheit des Aktes, die in weich bewegte und zügige Linien umgesetzt wird. In der um eine weitere (an Goyas Radierung *Fest muß er sitzen* erinnernde) Figur ergänzten Ausführung ist das Bild vor allem um den Kontrast des hellen Inkarnats zum umgebenden Raum bereichert. Die Plastizität ist nicht das vornehmliche Ziel solcher Darstellungen, eher dekorative Schönlinigkeit.

Eine Wertung ist in diesen Bildern ebensowenig zu finden wie in dem Bild *Im Salon der Rue des Moulins* von 1893 (Abb. 28), das nur dekorativem Interesse folgend entstanden zu sein scheint – mit dem quälenden Warten der zerstörten Gestalten Rouaults läßt sich dieses gemütlich teilnahmslose Sitzen und Vor-sich-Hinschauen nicht vergleichen.

Aber selbst da, wo der scharf und schonungslos beobachtende Blick Toulouse-Lautrecs die Verbrauchtheit der Körper konstatiert, wie in *Sich waschende Frau, die Toilette* oder *Sich kämmende Frau,* wird dies pittoresk aufgefaßt, überwiegen erzählerische und formale Interessen. In *Cha-U-Kao hinter der Kulisse* wird die Gestalt der sich für die Aufführung herrichtenden, verlebten und massigen Tänzerin durch die Kontraste, lebendigen Farben und rauschenden Stoffe überhaupt zu einem Fest für die Augen. Toulouse-Lautrec ist als mehr oder weniger unbeteiligter und zum Teil wohl auch faszinierter, vor allem am ästhetischen Reiz interessierter Beobachter einzelner Personen von ihrem individuellen Sosein fasziniert.

So schreibt auch Suarès dem Freund, um ihm jede Sorge zu nehmen, mit Toulouse-Lautrec verglichen zu werden:

»Es ist lächerlich, Sie mit Toulouse-Lautrec vergleichen zu wollen: gerade bei mir haben Sie es nicht notwendig, sich dagegen zu verteidigen, mein lieber Rouault. Da, wo Sie sich am ehesten treffen könnten, gerade da sind Sie am wenigsten ähnlich: Sie differieren im Geist, und alle anderen Gegenüberstellungen sind demgegenüber schwach. Toulouse-Lautrec war nie etwas anderes als ein Realist nach der Art des freien Theaters: Antonius und sein Schwein. Wenn er nicht beißend wäre und zuweilen leidvoll, stünde er ziemlich tief. Er hat das Auge und die Hand eines Künstlers: das handwerkliche Können bewahrt ihn davor, vulgär zu sein. Das Gespür für die Form und der Geschmack für die Farbe retten ihn aus der Niedrigkeit seiner Gefühle; aber nicht immer. Lautrec geht nie über das hinaus, was die Natur ihm gibt; er wählt dabei nichts anderes aus als den pöbelhaften Strich und die unreine Linie, die seinem Temperament entsprechen: vielleicht sieht er nicht mehr im Leben und in den Menschen. Das ist ein Viertel von Huysmans, vor seiner Bekehrung und der mystischen Sehnsucht. Sie, mein lieber Rouault, Sie laufen eher Gefahr, zu unrealistisch zu sein, als zu sehr. Ihre Versuchung besteht darin, der Natur den Rücken zu kehren. Sie ziehen sie nur zum Vorwand heran.«[109]

Dennoch sind formale Anregungen denkbar. So könnte die Beschränkung auf Wesentliches, die Bescheidung mit einer nur vagen Andeutung des Umraumes für Rouault von Bedeutung gewesen sein – auch wenn er, wie zu sehen war, weit über Toulouse-Lautrec hinausgeht und die Figuren aus jeglichem erzählerischen Zusammenhang löst. Darüber hinaus aber kann auch die selbständige, rasch und kraftvoll gezogene Kontur, wie sie in den beiden Blättern zum Thema *Frau, ihren Strumpf anziehend* oder in *Im Salon der Rue des Moulins* zu finden war, die Entwicklung von Rouaults Formensprache befruchtet haben. (Daß dazu aber auch wesentlich Daumier beitrug, war früher schon zu sehen.)

Für die Stellung der Figuren im Raum, ihre Entfaltung, Plastizität und Vereinzelung war aber wohl das Werk eines anderen Malers von viel größerem Einfluß auf Rouault: Edgar Degas. Rouault hat aus der Bewunderung für den zu seiner Zeit schon alten und mit schwindender Sehkraft kämpfenden, aber immer noch regen Degas nie ein Hehl gemacht, ja ihm in seinen *Souvenirs intimes* einen eigenen Text gewidmet.[110] Auch Degas wußte um die sozialen und kulturellen Spannungen in der Großstadt, um die breite Schicht der Armen und Halbweltexistenzen unter der Kruste rauschhafter kultureller Ereignisse oder der Vergnügungen des Bürgertums.

Galt er anfänglich noch als der Darsteller des Lebens der gehobenen Gesellschaft, so wandte sich sein Interesse mit der Zeit mehr und mehr den Existenzen zu, die mit ihrem Lebenseinsatz dieses System von oberflächlichem Vergnügen zu tragen hatten. Er beschäftigte sich mit den Gestalten hinter bzw. nach dem glanzvollen Auftritt, mit »den Statisten, mit der in Schwerstarbeit erlernten Grazie der Tänzerinnen, der durchtrainierten Sehnigkeit der Jockeys und den abgenutzten Körpern von Dirnen und Arbeiterinnen ... Die dem Verbraucher ausgelieferten, öffentlichen Existenzen, und dazu zählen Schauspielerinnen, Balletteusen oder Dirnen sowie die streng davon getrennte Männerwelt der Jockeys gleichermaßen, waren dem Künstler Kronzeugen für ein durch Austauschbarkeit, Gleichgültigkeit, Beziehungslosigkeit und Abstumpfung definiertes Szenarium.«[111]

So gibt es auch unter den über fünfzig erhaltenen Monotypien Degas' mit Darstellungen von Prostituierten und Bordellen einige mit großer Schärfe und schonungslosem Blick vorgetragene Werke. Da kann das genaue Gegenbild von Grazie – unbeholfene fette Mißgestaltigkeit, das geistverlassene, stumpfsinnige Vor-sich-hin-Brüten oder auch die Aggressivität schamloser Nacktheit – zur wesentlichen Aussage der Darstellung werden. Dabei war Degas an sich kein primär sozial denkender, Veränderung intendierender Maler – er konstatierte, zeichnete auf und hob verhältnismäßig unbeteiligt diesen Aspekt großstädtischen Lebens ans Licht.

Was ihn fesselte, waren immer wieder die Probleme der Figur, des menschlichen Körpers, seiner Beweglichkeit und Disziplinierung. Insofern er Aufzeichner, Dokumentator des Lebens der Großstadt (oder eines Teils davon) war, war er es vermittels des Körpers des Menschen, seiner Ausprägung wie seiner Gestik – quasi als Verbildlichung des Inneren und der Lebensumstände.

Gerade dies aber konnte für Rouault von großer Bedeutung sein. Denn wie er suchte Degas unablässig zu verdichten, herauszuschälen. Mit an Sturheit grenzender Beharrlichkeit blieb er bei wenigen, vielfach wiederholten Themen oder Motiven, die er ständig zu konzentrieren trachtete. (Entsprechend seiner eigenen Überzeugung: »Kunst ist nicht weitschweifig, sondern konzentriert.«[112])

Und so kann Rouault über einzelne Motive hinaus, wie die erhobenen, Haare ordnenden oder trocknenden Hände, die bei seinen Dirnenbildern häufig wiederkehren (vgl. *Nackte Frau, sich das Haar kämmend*, um 1889-90), noch entscheidendere Anregungen erhalten, wie besonders die Konzentrierung auf eine einzige, mit großer Gegenwärtigkeit und Körperlichkeit ausgestattete Figur. Degas' Hauptinteresse gilt der Modellierung der Leiber und ihrer raumschaffenden Kraft – alles andere ist demgegenüber zweitrangig und kann Andeutung bleiben oder aufgelöst in reine Hintergrundfarbe zurücktreten. Schon *Nackte Frau, sich das Haar kämmend* führt die bildfüllende, teilweise vom Rahmen überschrittene Körperlichkeit und stark akzentuierte Plastizität vor Augen, so daß diesem Blatt eine Arbeit Rouaults wie *Rückenakt* von 1906 als eng verwandt gegenübergestellt werden kann. In Degas' Pastell *Akt, die Haare trocknend* (Abb. 30), um die Jahrhundertwende entstanden, ist mit noch feinerer Modellierung die

29 Edgar Degas, *Auf einer Chaiselongue sitzender und sich abtrocknender Akt*, 1888-1892. Kohle und Pastell, 48 x 63 cm; Bayerische Staatsgemäldesammlungen, München

Schwere dieser Leiblichkeit, das Gewicht des schlaffen Fleisches zum Gegenstand gemacht, während bis auf das Handtuch und einige wohl einen Waschtisch andeutende Linien im Vordergrund alles übrige um die Figur in ein farbiges Fluidum aufgelöst ist. Auffallend ist, daß Degas bei der Schilderung des Körpers dieser Frau besonders an den Armen und der Hüfte starke Konturlinien nicht scheut, die mit der sonst feineren Modellierung in Widerspruch stehen. Noch deutlicher zeigt sich dieser (wie wir sahen, für Rouaults Dirnen-Darstellungen wichtige und markante) Darstellungsmodus in der undatierten Kohlezeichnung einer *Sich abtrocknenden Frau* in Rückenansicht, in der sorgfältig die Plastizität von Rücken und Gliedmaßen und die glatte Fläche der Haut herausgearbeitet sind, während eine breite schwarze Kontur die Außenform umschreibt, wobei der Eindruck des von rechts Hellbeleuchteten entsteht.

Degas' Figuren sind oft nicht nur aus einem szenischen Zusammenhang gelöst und bei nur einfachen Verrichtungen dargestellt, sondern aus fast jedem räumlichen Zusammenhang. Sie selbst sind raumgreifend, breit entwickelt, reine Körperlichkeit, wie die Blätter *Auf einer Chaiselongue sitzender und sich abtrocknender Akt* (Abb. 29) und *Sitzender Rückenakt beim Kämmen* eindrucksvoll veranschaulichen. Das Festlegen der plastischen Volumen mittels starker Konturen und die raumschaffende Präsenz der Akte lassen eine Verwandtschaft zu den Arbeiten Rouaults erkennen. Dessen spezifische Auffassung der Körperlichkeit (mit der Betonung der Schwere der Leiblichkeit) und die Einbindung der Figuren in das Bildgefüge (in der Verwendung des erwähnten Grünblaus als ein ›réaliset‹ im Sinne Cézannes) ist aber dann doch – wie zu sehen war – eine wesentlich andere. Die Frage, inwieweit Rouault einzelne Motive oder Gestaltungen aufgenommen hat, tritt daneben zurück.[113]

30 Edgar Degas, *Akt, sich die Haare trocknend*, 1900-1905. Kohle und Pastell, 77x75 cm; Musée Cantonal des Beaux-Arts, Lausanne

Im Zusammenhang mit Rouaults Dirnen-Bildern sind auch Guys und Forain als Anreger herangezogen worden. Doch über einen im allgemeinen Zeitinteresse begründeten thematischen Anstoß ist die Wirkung beider wohl nicht hinausgegangen. Guys ist in Technik wie Auffassung des Themas grundverschieden und letztlich nur an der enzyklopädisch unbeteiligten Darstellung einer Sittengeschichte interessiert – seine Zeichnungen sind spielerisch und sollen der Tändelei heiter-sorglosen Anstrich geben. Forain faßt das Thema weniger allgemein und grundsätzlich als Rouault, sondern eher deskriptiv, erreicht auch nicht dessen schneidende Schärfe. Zweifellos hat für einige *Odalisken* Rouaults die *Nackte Maja* Goyas (um 1798-1805) vorbildlich gewirkt. Das gilt für die Haltung des Daliegens auf aufgeschichteten Polstern, die Drehung des Körpers zum Betrachter, den leicht erhobenen Kopf. Und doch bleibt es bei diesen formalen Anregungen. Rouaults Nackter fehlt die eng geschlossene Festigkeit des Leibes, vor allem aber ganz und gar das psychologische Moment – seine *Olympia* sieht teilnahmslos vor sich hin, während Goyas *Maja* mit kühlkokettem Blick den Betrachter anspricht und herausfordert.

Hingegen läßt die Untersuchung von Rouaults Werk im Rahmen des europäischen Kontextes und insbesondere der Vergleich mit dem deutschen Expressionismus Rouaults Auffassung dieser Randgestalten viel deutlicher zutage treten.[114]

In allen Kunstgattungen ging es weniger um die Formulierung neuer Ideale oder Ziele, sondern um die mit ganzer Radikalität geforderte Befreiung von jeglichen gesellschaftlichen Zwängen und Konventionen des Menschenbildes, die den Menschen daran hinderten, ›ursprünglich‹ zu leben und seine »menschlich-heiligen Triebe« (Curt Corrinth) zu entfalten.

Die Familienordnung wurde als Tyrannei, die Ehe als Disziplinierungs- und Zwangsinstitution empfunden, der Staat mit seinem Beamtentum und einer Masse feiger, sich bereichernder Spießer verdammt, der Bürger in seiner stickigen, von Langeweile erstarrten festgefügten Lebensordnung zum größten Feindbild. In der Folge wandte man sich mit Vorliebe den unbürgerlichen Existenzen, den Zigeunern, Gauklern, Ganoven, Huren, Spielleuten und der Halbwelt freizügiger Unterhaltung aller Art zu. Doch blieb es nicht bei der einfachen Schilderung. Um das Bürgertum zu schockieren und ihm seine Scheinmoral und Doppelbödigkeit vorzuwerfen, fiel eine Tabugrenze nach der anderen. In der Literatur werden schon früh staatstragende Beamte oder Soldaten in ihrer Lasterhaftigkeit und Verlogenheit geschildert, und später werden in den bekannten Arbeiten von Georges Grosz die ›Stützen der Gesellschaft‹ als verkommenes ›Geschmeiß‹ entlarvt. Damit geht das Bild der Dirne Hand in Hand. Sie steht entweder für ein mondänes, in ständiger Ekstase und Hochpeitschung der Gefühle, aus totaler ›Intensität‹ bestehendes städtisches Lebensgefühl und die Freiheit folgenloser Unterhaltung[115], oder sie wird als Schockmittel des biederen Bürgertums herangezogen und häßlich, geldgierig und möglichst niederträchtig dargestellt – so wie später in der bildenden Kunst die Prostituierten des frühen Dix oder Grosz mit fettesten Leibern, runzligen Brüsten, abstoßend geschminkten Gesichtern usw. Grosz versäumt es auch nicht, in fast jedem Bild mit mehr oder weniger derben Andeutungen auf diesen Aspekt des verlogen Sittlichen und in Wirklichkeit Triebhaften hinzuweisen.[116] Um all dies zu erreichen, bedient man sich bekanntlich eines plakatartigschreierischen, bewußt derben Stils, um nur ja nicht zu wenig erregt oder ekstatisch zu bleiben.

Die Holzschnitte von Tänzerinnen und englischen Tanzgirls von Heckel (Abb. 9) und Kirchner sind getragen von diesem Rausch der Bewegung, der sich in lapidaren Formkürzeln niederschlägt und starke Kontraste benutzt, die die Bewegungsformen noch markanter machen. Gesellschaftliche Kritik oder der Hinweis auf das tatsächliche Leben dieser Halbweltgestalten (wie es bei Rouaults Darstellungen von Akrobatinnen, Clownessen oder Kassiererinnen der Fall ist), unterbleiben hier ganz.

Auch Kirchners Graphiken und Ölbilder von Kokotten verraten eine letztlich unkritische Haltung dem Thema gegenüber. Man hat eher den Eindruck, als würden sie als Accessoires eines bohemienartigen, ›befreiten‹ Lebens aufgefaßt. Die Federzeichnung eines *Bordells* von 1905 versucht in der lockeren, wie zufälligen Anordnung der Figuren eine ungezwungene Atmosphäre zu suggerieren und in der Unruhe des skizzenartigen Strichs und der schlampigen Schraffuren möglichst ungestüm und unmittelbar zu sein – und wirkt doch nur zerfahren und in der lässigen Haltung der Männer fast pueril. Einzig die schwüle Atmosphäre dieses Etablissements kann durch die gedrängte Anordnung der Figuren etwas angedeutet werden. Sein Pastell *Kokotten im Café* aus demselben Jahr beschränkt sich ganz auf das Pittoreske – die herausgeputzte Farbigkeit der beiden Frauen in dem dunklen Gastraum – und ist in offenen, bewegten Strichen gegeben. Auch *Drei Akte auf schwarzem Sofa*, um 1910 entstanden betont das ungezwungen Natürliche und ist um einfachste Formen und fast völlige Flächigkeit bemüht – und bleibt so doch dekorativ.

In seinen Berliner Bildern wird die Sicht etwas differenzierter, auch wenn das Mondäne überwiegt. Kirchners vielfältige Arbeiten mit Kokotten auf der Straße wie *Potsdamer Platz* oder *Zwei Frauen auf der Straße* (ebenfalls von 1914; Abb. 32) betonen das großstädtische Flair, die Intensität der Großstadt, wenngleich die kühleren und weniger gewordenen Farben und die eckigen, splittrigen und überlängten Formen etwas das Bedrohliche und Erbarmungslose der Großstadtwirklichkeit ahnen lassen. Dennoch ist in ihnen die Dirne einfach Bestandteil einer Lebenskultur, die trotz aller unförmigen Revolte doch akzeptiert wird. Besonders deutlich wird dies auf dem Großstadtbild *Berliner Straßenszene* von 1913, das in der dichten Drängung der Figuren, der übersteilten Perspektive wie der dunklen, noblen Farbigkeit den oberflächlichen Glanz urbanen Lebens und seiner regen Bewegtheit evoziert.

32
Ernst Ludwig Kirchner, *Zwei Frauen auf der Straße*, 1914. Öl, 91 x 120,5 cm; Slg. Mariana Frank-Westheim, Mexico-Stadt

31
Ernst Ludwig Kirchner, *Paar im Zimmer*, 1912. Öl, 95 x 85 cm; Privatbesitz

An die Stelle freier, naturhafter Erotik, für die ja in der Dresdner Zeit die Dirne stehen konnte und wie sie aus den Bildern Nacktbadender an den Moritzburger Seen spricht, an die Stelle dieser Illusion vom natürlichen, zwangsfreien Menschen ist die Beobachtung des Raffinements und einer ständigen Reizung der Sinne durch das hochzivilisierte Leben getreten.

Nur ein Bild verrät, daß Kirchner die Aggressivität dieser Sexualität gesehen hat. Das *Paar im Zimmer* (Abb. 31), das sich wohl in einem Bordell befindet, gibt in der Art davon Zeugnis, wie er, die Augen auf ihren Leib gerichtet, beginnt, Hand an sie zu legen, während sie in kühler Berechnung, den Blick von ihm abgewandt und eine Zigarette im Mund, das durchsichtige Unterkleid an der Brust öffnet. Doch auch hier überlagert die ostentativ vorgetragene, unruhige, deformierende Manier eine weitergehende Subtilität.

Bei Nolde scheint es überhaupt nur Zustimmung zu geben. Sein *Tingel-Tangel* von 1907, das übrigens in der Anordnung an zwei der dekorativsten Blätter Rouaults, an seine *Vier Mädchen auf einer Bank* von 1903 oder *Trio/Dirnen* (Tafel 15) erinnert, versucht in sehr einfachen, überwiegend flächenhaften Formen und kräftigen Farben dem bunt-fröhlichen Treiben Gestalt zu verleihen. Für ihn ist aber ganz allgemein die nackte, besonders die tanzende, rauschhaft verzückte Frau Sinnbild des urtümlichen, unverfälscht echten Menschen. Bilder wie der *Tanz um das goldene Kalb*, *Kerzentänzerinnen*, aber auch *Der Herrscher* mit den vergnügten Nacktheiten im Harem hinter ihm, zeugen davon. Dabei werden leuchtende, in ihrer volltönenden Sinnlichkeit bis ins Unangenehme gesteigerte Farben verwendet und Augen, Münder und

Brüste farblich und in ausufernder Form übertrieben. Fast derb wird dies bei der *Maria Aegyptiaca* (1912, Abb. 33) mit ihrer weit ausladenden Körperlichkeit, dem breiten, rot geschminkten Grinsen und ihrer einladenden Geste, sowie einem überharten Gegensatz zwischen den dunklen, groben Händen der rauhen, johlenden Matrosen und ihrem hellen Inkarnat.

Diese Beispiele mögen genügen und auch für die übrigen Expressionisten stehen (denn sie haben das Thema der Prostituierten z. T. nicht so ausschließlich oder gar nicht behandelt, aber ihre Aktdarstellungen und Bilder von Badenden am Strand verraten eine verwandte Auffassung.) Für die Expressionisten ist die Dirne als Unbehauste Verkörperung des freien, echten, unverfälschten Lebens, das der bürgerlichen Selbstgenügsamkeit und verlogenen Sittlichkeit plakativ entgegengehalten wird. Erst später (und daher für unseren Zusammenhang nicht mehr von großer Bedeutung, da sich Rouault 1914 von diesem Thema entfernt) setzt mit Grosz und Dix eine kritischere Sicht ein, die allerdings andere Schwerpunkte hat als bei Rouault: u. a. eine Betonung der Bosheit, als Frucht der schrecklichen Kriegserfahrung und ihrer Folgen, und Fragen soziologischer Natur.[117] Rouault hingegen ist persönlich tief von deren Existenz betroffen. Die Expressionisten suchen das Thema im Gegensatz zu Rouault bewußt auf; Rouault ist davon so berührt, daß er es bildnerisch bewältigen muß. »Er erklärte mir«, schreibt Charensol, »daß er diese so wenigen Themen, aus denen sein ganzes Werk besteht, nicht gewählt habe, vielmehr hätten sie sich ihm aufgedrängt.«[118] Und er faßt sie, die ihm als Bild des Menschen an sich dienen können, in der erwähnten Pascalschen Spannung von Größe und Elend des Menschen auf, die immer wieder betont, »daß der Mensch durch die Gnade wie Gott ähnlich und teilhabend an seiner Göttlichkeit geschaffen wurde und daß er ohne Gnade als den wilden Tieren ähnlich anzusehen ist«[119].

Was veranlaßt aber dann immer wieder verschiedene Autoren zu Vergleichen mit dem deutschen Expressionismus und zu Aussagen wie der folgenden: »Rouault ist unter allen französischen Malern der Gegenwart derjenige, der am meisten der Kunst der deutschen Expressionisten sich zu nähern scheint«[120]? Was motiviert dazu, Rouault im Rahmen eines europäischen Expressionismus mit den Malern der ›Brücke‹, dem Picasso der blauen und schwarzen Periode und auch den Fauvisten in einem Zuge zu nennen?[121]

33 Emil Nolde, *Im Hafen von Alexandrien*, linker Flügel des Triptychons *Maria Aegyptiaca*, 1912. Öl, 86 x 100 cm; Hamburger Kunsthalle

Zweifellos hat man dabei primär auf die Bildsprache geschaut, ohne ihren Gehalt und ihre wahre Bedeutung genügend zu beachten. Den Malern des deutschen Expressionismus geht es zunächst um die Aneignung und Formulierung einer Ausdruckssprache, die in ihrer Unmittelbarkeit und Spontaneität möglichst unverfälscht das Empfundene wiedergeben könnte. Man verläßt den Illusionismus und verleiht Farbe und Form neue Freiheit. Die Motive werden auf kennzeichnende Linien und Flächen reduziert, die Form zwar noch an der Anschauung orientiert, aber in eigenständige Bildzeichen, in Formkürzel, die knapp und prägnant das Gemeinte signalisieren, umgegossen. (Ein Weg, der über zunehmendes Konstruieren schließlich zum abstrakten Bild führt, dabei nicht unbeeinflußt durch den italienischen Futurismus und den aus Frankreich kommenden Kubismus.) Die unvermischten Farben gewinnen Eigenständigkeit, werden von Lokalfarben unabhängig und tragen ihren eigenen Ausdruckswert oft ungehemmt vor. Hand in Hand damit geht eine zunehmend aggressiver werdende Deformierung, die bald alle Skrupel verliert. Stephan von Wiese hat in diesem Zusammenhang drei Entwicklungsschritte festgestellt: anfängliche Formzertrümmerung, die sich bald zur Formekstase steigert und schließlich in der Bildformel ihren Endpunkt findet.[122] Gemäß dem Programm der ›Brücke‹, daß jeder »unmittelbar und unverfälscht das wiedergibt, was ihn zum Schaffen drängt«, wird auf alle überflüssigen Details verzichtet und möglichst direkt und, ohne sich um Schönformigkeit zu kümmern, »das Erlebte« auf den Bildträger gebracht. Um ca. 1910 steigert sich die Erregung, die Formen zersplittern, lösen sich immer mehr vom Vorbild, und das ganze Bild wird zum Ausdruckszeichen eines inneren Zustandes. Um die Mitte des zweiten Jahrzehntes schließlich wird begonnen, die autonomen Formkürzel in eine stärkere Ordnung zu bringen und in einer von der Wirklichkeit abgehobenen Bildwelt neu zu montieren.

Schon bald entdeckt man das Vorbild primitiver Kulturen, sieht in ihrer Kunst ursprüngliches, ungehemmtes Ausdruckswollen und versucht, naiv zu sein wie sie. Hans Sedlmayr hat diese Intention treffend charakterisiert:

»Wie die absolute Kunst, die neben ihm entsteht, strebt auch er [der Expressionismus[123]] nach Reinheit, die er aber in viel tieferer Weise auffaßt. Sein Drang zum Ur-Reinen, der zugleich ein Drang zum Ur-Einen ist, geht zu den Ursprüngen, zu den Müttern, in ein Reich, wo Geist und Seele und Sinne noch ineinanderbrauen, in das Ahnungsvolle. Was diese Ursprünge seien, bleibt im Dunkeln; er hofft im Suchen zu finden. Er sucht das Ursprüngliche im ›Entwurf‹, den keine Reflexion gestört hat und der ihm deshalb wertvoller ist als die Vollendung. Er sucht es im ›Primitiven‹ aller Art, das ihm hohe Werte umschließt, und nimmt dabei das Ungeschickte, ja das Rohe und Brutale in Kauf, sofern es ihm nur ›ursprünglich‹ erscheint. Er glaubt das Ursprüngliche zu finden bei den Naturvölkern und im Archaischen aller Kulturen, in der Kunst der Ungeübten, der Kinder und der Geisteskranken. Zum Ursprung führt auch das Reich der Tiere, wenn man es sozusagen mit den Augen des Tieres selbst erschaut; Ursprung ist im uralten Mythos, in Traum, Vision und

Apokalypse, zuletzt in jenem gebärenden Chaos, aus dem noch alles werden kann. Dies alles muß in der Tiefe des Menschen, des Künstlers, noch gegenwärtig sein, wenn man es zu finden weiß. Den erstorbenen Menschen der Bewußtheit und des Verstandes betrachtet er mit tiefem Mißtrauen: er hat die Harmonie der Welt gestört, er ist hassenswert und häßlich.«[124]

So wie in den Bildern immer politisch Grundsätzliches oder hinter dem Einzelwerk Liegendes intendiert wird, so dienen auch die Stilmittel nicht notgedrungen zur Steigerung der Aussage eines Motivs oder Bildproblems, sondern zur ›Expression‹ eines ganz allgemeinen, motivunabhängigen Erregungszustandes. Nicht der Ganove, Gaukler, Geisteskranke oder die Dirne an sich interessieren in ihrem Schicksal, sondern nur ihre Andersartigkeit, der Umstand, daß sie zu den Randgestalten des als bedrükkend normiert empfundenen Gesellschaftssystems gehören und in ihrem regelfreien Dasein zu Identifikationsfiguren des eigenen Freiheitsdranges oder einfach nur zu schockierenden Gegenbildern werden können. Der Lüge der Gesellschaft wird die Zerrform präsentiert. Die Bilder bleiben stets absichtlich bruchstückhaft, abrißartig, behalten Verweischarakter. Sie sind außerbildlich intentional. Ganz ausdrücklich wird der plakathafte, schreiende Ausdruck angestrebt, denn so wie diese Kunst in allen ihren Sparten in die Gesellschaft wirken und diese verändern will, so will es auch das Bild. ›Redende‹ Maler wollen die Künstler sein, wie es in den Manifesten der Zeit heißt. Auch aus diesem Grund wirkt die Graphik flugblattartig. Die Titel der Zeitschriften der Zeit geben die Emphase des Aufbruchs und der Erneuerung wieder: ›Kündung‹, ›Revolution‹, ›Der Sturm‹, ›Der Aufbruch‹, ›Der Orkan‹, ›Freie Straße‹ usw. – Die Mittel dieser so ostentativen, stets mit höchster Steigerung und größter Drastik agierenden Kunst sind bald erschöpft. Die permanente Erregung läßt sich nicht durchhalten. ›Häßlichkeit‹ wird oft nur um ihrer selbst willen, wegen ihrer Andersartigkeit und des Schocks, den sie bei den ›Bürgern‹ auslöst, gesucht.[125]

Dem wissenschaftlichen Positivismus, dem die damalige Gesellschaft huldigt, der Flucht in eine Welt der Dekoration und des teilweise rein ästhetischen Kunstgenusses angesichts schwelender sozialer Spannungen[126], einer an Vertrautheit verlierenden Umgebung und wissenschaftlicher Erkenntnisse, die sich der Anschaulichkeit und unmittelbaren Begreifbarkeit entziehen, stellt der deutsche Expressionismus seine radikale »Ich-Perspektive« (Stephan von Wiese) gegenüber. Persönliches Erleben, die Welt im Spiegel des eigenen Ich stehen im Mittelpunkt.

In der Literatur tauchen wiederholt Selbstmörder (bei Ehrenstein, Heym, Wedekind, Werfel) oder Dirnen (bei Becher, Stadler, Trakl, Werfel) auf, oder es wird ganz offen die Spießbürgerlichkeit angegriffen (wie in den Werken Sternheims, Kaisers, Stramms u.a.). Da hört man von »bürgerlichen Lebegreisen«, die den ganzen Tag auf »Sofas blöden«, wo die »Abendmahlzeit der Familie in Gähnkrampf und Rülpsen wie stets ... verglimmt«[127]. Man sucht alle traditionellen Werte umzukehren oder überhaupt umzustürzen. Aber das positive Gegenbild fehlt im Gesellschaftlichen. Und dort, wo man vom ›neuen Menschen‹, von allgemeiner Erneuerung und Verjüngung spricht, bleibt es allgemein, schal. Auch formal gelingt es nicht, in einer mit den französischen Fauvisten vergleichbaren Weise zu einer Harmonie, einem Ausgleich der widerstrebenden Bildelemente zu gelangen.[128]

Der spezifische Charakter und die Bedeutung der Deformation für Rouault ist mit diesen Vergleichen einmal mehr deutlich gemacht. Für ihn ist sie nicht bloß Ausdruck einer allgemeinen Revolte oder sogar künstlerisches Ziel, sondern Mittel einer konkreten, gerichteten Aussage; sie dient der Steigerung eines spezifischen Ausdrucks. Die Ausschließlichkeit dieser einer genauen Aussage dienenden Funktion der Deformation wird mit dem zweiten Jahrzehnt unseres Jahrhunderts immer stärker. Dabei bleibt er sich des Umstandes bewußt, daß er seine eigene Reaktion auf das Gesehene und Erlebte zum Bildgegenstand macht, doch fragte er: »*Wenn Subjektivität manchmal einäugig ist, ist Objektivität dann nicht blind?*«[129]

Im Grunde gibt es »keine künstlerische Subjektivität von Bedeutung, die, indem sie sich verwirklicht, nicht über sich selbst hinausweise; es liegt in ihrer Natur, daß sie das tut ... Nicht nur forschend, auch bildend wird der Mensch der Welt inne.«[130]

Das Bild des Bürgers – Der Bürger als Richter

In der allgemeinen künstlerischen Aufbruchsstimmung um 1900, als man sich gegen den ästhetisierenden Kunstbetrieb wandte und nach neuer Unmittelbarkeit des Ausdrucks suchte, wurde besonders in der Literatur des deutschen Expressionismus der Bürger zum Feindbild schlechthin. Das regt zu der Frage an, ob es nicht auch im Denken und Schaffen Rouaults eine vergleichbare Auffassung gibt: Rouault verstand Bürgerlichkeit nicht soziologisch, sondern in einem grundsätzlichen Sinne. Wohl gibt es einige Darstellungen wirklicher ›Bürger‹ oder Kleinbürger, doch überwiegen Gestalten, die bestimmte Grundhaltungen oder Schwächen veranschaulichen sollen. Die Anregungen durch Bloy, aber auch Pascal sind dabei spürbar.

1905 malte Rouault eine Gouache, die ganz ausdrücklich Kleinbürger zum Gegenstand hatte – die bildnerische Umsetzung einer Schilderung aus Bloys Buch *La femme pauvre*. Dort wird in schrillen Farben ein Kleinbürgerehepaar namens Poulot beschrieben (vgl. Tafel 29). Das Paar, das Rouault mit der aus den Dirnenbildern bekannten Drastik und Heftigkeit bildnerisch faßte, ist eine adäquate, wenn nicht zurückhaltende Übertragung dieser sprachlichen Charakterisierung. Dennoch war Bloy von der Bildumsetzung schockiert: »Er wollte meine Poulots machen, und ich will diese Illustrationen um keinen Preis!«[131] Und er, der zwar im Religiösen gegen fade, zahnlose und verbürgerlichte Christlichkeit kämpfte, in seinem künstlerischen Geschmack aber doch sehr konventionell und unbeweglich blieb, schrieb daraufhin – nachdem er bei einem neuerlichen Besuch des Salon d'Automne wieder eine Reihe von Rouaults Dirnenbildern gesehen hatte – voller Härte an den befreundeten Maler: »Selbstverständlich habe ich Ihr einziges und ewig gleiches Bild gesehen, immer die gleiche Schlampe oder der gleiche Hanswurst, mit dem einzigen und bedauerlichen Unterschied, daß der Verfall immer größer scheint ... Heute will ich Ihnen noch zwei Worte sagen, nachher werden Sie für mich nur mehr ein Mensch wie jeder andere sein. *Primo:* das Häßliche allein zieht Sie an, Sie berauschen sich am Abstoßenden. *Secundo:* wenn Sie ein Gläubiger im Zustand der Gnade, wenn Sie ein Gehorsamer wären, könnten Sie diese schrecklichen Bilder nicht malen. Ein tiefempfindender Rouault

34
Georges Rouault, *Auge in Auge* (Face à face), 1926. Tafel 40 des Radierzyklus *Miserere*, 57,5 x 43,5 cm

würde sich entsetzen.«[132] Dennoch hält der Künstler dem Dichter die Treue und bringt ihm bis zu seinem Tod aufrichtige Verehrung entgegen.

Das Blatt läßt in der Härte seiner Anklage und der Heftigkeit von Mitteln wie Ausführung die persönliche Betroffenheit ahnen. Und obwohl es als Illustration zu *La femme pauvre* gedacht ist, ist das Bestreben, das Paar als Typ erscheinen zu lassen, deutlich. Rouault teilt darin Bloys Kritik an der Verkommenheit dieser Kleinbürger, die sich nach außen bemühen, einem allgemeinen Konsens von Sittlichkeit zu entsprechen und in Wirklichkeit eiskalte Egoisten sind. Bloys *Exégèse des Lieux Communs* (Auslegung von Gemeinplätzen) hat in wohl unüberbietbarer Schärfe diese Selbstgerechtigkeit gegeißelt.[133]

Herr und Frau Poulot bleibt eines von wenigen Blättern mit der narrativen Schilderung von Bürgern, denn Rouault beschäftigen, wie erwähnt, viel mehr die verborgenen geistigen Haltungen als solche, die er verfolgt, wenn er in kleinformatigen Gouachen seine ›types‹ malt. Diese versucht er zu bleibender Gültigkeit zu erheben, wenn er einige exemplarische Figuren im Radierungszyklus *Miserere* schafft. Unter seinen ›types‹, karikaturartige, aber in der farbigen Intensität und Schlichtheit doch weit über Karikaturen hinausgehende Gouachen, findet man Lehrer, Mitglieder der Akademie, Kunstkritiker, gesellschaftliche Wichtigtuer, aber auch selbstbewußte Damen. Was Rouault hier aufs Korn nimmt, sind Dünkel, Eitelkeit, Selbstzufriedenheit, die durch Haltungen, Gesten oder übertrieben gegebene Körperteile ihren Ausdruck finden (vgl. Tafeln 35-38).

Bitterer und formal hieratischer wird seine Anklage in einigen Blättern des Zyklus *Miserere*. Sein Bemühen um Verdichtung, um Reduzierung auf wenige, ausdruckskräftige Linien zeigt hier schon gültige Ergebnisse. Blätter wie *Dame der gehobenen Gesellschaft, die glaubt, im Himmel einen reservierten Platz zu bekommen* oder *Sein Anwalt beschwört in hohlen Phrasen seine völlige Unschuld ...* (Tafeln 101, 102) bedürften des Titels nicht; allzu deutlich wird Rouaults Kritik an der Leere einer von sich selbst eingenommenen Seele. Die Worte Rouaults an Schuré kommen in Erinnerung (vgl. S. 9).

Die Neugierde, vor allem aber der menschliche Drang, sich wichtig zu machen und bedeutend zu erscheinen, ist in der Radierung *Auguren* zum Thema geworden. Die Idee zu diesem Blatt ist im Laufe des Ersten Weltkrieges entstanden. Während

35
Georges Rouault, *Richter* (Les juges), 1908. Öl, 75 x 105 cm; Statens Museum for Kunst, Kopenhagen

draußen im Felde junge Männer ihr Leben lassen müssen, verlieren sich ein paar verwöhnte Party-Existenzen in bedeutungsschweren Mutmaßungen und Vorhersagen – durch entsprechend ostentative Haltungen, Gesten und Mienen, aber auch durch ein nur Eingeweihten vorbehaltenes enges Zusammenstehen unterstrichen. In dem Blatt *Auge in Auge* (Abb. 34) schließlich findet die schamlose Ausnützung der Macht und der eigenen Überlegenheit eindrucksvoll anschauliche Gestalt. Die breit entfaltete, mächtige und fast die gesamte Bildfläche für sich beanspruchende linke Figur könnte mit dem Stehkragen und dem streifenverzierten Ärmel als militärische Autorität angesprochen werden. Bei dem ihm Gegenüberstehenden weist alles auf seine Ausgesetztheit hin: seine Nacktheit und damit Schutzlosigkeit, sein Eingeklemmtsein zwischen dem Bauch des Dicken und dem Bildrand, die bewegungslos hängenden Arme, die schmalen, zusammengedrückten Schultern ... Hals und Kopfhaltung hingegen verraten seine Würde und innere Freiheit.

Wie seine Zeitgenossen entdeckt Rouault viele Haltungen hinter der Biederkeit und Wohlanständigkeit des Bürgers. Doch am meisten macht ihn die Selbstgerechtigkeit betroffen und regt ihn zu einer Fülle von Bildern an. Was er dem Bürger vorwirft, ist »weder seine Grausamkeit noch seinen Egoismus, zuweilen unbewußt unter einer geheuchelten Güte, sondern seine überhebliche Sorge zu glauben, daß er es ist, der bewirkt, daß sich die Erde dreht und uns des Glücks versichert, während er von seinem eigenen träumt. Dies wäre nur komisch und grotesk, wenn er nicht auch noch – unter der Gestalt quasi-priesterlicher Menschenfreundlichkeit – anstrebte, Richter zu werden.«[134]

Der Richter wurde für Rouault bald zur Symbolgestalt. Besonders aus den ersten beiden Jahrzehnten stammt eine Fülle von Richterbildern. Schon 1901 hatte Rouault sie dargestellt, doch begann er erst ab 1907 konsequent, sich mit dem Stoff zu beschäftigen, nachdem ihm ein Bekannter, der stellvertretende Staatsanwalt Granier, ermöglicht hatte, fast ein Jahr lang im Justizpalast Verhandlungen beizuwohnen. Was er dabei empfand, hat später seine Tochter Isabelle überliefert: »Mein Vater protestierte gegen die Gewissenlosigkeit mancher Richter, gegen ihre Engherzigkeit. Er konnte im Justizpalast skandalöse Dinge sehen und hören. Er kannte das Volk und wußte, wie manche Kinder aufwuchsen. So mußten ihn die Urteile erschüttern.«[135]

36 Georges Rouault, *Der Angeklagte* (L'accusé), 1907. Öl, 76 x 106 cm; Musée d'Art Moderne de la Ville de Paris

Wieder aber sieht Rouault darin mehr als nur den Einzelfall, in den Richterdarstellungen mit noch größerer Schärfe als bei anderen Themen. »Wenn ich das menschliche Chaos sehe«, schreibt er an Desvallières, »die Zerriebenen und Ausgelöschten, bin ich voll heiligen Zorns gegen jene, die sich in Betrübnis, Ächzen und den üblichen Phrasen der Leute von Welt gefallen, um ihre Gleichgültigkeit zu entschuldigen.«[136]

Um wieviel drastischer noch sind seine Darstellungen. In dem Ölbild *Der Angeklagte* von 1907 (Abb. 36) tauchen aus dem überwiegenden Schwarz, Scharzblau und dunklen Braun finstere Gestalten auf, allesamt mit düsteren und vor allem rohen Gesichtern. Nur durch seine Position im Bild und sein helleres Inkarnat wird der Angeklagte unterscheidbar – im übrigen hat Rouault ganz bewußt die Unterschiede zwischen Ankläger und Beklagtem, Richtern und zu Richtendem, Justizwachbeamten und in Gewahrsam Genommenem aufgehoben.

Düster, ja beklemmend ist der Gesamteindruck, verschlagen und teilweise lauernd die Gesichter. Die Haltung des Anwalts im Vordergrund ist selbstgefällig und aufgeblasen, seine Gestalt fleischig und unangenehm. Der Angeklagte und sein Bewacher stehen einander nah gegenüber; aus den Augen des Beklagten blitzt es dunkel auf, während das primitive Gesicht seines Gegenübers mit der roten Schnapsnase so finster wie möglich dreinschaut. »Wenn ich aus den Richtern so beklagenswerte Figuren machte, dann weil sich darin zweifellos die Angst verriet, die ich angesichts eines Menschen empfinde, der die anderen Menschen richten muß. Wenn es mir passiert ist, daß ich den Kopf des Richters mit dem des Angeklagten verwechselte, so ließ dieser Irrtum nur meine Verwirrung erkennen ... Die Richter selbst könnte ich nicht verurteilen.«[137] Dennoch sind es bedrohliche, verschlossene, trotz ihrer Unbeweglichkeit beängstigende Erscheinungen, riesengroß und in unausweichlicher Präsenz vor den Betrachter gerückt, mit Gewändern, deren pulsierendes Rot unheimlich aus dem Dunkel leuchtet, mit finsteren Mienen und einem Blick, der ins Leere geht (vgl. *Richter,* Abb. 35).

Wenn man Rouault Glauben schenkt und er nicht die Richter selbst verurteilten wollte, so sind diese unbewegt Hockenden Ausdruck eines tiefen Erschreckens – vor einer Macht, die über Leben entscheiden kann, und im gleichzeitigen Wissen, wie schwach der Mensch ist. Seine Eitelkeit, ja schon seine Gleichgültigkeit können ihn ungerecht und unter bestimmten Umständen zur Bestie machen. Die Hieratik und Bildstrenge, die Rouault bei fast allen Richterdarstellungen beibehält, ja die zuweilen strenge Symmetrie dienen zur Unterstützung dieser Aussage der Bedrohung. Zudem blicken die Figuren in vielen Fällen aus dem Bild heraus, in keiner Darstellung kommunizieren sie miteinander oder nehmen Bezug aufeinander.

In einem Blatt des Zyklus *Miserere* hat Rouault versucht, die möglichen Wirkungen ungerechter Verurteilung darzustellen. *Der Verurteilte ist weggegangen* ist der schlichte Titel (Tafel 99). Trotz der Einfachheit der Mittel gelingt es Rouault, die Last dieses für den Mann unbegreiflichen Schicksals, aber auch seine Einsamkeit darzustellen. Kraftlos hängen die Schultern und Arme, schwer gebeugt ist der Kopf, die Augen geschlossen. Der Verurteilte ist weggegangen ... sein weiteres Los interessiert die Verurteiler nicht mehr; seine helle Gestalt steht einsam vor dem dunklen Grund.

In diesem Zusammenhang muß Rouaults Originalität in der Auffassung des Themas betont werden. Zweifellos hatte er beim Aufgreifen des Stoffes künstlerische Vorbilder. Jean Louis Forain, den er persönlich kannte, hatte das Thema ebenso behandelt wie Honoré Daumier, den er hoch schätzte. So läßt sich auch die eine oder andere formale Anregung von Daumier feststellen, wie z. B. die weitausholende Geste eines Advokaten oder das Zusammenstehen von Richtern oder Advokaten; ja die symmetrische Anordnung um eine axiale Mittelfigur wie in Daumiers *Anwaltstreffen* (1860) könnte durchaus von Wichtigkeit für Rouaults Bildschöpfungen gewesen sein. Auch mag es möglich sein, daß ihm die offensichtliche Diskrepanz zwischen erstrebter Rechtsprechung und dem Desinteresse der Richter und Gendarmen, wie es Daumiers *Die Vergebung* (1865-67) zum Gegenstand hat, als Anstoß diente.

Aber die breit erzählerische (wenn auch nicht ohne Schärfe vorgetragene) Art Forains oder die hohe innere Dynamik der Figuren Daumiers übernimmt Rouault bewußt nicht. Er versucht gerade in der beklemmenden Unbeweglichkeit der Figuren ihre Bedrohlichkeit sichtbar zu machen. Gleichzeitig geht er über die Frage der Gerechtigkeit in konkreten Einzelfällen hinaus, stellt sie vielmehr in die Dimension menschlichen Richtens überhaupt.

Rouaults Kritik an manchen bürgerlichen Erscheinungen hat zwar zuweilen ihren Anlaß in der Erfahrung seiner Zeit, erfährt aber schnell eine Ausweitung auf die Frage nach der Beschaffenheit des Menschen. Dies unterscheidet ihn von den Zeitgenossen und besonders von den deutschen Expressionisten. Vielfach wird dort unter dem ›Bürger‹ ein abstraktes, sich durch alle Schichten erstreckendes Feindbild des Spießers verstanden. So heißt es etwa bei Theodor Haubach in *Tribunal* (1919): »*Bürger,* d.i. kümmerlicher Mensch mit vermoosten Horizonten, enger begrenzter Nörgler am Leben, Sattzufriedener oder hämischer Besserer (hierher alle Reformer), ein Blutloser, Ordnungssüchtiger, Feind aller Höhen und Tiefen, Vergreister, Steriler, Botmäßiger, nie ganz reiner, nie ganz Böser. – Doch *Mensch:* Ungebärdig und nie ohne Chaos, Teufel und Gott, Tendenzloser, Sehnsüchtiger nach Abenteuer und Rätsel, voll tropischer und polarer Stürme in den Wettern der Seele, oft Tier, oft Engel, Aufbäumender zum gestirnten Himmel.«[138] Diese Kritik wird im großen und ganzen von der Literatur getragen und zu großer Schärfe entwickelt – erst später findet sich in der bildenden Kunst Vergleichbares. Bei einer Sicht der Gesellschaft wie in dem eben zitierten Beispiel »... nimmt es nicht wunder, warum so viele expressionistische Äußerungen den Standpunkt arroganter Literaten verraten, die sich besser dünken als der ›große Haufen‹, dessen Banalität als geradezu ›unerträglich‹ hingestellt wird. Auf diese Weise verwandelt sich der Begriff ›Bürger‹ oder ›Philister‹ in einen Sammelbegriff für alles, was man als ›abgestandenes 19. Jahrhundert‹, als ›Biedermeier‹ oder ›juste milieu‹ empfindet.«[139]

Rouault teilt die hemmungslose Drastik der Ausdrucksmittel – etwa im Sinne des Verismus eines Georges Grosz oder Otto Dix nicht, nicht den fixierten Blick auf die Häßlichkeit, vor allem aber nicht die implizierte Selbstgerechtigkeit, ein mitschwingendes Verurteilen von oben herab. Immer nimmt er Anteil, leidet selbst unter der Schuld der anderen, zeigt sie vor allem immer

37 Max Beckmann, *Die Nacht,* 1918-1919. Öl, 133 x 154; Kunstsammlung Nordrhein-Westfalen, Düsseldorf

geborgen in einer größeren, letztlich unzerstörbaren Ordnung. Das ist es auch, was ihn bei der Interpretation des Bürgers letztlich von Max Beckmann unterscheidet. Zweifellos hat Beckmann einen Sonderweg beschritten, dem nachzugehen den Rahmen dieser Arbeit übersteigen würde: Er hat das bürgerliche Leben zum Gegenstand mancher seiner Bilder gemacht und einer teilweise erbitterten Kritik unterzogen. In dem Holzschnitt *Gruppenbildnis, Edenbar* von 1923 wird die Oberflächlichkeit der abendlichen Unterhaltung der ›chiquen‹ Gesellschaft bildlich gefaßt. Mondän ist das Ambiente, tadellos und modisch die Kleidung, das Make-up, der gepflegte Schnurrbart und die Frisuren, kapriziös die Handhaltung der Dame mit Zigarette. Aber obwohl die Figuren so eng zusammengerückt, ja beinahe ineinander verschachtelt sind, wirkt eine jede wie isoliert, gibt es kein Zueinander. Die Blicke gehen aneinander vorbei, träumen entweder ins Unbestimmte oder spähen unruhig und neugierig umher, stets auf der Suche nach Neuigkeiten, die die eigene Leere zerstreuen könnten.

Was schon dieses Blatt deutlich zeigt, ist die beengende Atmosphäre, die in der Mehrzahl der Bilder Beckmanns wieder begegnet, besonders eindrucksvoll in dem einige Jahre früher entstandenen Bild *Die Nacht* (Abb. 37). Beckmann hat es »August 18 bis März 19« datiert. Die Wirren des Kriegsendes und die Folgen der Novemberrevolution brachten Hunger, Unsicherheit und politische Morde mit sich, ein Generalstreik der Bevölkerung wurde von der neuen Regierung brutal niedergeschlagen. Beckmann geht aber über den äußeren Anlaß hinaus. Zwar dringen auch hier drei Schergen der neuen Machthaber in den Frieden einer Familie ein und zertrümmern gewalttätig die bestehende Ordnung, strangulieren den Mann, verdrehen ihm den Arm, lassen die bereits vergewaltigte Frau angebunden zurück und schrecken auch nicht vor dem wehrlosen Kind zurück, doch hat Beckmann sie gleichnishaft verstanden: der Rechte, der das Kind ergriffen hat, ist der einfache Mann von der Straße, der sich dort willig beteiligt, wo man ihn bezahlt, der mittlere Folterer mit Weste,

Krawatte und Pfeife steht hingegen für die Niedertracht und hinter vorgehaltener Sittlichkeit verborgene Grausamkeit des Kleinbürgers – schweigend toleriert vom gutsituierten Bürgertum, das hier in Gestalt einer rotgekleideten, halb verborgenen Dame im Hintergrund erscheint, von der nicht klar ist, ob sie wegschaut oder mit ihren Blicken das Tun des dritten, strangulierenden Mannes verfolgt.

Die kritische Reflexion über den Bürger wird zur Reflexion über den Menschen und sie gerät zur düsteren Sicht seines Wesens. Alle Darstellungen Beckmanns sind von einer beängstigenden Fremdheit, von drangvoll enger Ausstrahlung. Er faßt das Leben, die menschliche Existenz als Gefängnis, als Käfig auf, umlauert und bedroht von der Leere des Raumes. Der Mensch kennt bei Beckmann also keineswegs Geborgenheit in einer höheren Ordnung, sondern findet sich, mit des Künstlers eigenen Worten, »in der großen Leere und Ungewißheit des Raumes, die ich Gott nenne«[140]. Um der Unsicherheit und Absurdität zu entkommen, wird eine Vielzahl von Gegenständen aufgebaut und das Bild bis zu den Rändern gefüllt, so daß nur gestalteter, überschaubarer Raum übrig und das Ungewisse ausgespart bleibt. »Auf diese Weise schütze ich mich vor der Unendlichkeit des Raumes«[141], sagt Beckmann. Bei ihm dient die Kunst dazu,

> »das grenzenlose Verlassensein der menschlichen Wirklichkeit in der Ewigkeit durch immer erneute, behauptete Herstellung dieser Wirklichkeit zu verdecken. Es handelt sich nicht um *Wiedergabe* der Wirklichkeit *durch* Realitäten, sondern *Herstellung* dieser Wirklichkeit *mit* Realien. Bei einer solchen Auffassung, die jede Erscheinungsform der sichtbaren Wirklichkeit als existentielle Aufforderung zur ordnenden Tat empfindet, tritt Malerei aus dem ästhetischen Raum heraus und wird zur lebenssichernden und moralischen Tätigkeit.«[142]

Malerei also als Bewältigung der Welt, als Schutz gegen das Ordnungslose, Ungreifbare. Damit bleibt Beckmann in der Beschäftigung mit dem Bürger nicht beim Soziologischen oder bei einer reinen Charakterstudie stehen, sondern weitet sie zur Frage nach der menschlichen Existenz aus, zur metaphysischen Frage.

Arme, Arbeiter, einfache Leute

Zeit seines Lebens hat sich Rouault den einfachen Leuten aus der Vorstadt verbunden gefühlt, sich selbst als Handwerker aufgefaßt. Aus einfachen Verhältnissen stammend und bereichert um die Erfahrungen einer Glasmalerlehre, gingen ihm die soziale Situation, die oft verschämte Armut nah. Sein Œuvre weist eine Vielzahl von Darstellungen menschlicher Not auf – die Schwerarbeit von früh bis spät in den Vorstädten, das traurige Los der Flüchtenden, die leidvollen Folgen des Krieges.

Schon früh taucht das Thema der Vertriebenen, Heimatlosen und Flüchtlinge auf und bleibt über Jahrzehnte präsent. *Flucht im Winter*, eine Gouache von 1911, zeigt zwei gebückte Gestalten (wohl Mutter mit Kind) in einer unwirtlichen, düsteren Landschaft mit kahlen Bäumen, verschlossen und tot wirkenden Häusern und verhangenem Himmel. Einsam und verloren wirken die Figuren, ohne jede Geborgenheit in der Umgebung, und man fühlt sich an das Schriftwort erinnert: »Betet, damit eure Flucht nicht in den Winter fällt.«[143] (Vgl. auch Tafeln 31-33.)

Der einige Jahrzehnte später entstandene *Exodus* (Abb. 38) verfolgt den gleichen Bildgedanken, aber nun mit den Mitteln des Spätstils, in prachtvoll leuchtender Farbigkeit. Der Gesamtein-

38
Georges Rouault, *Exodus* (auch: *Der Weg ist lang*) (Exode; dit aussi: La route est longue), 1948. Öl, 50x65 cm; Privatbesitz

39
Georges Rouault, *Vorstadtstraße* (Rue de banlieue), 1909-1913. Aquarell und Gouache, 29,5 x 18,2 cm; Sprengel-Museum, Hannover

hält die Vorbildwirkung aufgrund der verschiedenen Auffassung des Themas allerdings für gering.

»Vielleicht auch das Beispiel Daumiers und seiner *Auswanderer*, aber welcher Unterschied zwischen diesen *Auswanderern* die, zu einer dichten Schar vereint, in diesem Seite an Seite, in diesem Herz-an-Herz die Kraft der Hoffnung zu finden scheinen, die sie in einer dynamischen und schon sieghaften Zuversicht vorwärtstreibt – und diesen *Exodes* von Rouault, in denen die Flüchtenden einsam sind, verzweifelt, zuweilen anhaltend, um zu rasten, zitternd vor Kälte.«[145]

Dem ist nur teilweise zuzustimmen. Denn trotz der unleugbaren Dynamik (die ja auch Teil von Daumiers allgemeiner künstlerischer Handschrift ist) vermitteln diese Bilder schon viel von dem Elend heimatlos Gewordener. Auch findet sich nicht in allen die hier angesprochene Dichte der Figuren, sondern deuten das Gehen in Grüppchen, das Sich-Anstemmen gegen den Wind, die Kahlheit des Hohlwegs und dessen Kuppe im Hintergrund auf die Beschwerlichkeit dieser Unternehmung hin. Rouault hat dies mit seinen Augen gesehen, in die ihm eigene, verhaltene Bildsprache übertragen und um einen – anfänglich sehr bitteren – Aspekt des persönlichen Leidens und der Gleichnishaftigkeit solchen Schicksals erweitert.

Um dem Elend der kleinen Leute Gestalt zu verleihen, hat er in seinen Bildern und Gedichten die »Vororte der langen Leiden« geschildert und das Schicksal der sie bewohnenden stillen Heroen.[146] 1909-1913 entsteht auf kleinem Format die Gouache einer *Vorstadtstraße* (Abb. 39), ein eindrucksvolles Beispiel für

druck des Tragischen, Schweren entsteht wesentlich durch das große, nahe Vorüberschreiten, das den Figuren Bedeutung verleiht, und durch ihr Erscheinungsbild – das Gebeugtsein, Zusammengenommensein, das Hintereinandergehen, das sichtbar Mit-dem-Schmerz-Beschäftigtsein –, besonders aber auch durch das Hinausragen über die Landschaft. Ungefähr zur gleichen Zeit hat Rouault in dem Buch *Soliloques (Selbstgespräche)* den weiteren Verständnishorizont der Flüchtenden umrissen:

»Sind wir nicht alle Flüchtlinge in diesem Leben? Manch einer möchte die Krankheit fliehen, den Kummer, das finstere Elend, die Verlassenheit, die Schande, wenn er gestrauchelt ist, und vor allem den Tod ...«[144]

Von Anfang an hatte Rouault das Thema in diesem allgemeinen Sinn verstanden. 1911, als die ersten Darstellungen auftauchen, hatte man noch nicht die furchtbaren Erfahrungen des Weltkriegs und großer Massen vertriebener oder heimatloser Menschen gemacht. Ihm galten die Flüchtenden – ähnlich den fahrenden Spielleuten – als Sinnbild menschlicher Existenz überhaupt, die er als Wanderschaft auffaßte. So tauchen in Bildern wie schriftlichen Arbeiten neben den Fliehenden wiederholt Wanderer und fahrendes Volk auf. Das Leben als Pilgerschaft wurde in durchaus christlichem Sinn verstanden, im Sinne von Bewährung auf der einen und Einbindung in eine übergeordnete Gerechtigkeit auf der anderen Seite. Dennoch muß gesagt werden, daß in den frühen Arbeiten die pessimistische Sicht überwiegt. Auch in seinen Briefen und schriftlichen Aufzeichnungen dieser Jahre ist Rouault ein Klagender. Erst sein Künstlerfreund André Suarès öffnet ihn zu Beginn des zweiten Jahrzehnts langsam für einen weiteren Horizont. Auf mögliche Anregungen durch Daumiers Darstellungen von *Emigrants* ist hingewiesen worden. Dorival

40 Georges Rouault, *Christus in der Vorstadt* (Le Christ dans la banlieue), 1920-1929. Öl, 92 x 74 cm; Bridgestone Museum, Tokio

Rouaults Kraft der Bilderfindung mit einfachen Mitteln und doch gleichzeitig hochspezifischer Aussage.

Durch das hohe Aufragen der abgelebten Fassaden vor düsterem Himmel und das einsame, gekrümmte Dahingehen des Arbeiters entsteht eine nahegehende Stimmung trostlosen, eintönigen Vorstadtlebens mit seiner Armut und dem Los harter Arbeit von früh bis spät.[147]

Ein häufig wiederkehrendes Motiv der Geborgenheit trotz äußerer Sorge und Not stellt bei Rouault die Mutterschaft dar, eindrucksvoll gefaßt in seinen *Famille nombreuse* oder – in Anspielung auf ihre für ihn zum Symbol gewordene Umgebung – *Vorstadt der langen Leiden* betitelten Blättern (vgl. Tafeln 34, 36, 78), mit den vielen, sich dicht an die Mutter drängenden und so eine geschlossene Gesamtform bildenden Kindern.

In diese öde Welt der Vorstädte tritt auf einmal – aber im Grunde nicht verwunderlich – die Gestalt Christi ein. In dem Ölbild *Christus in der Vorstadt* (Abb. 40), 1920 begonnen, verleiht Rouault seiner Überzeugung von der Gegenwart Christi in der Welt Ausdruck.

Schon bei der Betrachtung einiger Clownsdarstellungen wurde die Kongruenz individuellen Leides mit dem des Erlösers deutlich. Hier nun gibt er der Menschwerdung und Erlösung in ihrer fortdauernden Bedeutung und wirkmächtigen Präsenz bildlichen Ausdruck. Christus ist nicht nur historische Persönlichkeit, sondern weiterhin den Menschen nah und voller Anteilnahme für ihre Not, ja letztlich ist er *in* den Leidenden:

> »Am Grund der Augen
> der feindseligsten Kreatur
> Weint eine Stimme
> Am Grund der Augen der undankbaren
> oder unreinen Kreatur
> Bleibst Du, Jesus, noch immer.«[148]

Für den gläubigen Maler hat die Person Christi höchste Aktualität, und seine Nähe wird von ihm (gemäß Jesu eigenem Wort) bei den Kindern, Armen und Bedürftigen besonders vermutet:[149] Christus steht mit den beiden Kindern in der menschenleeren, düsteren Straße – aber durch seine Gegenwart verliert ihre Einsamkeit das Bedrückende. Die Straße wirkt durch den über ihr stehenden Mond wie in ein silbernes Licht getaucht und erlangt damit ein eigenes, ihre sonst gegebene Schmutzigkeit und Verkommenheit überlagerndes, mattes Scheinen.

Würde und Schönheit des Menschen

Ihren Höhepunkt hat Rouaults Kunst in der Reflexion über den Menschen als solchen (verbildlicht meist in der Einzelfigur), über seine Leidensfähigkeit, seine Würde und Schönheit erlangt. Die exemplarischen Gestalten des Zyklus *Miserere* sind die gültigsten Aussagen darüber. *Leben, ein hartes Handwerk* ... nennt er das zwölfte Blatt der Folge von Radierungen (Tafel 93). Wir begegnen der nackten Einzelfigur, herausgelöst aus jedem Zusammenhang und frei von jeglicher attributhaften Erläuterung.

Sowohl die Last, die auf diesem Menschen ruht (le dur métier de vivre), als auch die Inwendigkeit seines Duldens finden eindringlichen bildlichen Ausdruck. Dennoch strahlen seine Körperlichkeit und seine Haltung Würde aus, und die sichtbare Reflexion verweist auf die Größe menschlichen Geistes. Gerade hier wieder kommt das Denken Pascals zum Tragen:

> »Die Größe des Menschen ist groß, weil er sich als elend erkennt. Ein Baum weiß nichts von seinem Elend. Also: elend ist nur, wer sich als elend erkennt; aber nur das ist Größe, zu wissen, daß man elend ist. (...) Nur ein Schilfrohr, das zerbrechlichste in der Welt, ist der Mensch, aber ein Schilfrohr, das denkt. Nicht ist es nötig, daß sich das All wappne, um ihn zu vernichten: ein Windhauch, ein Wassertropfen reichen hin, um ihn zu töten. Aber, wenn das All ihn vernichten würde, so wäre der Mensch doch edler als das, was ihn zerstört, denn er weiß, daß er stirbt, und er kennt die Übermacht des Weltalls über ihn; das Weltall aber weiß nichts davon. Unsere ganze Würde besteht also im Denken, an ihm müssen wir uns aufrichten und nicht am Raum und an der Zeit, die wir doch nie ausschöpfen werden. Bemühen wir uns also, richtig zu denken, das ist die Grundlage der Sittlichkeit.«[150]

Diese Bemühung um das richtige Bild vom Menschen, das Ringen um seine Verfaßtheit – zwischen Größe und Elend –, die Beschäftigung mit dem Schmerz[151] ist wie ein Herantasten an die Gestalt des Gottmenschen. *Herr, Du bist es, ich erkenne Dich* ist der Titel eines anderen Blattes, das dem tastenden Suchen auch bildlich Ausdruck verleiht.

Oft beweist der Mensch gerade im Schmerz seine Würde. Und für den gläubigen Künstler Rouault wird der leidende Mensch zur Begegnung mit dem leidenden Christus. In den Worten Bloys: »Jesus steht inmitten von allem, er nimmt alles auf sich, er trägt alles, er duldet alles. Es ist unmöglich, irgend ein Geschöpf zu schlagen, ohne ihn zu schlagen, irgend jemanden zu demütigen, ohne ihn zu demütigen, zu verfluchen oder zu töten, ohne ihn zu verfluchen oder ihn zu töten.«[152]

So nimmt es nicht wunder, daß die Männergestalt in *Die harte Aufgabe, zu leben* ... dem Christus der *Verspottung* von 1932 verwandt ist oder die Blätter 18 und 21 des Zyklus *Miserere* (Tafeln 92, 99) beinahe identisch sind. Aber auch im *Kopf eines Verwundeten* von 1911 ist die große Nähe zum Antlitz des geschundenen Erlösers auffallend.

Zuweilen aber verläßt Rouault sowohl den inhaltlichen Ernst als auch die kompositionelle Strenge, um reiner Schönheit Ausdruck zu geben, wie etwa in *Der Blaue Vogel*, einer Studie für *Miserere*[153], (Abb. 42). Da sind die Schultern auf einmal frei beweglich, der zurückgelehnte Kopf mit geschlossenen Augen ruht auf einem schlanken Hals, und neben dem blassen Teint finden durchwegs heitere und lichte Farben Verwendung, was der Anmut und hellen Mädchenhaftigkeit dieser jungen Frau entspricht.

Ruft man sich ins Gedächtnis, daß die zugrundeliegenden Tuschpinselzeichnungen für die Bildtafeln des Zyklus *Miserere* in die Jahre 1912 bis 1918 fallen, so wird um so deutlicher, daß es in der europäischen Kunst dieser Zeit nur wenige Bilder von vergleichbarer Grundsätzlichkeit gibt.

Das wahre Bild des Menschen

1892-1901 malte Rouault Szenen des Alten Testaments (wie *Job auf dem Misthaufen, Samson am Mühlstein, Samuel im Gebet, Die Verteidigung der Susanna durch Daniel* und *Salomé*) und des Neuen

Testaments (wie die *Rückkehr des Verlorenen Sohnes, Geburt Christi, Der zwölfjährige Jesus unter den Schriftgelehrten, Gethsemane, Judaskuß, Kreuztragung, Beweinung Christi durch die heiligen Frauen, Christus und die Jünger von Emmaus*), vereinzelt auch einen *Eremiten* oder die *hl. Caecilia*. All diesen Bildern (vgl. Tafeln 3, 4) ist ein starker erzählerischer Charakter eigen, geprägt durch den Geist des Symbolismus.

Denn neben Einflüssen[154] von Leonardo da Vinci (besonders in der *Beweinung*), Dürer und Rembrandt[155] ist das Vorbild des Lehrers Moreau unverkennbar. So erinnert die Haltung von Christi Leichnam und die Anordnung der Gruppe in der Bildfläche und im Landschaftszusammenhang an Moreaus *Kalvarienberg* von 1867 (Paris, Louvre). Auch *Der zwölfjährige Jesus unter den Schriftgelehrten* läßt im tonigen Helldunkel, einer ähnlichen Beziehung der Figuren zueinander und der davon bestimmten Auffassung der Lichtquelle die Anlehnung an den Lehrer erkennen. Darüber hinaus ist auch die Verbindung der Figuren durch große Gesten eine stilistische Eigenheit Moreaus.[156]

Rouault zeigt sich in all diesen Bildern konventionell: bemüht um solide Malerei und ›Richtigkeit‹ nach dem Kanon der Ecole.[157] Die Begebenheiten sind in einen historischen Kontext gefaßt und theatralisch angeordnet, allerdings noch ohne existentielle Deutung. Sie blitzt vielleicht erstmals eindringlicher – aber noch von deutlichem Pathos überlagert – in einem *Dornengekrönten Christus* auf, dem Rouault seine eigenen Züge zu leihen scheint.

Die Beschäftigung mit dem Menschen, seine tiefste Deutung in Christus setzt hingegen erst im Zuge der schon erwähnten persönlichen Krise Rouaults knapp vor der Jahrhundertwende ein. In diesen Tagen der Einsamkeit ging er viel in den Straßen von Paris spazieren, setzte sich am Morgen unter die Brücken der Seine und zeichnete oder malte die Arbeiter mit ihren nackten Oberkörpern, die die Schiffe be- und entluden.[158] Auf einmal erwachte das Interesse für Menschen, nahm der Künstler an ihrem Leben Anteil; auch sein Glaube erfuhr eine entscheidende Vertiefung.

Zwar aus Tradition getauft, aber vom Vater in deutlich distanzierter Haltung zur Kirche erzogen[159], hatte Rouault erst sechsundzwanzigjährig, im Jahre 1897, die erste Kommunion empfangen. Das geschah unter dem Eindruck von Moreau, seinem Mitschüler und Laienbruder Antonin Bourbon und dem Dominikanerpater Vallée, der ihn den Katechismus lehrte. Moreau bewertete das ›sentiment intérieur‹ als einzigen sicheren Anhaltspunkt:

»Glauben Sie an Gott? – Ich glaube nur an ihn, ich glaube weder an das, was ich sehe, noch an das, was ich berühre, sondern einzig an das, was ich fühle. Mein Verstand, meine Vernunft scheinen mir vergänglich und von einer zweifelhaften Realität. Nur mein inneres Empfinden erscheint mir ewig und unbestreitbar sicher.«[160]

Moreaus Widerstand gegen Naturalismus und offiziellen Konformismus beeindruckte Rouault. Auch mag es Rouaults gefühlsbetonter Frömmigkeit entgegengekommen sein, einen Ansporn bekommen zu haben, dem inneren Antrieb zu folgen.[161] Rouault hatte als Kurator des Musée Moreau in der Bibliothek des verstorbenen Lehrers *Le Désespéré* und *La femme pauvre* und in ihnen die bekenntnishafte, apokalyptische Religiosität Bloys kennengelernt. Dies gab seinem Suchen nun eine Richtung und brachte

41
Georges Rouault,
Das Hl. Antlitz
(La Sainte Face),
1933. Öl auf Papier,
91 x 65 cm;
Musée National
d'Art Moderne,
Centre Georges
Pompidou, Paris

ihn in Kontakt mit den Denkern des ›Renouveau catholique‹.[162] So wie die Zeit mit ihrem wissenschaftlichen Positivismus und der antiklerikalen republikanischen Regierung eine spirituelle Gegenbewegung heraufbeschwor, so war auch Rouault in der Position, diese Spannungen persönlich wahrzunehmen. In Bloys Person und Werk fand er Antworten auf viele seiner Fragen. Bloy vertrat wie Hello die Auffassung, daß Kunst die Gefallenheit des Menschen heilen und die Wahrheit verkünden müsse.

Besonders nahe sind Rouault und Bloy einander in der Auffassung des Leidens. »Ich bin *von Natur* traurig, so wie man von Natur klein ist oder wie man von Natur blond ist«, schreibt Bloy an Jeanne Molbeck. Und er trug zur Kultivierung zusätzlich bei:

»Ich erinnere mich, daß ich als Kind, als ganz kleiner Junge, mich oft mit *Unwillen*, mit Empörung geweigert habe, an Spielen, an Vergnügungen teilzunehmen, obwohl deren bloße Vorstellung mich vor Freude berauschte, weil ich es *edler* fand, zu leiden und es selbst zu sein, der sich durch solchen Verzicht Leiden schaffte.«[163]

Für Bloy war der Glaube wesenhaft etwas Leidvolles, ja das Leid gleichsam einziges Bindeglied zu Gott durch die Gestalt Christi. Das Leid des Menschen verstand er als Teilhabe am Leiden Christi, ja teilweise sogar als das Leiden Christi selbst.

»Unser unaussprechliches Elend ist es, immerfort die klarsten und lebendigsten Aussagen der Heiligen Schrift für Bilder oder leblose Symbole zu halten. Wir glauben, aber wir glauben nicht *substantiell* ... Wir verstehen nicht, daß wir die Glieder des *Schmerzensmannes* sind ...«[164]

Etwas von dieser Bestimmung zum Leiden, besonders der Teilhabe des gläubigen Menschen am Leiden schwingt selbst in einem Gedicht Rouaults aus *Cirque de l'Etoile filante* noch mit:

»Ich war unter dem schwarzen Kreuz
wie Efeu am Gemäuer.
Gott des Schmerzes, ich kenne Dein Gesetz,
Ich höre Deine Stimme,
An Dich zu glauben ist nicht so leicht
Wie manche versichern.«[165]

Die Folge der Auserwählung zum Leiden ist Einsamkeit – auch dies ein Gedanke, den Rouault übernehmen und ein Leben lang behandeln sollte. Wenn er auch nicht so weit ging wie Bloy, der behauptete, nur dem Einsamen und Verlassenen teile sich Gott mit[166], so war er doch überzeugt, daß er einer persönlichen Berufung folgen mußte, auch wenn Einsamkeit und Isolation die Folge wären. Vor allem aber machte er eine eigenartige Vorstellung Bloys vom stellvertretenden Leiden der Menschen bzw. der Bezogenheit der Leiden aufeinander bis zu einem gewissen Grad zu seiner eigenen. So sagt Bloy etwa: »Das Menschengeschlecht ist so sehr für das Leiden bestimmt, daß die Erlaubnis, die einem einzigen Paare gegeben wird, nur eine Stunde lang glücklich zu sein, mit dem Todesschrei einer Welt nicht zu teuer bezahlt ist.«[167] Er spricht davon, daß aufgrund des »gegenseitigen Aufeinanderbezogenseins der Schmerzen ... zum Beispiel ein kleines Kind in einem eisigen Zimmer von Hunger gequält werden *muß*, damit eine entzückende Christin nicht der Lust an einer erlesenen Mahlzeit vor einem warmen Ofen beraubt ist« oder daß »die Freude des Reichen zum LEBENSMARK den Schmerz des Armen hat.«[168] Rouault muß an derartige Worte gedacht haben, wenn er 1912 in einem Brief an Suarès schreibt: »Ich habe das schreckliche Gefühl, die Meinen, seit ich mich in die Kunst gestürzt habe, leiden und weinen zu machen ... und ich weiß, daß, wenn ich meinem Gewissen als Künstler Genüge leiste, andere meine Freuden bezahlen werden ...«[169]

Was Rouault durch alle Übertreibungen Bloys hindurchspürte, war ein leidenschaftlicher Glaube. Viele der Ideen Bloys mögen die Klärung eigener Fragen herbeigeführt haben. Bloys Abscheu vor der Welt und radikale und ausschließliche Hinwendung zum Übernatürlichen konnte Rouault indes nicht teilen. Auch seine Auffassung von der Menschwerdung Christi unterscheidet sich stark von der des Schriftstellers. Für Bloy war die Inkarnation eher ein mystisch zeitloses Geschehen, während es für Rouault historisch greifbare Realität war. Ursache auch der eigenen Erlösung, da Christus alle Seinsbereiche des Menschen *real* geteilt hat. Dies äußerte sich u.a. im wiederholten Aufgreifen des Themas *Christus in der Vorstadt*, das die besondere Zuwendung Gottes zur Welt ausdrückt. Außerdem war Rouault über Vater und Großvater mit den Lehren des katholischen Sozialrevolutionärs Lamennais in Berührung gekommen.[170] Von großem Einfluß waren auch Schriften Huysmans wie *A Rebours* von 1884, ein Buch im Geist der Décadence, das seine Begegnung mit dem Okkulten schildert, sowie *En Route* von 1895, ein Bericht über Huysmans Bekehrung zur Kirche. Rouaults Begeisterung für das Mittelalter mag auch von Huysmans angeregt worden sein, der in seinem Roman *La Cathédrale* den vollkommenen Kirchenbau als Gestaltwerdung des Glaubens der Epoche und als Symbol für die Gemeinschaft in der gemeinsamen Überzeugung feiert.

Im April 1904 ergab sich für Rouault endlich Gelegenheit, durch Vermittlung von Auguste Marguillier, dem Sekretär der *Gazette des Beaux Arts*, Bloy persönlich kennenzulernen. Daraus entstand eine enge Freundschaft, die aber im Laufe der Jahre von seiten Bloys eine merkliche Abkühlung erfuhr, da er mit dem neuen Stil Rouaults nichts mehr anzufangen wußte. Raïssa Maritain (die Rouault mit ihrem Mann im November 1905 bei Bloy kennengelernt hatte), schilderte in ihren Erinnerungen sehr anschaulich das Verhältnis der beiden:

42 Georges Rouault, *Der blaue Vogel* (L'oiseau bleu), 1939. Öl und Gouache, 58x42 cm; Privatbesitz

»Wenn Rouault an jenem Tag mit Léon Bloy diskutiert und versucht hat, ihm den Sinn seiner letzten Arbeiten begreiflich zu machen, hat er schnell aufgeben müssen, das Verständnis des alten Schriftstellers zu gewinnen, denn Bloys künstlerisches Empfinden war vom Mittelalter und von der Renaissance her bestimmt, und er konnte nicht auf die Schönheit der Form verzichten. Wie oft haben wir in den folgenden Jahren Rouault bei Bloy gesehen! ... Seine Blässe vertiefte sich, wenn das Thema der modernen Malerei angeschnitten wurde. Rouault erbleichte, bewahrte aber bis zum Schluß ein heroisches Schweigen.«[171]

Rouaults Denken erhielt ebenfalls Impulse von der Gedankenwelt des Thomas von Aquin, die er durch den Freund Jacques Maritain kennengelernt hatte, insbesondere von dessen Charakterisierung des Schönen als Einheit, Vollendung, Proportion und Klarheit.

Hat Bloy Rouault wachgerüttelt und seine soziale Anteilnahme bestärkt, so verhilft ihm sein Freund André Suarès dazu, die Einseitigkeit seines Glaubens abzustreifen, gerechter zu werden und auch die Freude und Schönheit zu entdecken. Suarès Glaube war ästhetisch geprägt und zeigte einen Hang zum Synkretismus. In seinen zahlreichen Briefen drängte er Rouault, sich wieder mit religiöser Malerei zu beschäftigen:

»Ich warte auf den Augenblick, in dem Sie Ihre religiösen Themen wieder aufnehmen werden und in dem Sie Bilder malen werden, die all das enthalten, was zehn Jahre der Bemühungen, der Suche, der Leiden und der heftigen Diskussionen Sie lehren mußten.«[173] »Der Künstler ist es, der die Welt vom Schmerz befreit, indem er ihr die schönsten Formen der Liebe verleiht. Da ist Rembrandt, dieser Christus der Malerei, hunderttausend Ellen über der heidnischen Kunst.«[174]

In seinem letzten Buch *Volontés* bekennt Suarès: »Welche Gestalt auch immer meine Hoffnung oder mein Glaube hat, ich liebe Jesus, ich bin all der christlichen Schönheit treu. Sie ist die Quelle menschlicher Güte.«[175] Trotz dieser verschiedenen theologischen Ansätze bewahrte Rouault seine Eigenständigkeit. Im Bewußtsein der unterschiedlichen Auffassungen schreibt er über die Zusammenarbeit mit Suarès an dem Buch *Passion:*

»Wenn er nicht glaubte, wie ich es tat, so war ich auf diese Tatsache nicht stolz. Ich dachte, daß wir in der Lage wären, gemeinsam eines der großen Themen zu behandeln, das mich immer beschäftigt hatte, nämlich die Leiden und der Tod Christi und das, ohne daß einer von uns beiden dem anderen etwas von seinen persönlichen Überzeugungen oder seiner Deutung bestimmter Worte oder Geschehnisse, die die Hl. Schrift berichtet, opfern mußte. Ich wußte nicht, ob Suarès an die Auferstehung Jesu glaubte oder nicht, eine Tatsache, die ich nie bezweifelt habe. Jedenfalls machte er in dem Werk keine Anspielung darauf, während ich das Ereignis in einer der letzten Tafeln feierte.«[176]

Die Entfaltung von Rouaults Gläubigkeit ist eng mit seiner künstlerischen Entwicklung verknüpft.[177] Anfänglich war sein Glaube intuitiv und schwärmerisch, voller Kontraste und nicht ohne kämpferischen Hintergrund. Später lösen sich die Spannungen, Rouault sieht vor allem in der Gestalt Christi das Bild des wahren Menschen, die Lösung vieler Gegensätze und Fragen. Das findet sein Echo in der Vereinfachung und Hieratisierung der Formenwelt seiner Bilder. Dieser Haltung entspricht auch seine Bewunderung der mittelalterlichen Werkleute, die anonym blieben und in der Überzeugung arbeiteten »Non nobis, domine, sed nomine tuo da gloriam!«

Rouaults Christusdarstellungen vom Beginn des Jahrhunderts sind Zeugnis innerer Spannungen, getragen von hoher gestischer Unmittelbarkeit und fast ungehemmter Ausdruckskraft, wobei zwischen 1900 und 1910 überhaupt nur fünf Arbeiten mit religiöser Thematik entstehen. Den *Christuskopf* aus der Chrysler-Collection (Abb. 23) kennzeichnen ein verwundeter Blick aus weitaufgerissenen dunklen Augen, eine besondere Unruhe des Strichgefüges, aber auch die hohe Spannung zwischen hellem Hintergrund und dunklem Strichwerk. In dem *Christuskopf* auf einer Keramikplatte von 1911 (Abb. 21) ist der Strich zwar noch unruhig, verdichtet sich aber schon zu klar erkennbaren dunklen Feldern, und die ganze Erscheinung ist bereits strenger gefaßt. Parallel dazu taucht ein geänderter Ausdruck auf, der Rouaults Schaffen künftig begleiten soll: die Darstellung introvertierten Leidens. 1912 wird in dem Bild *Verspottung Christi* (Tafel 39) die Bewegung noch weiter zurückgenommen, um das Dulden Jesu zu betonen. Es ist das Jahr, in dem die ersten hieratischen Antlitze des Herrn entstehen. Dieses Blatt ist eines der eindrucksvollsten Bilder jener frühen Periode. Das Fleckige des Farbauftrages evoziert die Geißelung Christi, den zerschundenen Körper, das verkrustete Blut. Aus dem mageren, ausgezehrten Körper, den gesenkten und schmalen Schultern, den gebundenen Händen spricht das Elend. Die harten Züge des Gesichts sind vom Leid gezeichnet. Hinter einem Schleier des Schmerzes verborgen auch der Blick; in seiner Leere enthüllt sich das Äußerste des Leidens, die absolute Misere des Gottmenschen.

Rouaults Wende vollzieht sich allmählich und selbständig ab 1910. In dieser Zeit wandte sich der Maler hilfesuchend an seinen Dichterfreund Suarès, der ihm nahelegte:

»Ich möchte Sie gerne von der Verneinung heilen, mein lieber Rouault. Man müßte Sie überreden, für sich selbst zu leben und mehr für ihr Ideal als gegen die anderen. Zeit, die mit Verneinung und Kämpfen verbracht wird, ist verlorene Zeit. Es reicht vollständig, zu wissen, daß unsere Feinde existieren. Ich möchte gerne Ihre Malerei vom Widerspruch befreien. Es ist der Widerspruch, der Ihre künstlerischen Anlagen hemmt.«[178]

Ende Juni 1913 spürt man bei Suarès schon Optimismus:

»Sie haben sich gesucht. Und mir scheint, Sie haben sich gefunden. Sie haben sich mutig in die Analyse Ihrer Gefühle gestürzt. Sie haben die Welt zu sehr durch Ihre Gedanken der Auflehnung und durch Ihren Zorn gesehen. Aber diese waren in ihnen, und Sie mußten sich davon befreien. Die Stunde der Befreiung ist gekommen.«[179]

Diese neue, gelöstere Sicht Rouaults äußert sich in einer Bemühung um Stilisierung, die er durch verstärkte Komprimierung des Lineaments und strengere Ordnung des Bildaufbaus zu erreichen sucht. An die Stelle der Anklage und des Gegenbilds tritt nun das Ringen um eine gültige zeitlose Aussage. Rouault ist

43 Georges Rouault, *Christus/Passion* (Christ/Passion), 1937. Öl, 105 x 75 cm; The Cleveland Museum of Art, Hanna Fund, Cleveland (Oh.)

44
Georges Rouault, *Ecce Homo*, 1952. Öl, 50×45 cm; Vatikanische Museen, Rom

also bereit, wie Beck es formuliert, »im Dienste der Sache die eigene Person zurückzunehmen, seine persönliche Empörung den Notwendigkeiten des Ganzen zu unterstellen ... Ab jetzt finden mehr und mehr das individuelle Leid und die individuelle Empörung ihren objektiven Ausdruck im Leiden Christi und der aus ihm erwachsenden Heilsbotschaft.«[180]

Eines der berühmtesten Beispiele dieses Stils ist der *Christuskopf* von 1937 (Abb. 43). Groß und nah, wächst die Gestalt vor uns auf, in ihr Ruhe, Gefaßtheit, innere Strenge, ganz gesammelt um das Leid, das aus den großen, ausdrucksvollen Augen spricht. In dem Schauen Christi liegt ein Geheimnis. Diese Tiefe des Blicks findet eine Entsprechung im blauen Grund, der in sich birgt, was die ganze Gestalt Christi prägt: jenes Leuchten von innen heraus. Volltönende Farben sind an die Stelle des düsteren Kolorits getreten.

Dabei gilt festzuhalten, daß Rouault jedes Bild aus der Zeichnung entwickelt, selbst wenn dann nur mehr das Glühen der Farbe den Bildcharakter zu prägen scheint. Die Linie bleibt es primär, die die Figur beschreibt – und umschreibt, wie ganz besonders in den Gesichtsdarstellungen immer wieder deutlich wird. Insofern ist Siegfried Gohr zu widersprechen, wenn er sagt, daß in den Werken ab 1920 »allein die Anordnung und Struktur von Farbflächen ... die Bildanlage insgesamt bestimmt ... Diese gleichsam abstrakte Ebene der Komposition ergibt eine Art Zeichnung, eine einfache Gliederung, die ganz aus der Gegenüberstellung von gegensätzlichen Farbfeldern gedacht und erzeugt ist. Wenn man angesichts dieser und ähnlicher Werke die Frage nach der Handhabung der Kontur wieder aufgreift, kann festgehalten werden, daß Kontur im Sinne von Zeichnung aufgegeben wurde. Stattdessen begegnet man einer Anordnung der Farbschichten auf dem Bilduntergrund dergestalt, daß die Farbe Schwarz in spannungsreicher Weise die Farbpläne untereinander vermittelt.«[181]

Doch ist es nicht so, daß Rouaults Komposition »abstrakt« ist oder eine »Gliederung, die ganz aus der Gegenüberstellung von gegensätzlichen Farbfeldern gedacht und erzeugt ist« – so daß nur mehr »die Farbe Schwarz in spannungsreicher Weise die Farbpläne untereinander vermittelt«. Es ist nicht Konstrukt einer Art absoluter Malerei, die die Größe der einzelnen Farbfelder und ihre Form gegeneinander abwägt und danach das Bild ordnet. Nicht die Farbe ist es, die bei Rouault den Bildaufbau bestimmt, sondern ein *übergeordneter Bildgedanke*, der zunächst in der Zeichnung Gestalt annimmt, der in ihrer Einfachheit aber auch Ausdruckskraft der Formen gewinnt und *darin* der Farbe ihren Platz und Umriß zuweist.

Rouaults eingehende Auseinandersetzung mit Christus führte zu einer neuen, positiveren Auffassung der Welt und damit zu einem neuen Stil. Die Inkarnation Christi wurde zum Angelpunkt seines neuen Denkens. In Christus lag die Antwort auf Rouaults Fragen nach dem Menschen und seiner Existenz. Nicht nur persönliche Glaubenserfahrung, sondern auch die Reflexion über Pascal haben dazu beigetragen. Rouaults Sehnsucht nach der Reinheit des Göttlichen, seine tiefe Überzeugung von der Würde des Menschen und die tiefe Betroffenheit angesichts der Bosheit, deren der Mensch fähig ist, haben in Christus ihre Antwort, ihre lösende Entspannung gefunden. Diese Gedankengänge entfaltet Rouault bildnerisch im wesentlichen zwischen 1914 und 1918[183] in seinem Zyklus *Miserere*.[184] In einem früheren Abschnitt wurde das Charakteristikum seiner Bilder schon dargestellt: vereinzelte Figuren, die aus jeglichem Zusammenhang gelöst sind; oft nackt und somit exemplarisch verstanden, nur auf das Wesen des Menschlichen konzentriert. Die Gestalt des allein Dasitzenden in dem Bild *Einsam in diesem Leben der Nachstellungen und Bosheiten* (Tafel 100) erinnert in dem gebeugten Sitzen, dem sichtbaren Bewußtsein des Alleinseins im Schmerz an spätmittelalterliche Darstellungen des Christus in der Rast. Sicher hat Rouaults Bild vom Menschen im Bild des leidenden Menschensohnes seine größte Tiefe und Schönheit erreicht. Diese Aussage vervollkommnet Rouault durch Jahrzehnte, bis hin zum *Ecce homo* von 1952 (Abb. 44), in dem die Passion ganz in sich genommen, ganz innerlich aufgefaßt wird. Das Antlitz Christi ist nah vor uns – statisch in der Mitte eines fast quadratischen Bildes. Sein Kopf ist nur leicht aus der Mitte geneigt und kaum spürbar gesenkt. Die allgemeine Ruhe der Linie ist nur in den bewegten Zweigen der Dornenkrone und in der Kontur seiner linken Wange durchbrochen, wie tiefe Spuren, die der bereits erlittene Schmerz hinterlassen hat. In der Längung des Gesichts, im Leuchten des leidenden Mundes, ganz besonders aber im tiefen Schatten unter den weit gesenkten Lidern faßt Rouault die Fülle des Schmerzes zusammen.

Versuche, dieses Christusbild thematisch zu kategorisieren[185], treffen eigentlich am Kern vorbei. Selbst wenn man drei große Gruppen bildet, verfolgen diese immer wieder das genannte Anliegen oder sind spezifische Ausformungen davon. Da ist zunächst Christus unter den Menschen, wie er schon in *Christus in der Vorstadt* (Abb. 40) zu sehen war und wie er neben anderen Bildern in den Graphikserien *Le Cirque de l'Étoile filante* und *Miserere* behandelt wird. In ihnen verarbeitet Rouault seine tiefe Überzeugung von der ständigen Gegenwart Gottes, der stets neu wirksamen Gnade.

> »Immer ist Christus in der Vorstadt
> Durchdringt die Gnade das Elend
> und den Schmerz der Menschen«[186]

Da ist zum anderen der leidende Christus, dessen Erlösertod die Absurdität menschlichen Schmerzes, aber auch menschlicher Gefallenheit aufhebt, die Schuld tilgt und die ursprüngliche Ordnung wiederherstellt.

Und da ist zum dritten Christus in zeitloser Erscheinung auf dem Schweißtuch der Veronika oder als Hl. Antlitz. Rouault beginnt den zweiten Teil des Radierungszyklus *Miserere* mit einer solchen Darstellung (Tafel 96) und läßt den gesamten Zyklus damit ausklingen, quasi als Essenz alles vorher Gesagten. Und er malt das Thema bis wenige Jahre vor seinem Tod, als er aus Altersschwäche das Malen aufgeben muß. Eine der eindrucksvollsten Verwirklichungen dieses Themas ist zweifellos sein *Hl. Antlitz* von 1933 (Abb. 41). Die Ikonographie des Heiligen Antlitzes kommt besonders Rouaults Streben nach zeitloser Gültigkeit entgegen und ist deshalb ein beherrschendes Thema seines Schaffens ab 1904. Dorival äußerte die Vermutung, Rouault sei durch die Lektüre von Brentanos *Visionen der Anna-Katharina Emmerich*, von dem sich ein Exemplar (28. Ausgabe, 1875) in der – noch heute zu besichtigenden – Bibliothek Moreaus befand, zu dem Thema des Schweißtuches der Veronika angeregt worden.[187] Zudem sei Rouault stets von der Gestalt der Heiligen beeindruckt gewesen – Ausdruck der Liebe des Menschen, der auf Gottes Liebe antwortet und auf wunderbare Weise dafür belohnt wird, aber gleichzeitig auch ein Zeichen, daß »Gott der Menschen bedarf«[188]. Darüber hinaus war um die Jahrhundertwende das Turiner Leichentuch wieder in den Mittelpunkt des öffentlichen Interesses in Frankreich gerückt, nachdem am 21. April 1902 der Direktor des Naturhistorischen Museums und Mitglied der Akademie der Wissenschaften einen Vortrag gehalten und darin die Echtheit des Tuches festgestellt hatte. Dies bewog daraufhin den militant antiklerikalen Marcelin Berthelot, den Abdruck der Rede in einer Zeitschrift der Akademie zu verhindern. In der Folge publizierte der Arzt Paul Vignon, ein guter Bekannter Rouaults, zwei Artikel und ein Buch über das Turiner Leichentuch.[189] Es ist also anzunehmen, daß sich Rouault auch mit dieser Diskussion und also dem Tuch auseinandersetzte.

Das Schweißtuch der Veronika entspricht aber auch thematisch ganz den Bestrebungen Rouaults. Es wurde schon darauf hingewiesen, daß er durch Stilisierung, Vereinfachung und Komprimierung um eine objektive, universelle Gestaltungsart rang. Die Zweidimensionalität des Bildes auf dem Tuch kommt diesen Intentionen entgegen. Das unmittelbare Gegenüber mit Christus ist die direkteste Form der Konfrontation mit ihm und damit auch die wesentlichste, persönlichste – etwas, was Rouault immer gesucht hat. Persönliches Abbild seiner Menschlichkeit, kommt im Antlitz Christi auch das Göttliche zu Anschauung. Das Epiphanieartige, Leuchtende, das manche Bilder dieses Themas bei Rouault tragen, hat hierin seinen letzten Grund.

So wie das Gesicht des Einzelnen schon wie die Zusammenfassung seiner Persönlichkeit ist, so ist das hl. Antlitz Zusammenfassung der Wahrheit über den Menschen schlechthin (und deshalb nicht umsonst auch Schlußbild des Zyklus *Miserere*).

Neben dem Turiner Leichentuch kommen für Rouault aber auch die Apsismosaiken und -fresken byzantinischer und romanischer Kunst oder die Glasfenster gotischer Kathedralen als Vorbilder in Betracht. Vergleiche mit byzantinischen Christusdarstellungen liegen aufgrund des gelängten Gesichts und langer gerader Nase, der großen ausdrucksvollen Augen, der Schematisierung und mangelnden räumlichen Tiefe, aber auch der Frontalität nahe. (So könnte man an die Pantokratordarstellungen in Cefalù, Daphni, S. Marco in Venedig denken.) Ähnliches gilt für romanische Darstellungen (z. B. der Christus eines Elfenbeinkruzifixes des 11. Jhs. aus Schloß Harburg). Zudem kam nach der Ausstellung ›Primitifs français‹ die *Pietà d'Avignon* in den Louvre (15. Jh.), die die Maler aufgrund der Strenge ihrer Form und spirituellen Askese faszinierte. Und doch sollte man die Gemeinsamkeiten nicht überbewerten: Bei Rouault war dieser Stil doch die Frucht eines steten Prozesses der Komprimierung und fand vor allem auch auf andere Themen seine Anwendung.

Bestimmt sind die mittelalterlichen Glasfenster, die er als Lehrling zu restaurieren hatte, nicht ohne Wirkung auf den Künstler geblieben, zumal Rouault später immer voller Bewunderung von diesen Fenstern sprach.[190]

Rouault hat auch die Kunst der italienischen Renaissance rezipiert, die er im Louvre eingehend studieren konnte und aus Reproduktionen gut kannte. Erinnern manche seiner Christusdarstellungen an Tizians *Emmaus*-Bild im Louvre oder an Männergestalten von Giorgione und Francia, so ist es doch vor allem die Malerei Peruginos, die Rouault geschätzt und die deutliche Spuren hinterlassen hat (vgl. z. B. die *Hl. Maria Magdalena* aus dem Palazzo Pitti in Florenz oder *Muttergottes mit einem Heiligen und der hl. Katharina* im Louvre, Abb. 45). Was Rouault hier vorfindet, ist dieselbe verhaltene Stille. Vielleicht hat auch die seitliche Neigung des Kopfes, die den Eindruck leiser Nachdenklichkeit noch unterstreicht, die Haltung von Rouaults Figuren beeinflußt, so wie die symmetrische Anordnung der Figuren und ihre bildfüllende Gegenwärtigkeit, die sie nah an die Bildebene und damit an den Betrachter rückt (vgl. z. B. den *Christus* von 1937, Abb. 43).

Michel Hoog hat auf mögliche Anregungen durch El Greco aufmerksam gemacht.[191] Claude Roulet erwähnt in seinen *Souvenirs*, daß Rouault 1939 in Genf eine Ausstellung von Werken des Prado sehen konnte und besonders von den Arbeiten El Grecos beeindruckt war.[192] Dessen *Ritter mit der Hand auf der Brust*, mit

45
Perugino,
Die Mutter Gottes mit einem Heiligen und der hl. Katharina,
um 1500. Öl auf Holz, 80 x 66 cm;
Louvre, Paris

seinem langen, schmalen Gesicht, das von schwarzem Haar und dem Bart gerahmt wird, den hohen, deutlichen Bögen der Brauen, der langen, geraden Nase und dem kleinen Mund, möge als Beispiel gelten. Ab 1937 tauchen bei Rouault die stark gelängten Gesichter mit den schmalen, geraden Nasen auf.

Letztlich enthüllen alle Bilder Rouaults einen spirituellen Horizont, seien es nun Clowns, Dirnen, Richter oder Arme. Sogar Blumenbilder *(Bouquets)* versieht er mit Inschriften, die auf das Leiden Christi hinweisen und die somit zu Sinnbildern christlicher Hoffnung werden. Einen Höhepunkt bilden dabei sicherlich Rouaults Landschaften. Sie sind meist von großer Weite und weisen einen ausgeprägten Tiefenzug auf, wirken wie der Ausschnitt aus einem noch größeren Ganzen. In ihnen entwickelt Rouault die ganze Pracht seiner Palette. In dem Gemälde *Spätherbst III* etwa (Abb. 46) – übrigens so wie *Stella vespertina* ein häufiger Titel solcher Bilder – läßt die offene Malweise erkennen, daß die Farben mehrmals übermalt wurden, und so brechen immer wieder pulsierende Grün- und Blautöne durch. Wie so oft befinden sich auf einer in die Bildtiefe führenden Straße einige Figuren – eine davon könnte Christus sein. Der Blick wird durch diesen Weg und das Turmmotiv auf das Farbschauspiel des Himmels und die Sonne gezogen. Hier liegt das kostbare, späte Licht von Herbstabenden – oder mehr noch, ein golden glühendes Aufbranden entfaltet sich, das den Horizont leuchtend überzieht. Ruhig und klar ist der Aufbau des Bildes, friedvoll der Charakter der Landschaft. Die Zeit scheint stillzustehen. Der Mensch ist geborgen in dieser warm leuchtenden Umgebung.

46 Georges Rouault, *Spätherbst III* (Fin d'Automne III), 1952. Öl, 104x74 cm; Privatbesitz

Auch im Zusammenhang mit religiöser Kunst hat man Rouault in die Nähe der deutschen Expressionisten gerückt, vor allem zu Nolde.[193] Im folgenden seien drei Facetten in der Behandlung des religiösen Themas im deutschen Expressionismus angesprochen (nicht im Sinne einer Einschränkung, sondern als Pointierung gedacht): mythische Naturreligiosität wie bei Nolde, politisches Verständnis biblischer Sujets wie bei Schmidt-Rottluff und schließlich religiöse Thematik als reiner Anlaß zur Reflexion existentieller Fragen wie bei Beckmann.

Emil Nolde widmete sich verstärkt der religiösen Thematik nach seinem Parisaufenthalt und dem Kontakt mit der Kunst van Goghs, der Fauvisten, Munchs und Ensors. 1909 entstand das *Pfingstbild* und das *Abendmahl*, 1911 der große Zyklus *Das Leben Christi.* Nolde machte in Mensch und Landschaft das Wirken von Erdkräften spürbar und suchte in der Malerei deren ursprüngliche Wirkkraft zu verlebendigen. Schon in seinen Personifizierungen der Schweizer Berge machte Nolde in den Physiognomien Urwesen und Naturdämonen sichtbar. Seine späteren religiösen Bilder, von farblicher und formaler Ekstase, orientierten sich an der Kunst der Naturvölker.

In der *Verspottung Christi* (Abb. 47) umringen fratzenhafte Figuren einen wie eine Stammesgottheit dasitzenden Christus, prallen grell leuchtende Rot- und Orangetöne aufeinander, zuweilen unterbrochen von einem glühenden, dunklen Blau. »Was der Farbe nur immer an Leidenschaftlichkeit, Ausdrucksgewalt, Symbolträchtigkeit innewohnt, wird auf die Leinwand gepreßt.«[194] Sie holt ursprüngliche Zustände des Psychischen, Tiefen unseres Daseins mit hemmungsloser Sinnlichkeit ans Licht. Sein Pfingstbild ist nicht die Schilderung eines übernatürlichen Ereignisses, sondern die Beschwörung urtümlicher Kräfte, die im Bereich des Elementaren empfunden werden.

Geht es Nolde um »die absolute Ursprünglichkeit, den intensiven, oft grotesken Ausdruck von Kraft und Leben in allereinfachster Form«[195], so versucht Rouault durch hohe Kontrolle über seine Mittel und Stilisierung eine höhere Ordnung sichtbar zu machen. Religiöse Themen beschäftigten Nolde zeitlebens, während sie vielen anderen expressionistischen Künstlern nur um den Ersten Weltkrieg als eine Möglichkeit zur Verarbeitung persönlicher Bedrängnis oder der Formulierung von Wünschen nach politischer Veränderung dienten. Gerade während des Krieges, als jede öffentliche Kritik unterbunden wurde, erlangte die religiöse Ikonographie eine besondere politische Dimension. Das gilt z. B. für die Lithographie *Anno Domini MCMXVI Post Christum Natum* von Ernst Barlach, in der der Teufel Christus auf einen Berg führt und ihm alle Reiche der Erde zeigt – diese aber sind bis zum Horizont mit Kreuzen übersät. Das gilt auch für die Kreuzigungsdarstellungen von Carlo Mense (1915), Heinrich Richter-Berlin (1915) oder die *Kreuzabnahme* von Max Beckmann von 1918. Besonders aber gilt es für Schmidt-Rottluffs Christus-Mappe, die aus neun Holzschnitten besteht. In dem Blatt mit der Frage ›Ist euch nicht Kristus erschienen?‹ wird dieser durch die Jahreszahl 1918 auf seiner Stirn in besondere Beziehung zum

47 Emil Nolde, *Verspottung Christi,* 1909. Öl, 86 x 106,5 cm; Brücke-Museum, Berlin

Zeitgeschehen gesetzt. Auf dem Hintergrund allgemeinerer eschatologischer Erwartungen dieser Jahre ist die Christus-Mappe Schmidt-Rottluffs als Ausdruck des Wunsches nach Gestaltung einer neuen Menschheit zu sehen, und die Gestalt Christi bzw. die biblischen Szenen bieten dabei mehr oder weniger Anlaß dazu. Aus der Naturreligiosität der Naturvölker hat Schmidt-Rottluff spirituelle Kraft für seine Darstellungen zu ziehen versucht.

Zwei der bedeutendsten Darstellungen Max Beckmanns mit religiöser Thematik, die Radierung *Auferstehung* (1918) und das Gemälde *Kreuzabnahme* entstanden am Ende des Ersten Weltkrieges. Wieder begegnet man mit verschachtelten, verklammerten Figuren angefüllten Bildräumen. Die Gestalten wirken wie gefesselt, verbogen, gezwängt, deformiert – einem ›Etwas‹ ausgeliefert, das außerhalb ihrer Macht liegt, sie bestimmt und nicht entkommen läßt. Zu dieser ›objektiven‹ Bedrückung, die sich in der befremdenden Stimmung der Bilder äußert, treten noch die Qualen, die die Menschen einander in Niedertracht zufügen – hier in der Gestalt des mageren, entseelten Christusleichnams, dessen große Wunden vorgehalten werden.

Rouaults Bild von sich selbst

Im Zusammenhang mit Rouaults Menschenbild ist auch seine Selbsteinschätzung und die bildliche Auseinandersetzung mit der eigenen Persönlichkeit von Interesse. Die kleine Zahl von Selbstporträts ist aussagekräftig. Dadurch, daß Rouault in seinen Büchern, Essays und Gedichten viel von sich selbst spricht, lassen sich auch diese zur Erhellung seiner Eigenart heranziehen.

Das Selbstbildnis von 1895 (Tafel 1), eine große Zeichnung, steht noch ganz in der Tradition der Ecole des Beaux-Arts mit dem weich modellierenden Helldunkel, den gekonnten Grauabstufungen und der meisterhaften Wiedergabe der Oberflächen. Denn der Mund scheint leicht geöffnet und die großen Augen schauen den Betrachter leicht verträumt und staunend an. Der weiche Mund zeugt von der Sensibilität eines jungen, noch unreifen Mannes.

Vier Jahre später kündigt sich in zwei kleineren Zeichnungen seine persönliche Krise an. In dem *Selbstporträt mit Hut* von 1899 gibt sich Rouault scharf beobachtend, fast lauernd und erfüllt von Reflexion. Er stellt sich als Zeichner mit dem Bleistift in der Hand dar, der aus den Augenwinkeln zu seinem Motiv aufblickt. Der Strich ist offen und der Schwung paralleler Linien verhältnismäßig frei – aber das Gesicht dicht gefaßt, die Einzelheiten zuweilen mit großer Festigkeit und Geschlossenheit durchgebildet. Die Betonung liegt in den Augen. In diesen ist, neben dem scharfen Fixieren, wohl auch etwas Fragendes, die Spur eines Selbstzweifels. Der Mund unterstreicht die jugendliche Entschlossenheit, das Auferlegte allein zu lösen und zu tragen. Auch das zweite Selbstbildnis jenes Jahres trägt etwas von lauernder Spannung in sich. Es ist sowohl in der Haltung als auch im Duktus wesentlich offener, während der Ausdruck fragend und introvertiert wirkt.

Beide Darstellungen sind in einer Phase künstlerischer Neuorientierung Rouaults um die Jahrhundertwende entstanden. Auch in seinen schriftlichen Arbeiten kreist Rouault um sich selbst. Dorival nennt ihn daher »den vollendeten Typus eines Egozentrikers«[196]. Oft beklagt sich Rouault in seinen Briefen über die bedrückenden Lebensumstände.

»Den Fakten nach bin ich ein Versailler, aber nicht dem Herzen nach. Ihr steckt nicht in meiner Haut, Leute von Versailles. Ihr schlaft viel zu früh, und ich wache Tag und Nacht und warte auf meine Befreiung. Noch ein Winter, um den Maulwurf zu spielen, und nachher, das Licht … oder der Tod.«[197]

Vor allem aber fühlt er sich unverstanden, dazu verurteilt, seinen Weg ganz allein zu gehen.

»Ihr irrt euch, ihr Widerspruchsgeister, sagte Land des Schattens, indem er das Herz auf der Zunge hatte; ich bin nicht der, den ihr in mir zu sehen glaubt, ihr seid es, die traurig sind; so tragisch das Licht in meiner Kunst sein mag, ich liebe die Form, die Farbe, die Harmonie, selbst wenn ich blind wäre, würde ich das Leben weiterhin dermaßen lieben, ohne das allzusehr hinauszuposaunen; auch wenn ich es schon gesagt und wieder gesagt habe, selbst wenn ich blind wäre, würde ich in der Vorstellung eifersüchtig an allem hängen, was unter dem Himmel lebt, Form, Farbe, Harmonie.«[198]

Immer wieder glaubt er sich rechtfertigen oder von den ›Académiciens‹ der Ecole des Beaux-Arts abgrenzen zu müssen. Die Verwundung durch die spöttische Kritik ging tief und schmerzte ihn fast ein Leben lang.

In diesem ständigen Kreisen um sich selbst kultivierte er ein Gefühl der Melancholie und des Zum-Leiden-bestimmt-Seins:

»Sie irren sich, ihr irrt euch, ich bin nackt und traurig wie die Wahrheit, still wie die laue Nacht, hart zu mir selbst und manchmal bitter, sanft zu anderen, ich folge dem Wind, der weht, ich zittere Tag und Nacht vor Kälte und klappere mit den Zähnen, habe Gänsehaut mitten im Sommer, wankende Knie, trübe Augen, bin verstört in diesen sogenannten zivilisierten Zeiten. Nur der blutende Jesus hat mich verstehen wollen.«[199]

Gerade deshalb sah er sich bevorzugt in die Figur des traurigen Spaßmachers, in jenes Gegenüber der Gesellschaft hinein, das ihr durch seine Späße den Spiegel vorhält, aber notgedrungen an ihrem Rand und außerhalb der Geborgenheit stehen muß. So kommt es, daß eine ganze Reihe von Clownsdarstellungen in ih-

48 Georges Rouault, *Der Lehrling* (L'apprenti ouvrier), 1925. Öl auf Papier, 66x52 cm; Musée National d'Art Moderne, Centre Georges Pompidou, Paris

rer Physiognomie eine Ähnlichkeit mit Rouault aufweisen. Schon 1902 entstand eine Arbeit, die man wohl als Porträt im Kostüm eines Clowns bezeichnen muß. Der aus dem durch starke Schattenzonen konstituierten Gesicht hervorleuchtende Blick ist wägend unsicher, zurückhaltend. Etwa achtzehn Jahre später (in der Zwischenzeit war kein einziges Selbstporträt entstanden) trat in den Bildnissen der Ausdruck der Traurigkeit deutlich hervor. Rouault stellte sich um 1920 viermal in der gleichen Haltung und mit einer dem Kostüm des Pitre verwandten Mütze dar, mit von Schmerz gezeichnetem Mund und mit weit aufgerissenen Augen, einem Blick der inneren Verletztheit.[200] Es ist eine Periode heftiger Auseinandersetzung mit dem Leiden und der Suche nach dessen bildlicher Bewältigung (man denke nur an den *Alten Clown* oder den Zyklus *Miserere*). Rouault sah sich selbst mit dem mitleidenden Blick, mit dem er die Welt um sich betrachtete.

Mit 54 Jahren malte Rouault sein berühmtestes Selbstbildnis, dem er den Titel *Der Lehrling* gab (Abb. 48). Aus dem tiefen, unauslotbaren Mattblau des Hintergrundes tritt das beschienene Gesicht hervor.

Das Grobe, Spröde, die Materialität der Farbe erhält große Wichtigkeit. Rouault geht es um mehr als sein von stillem, innerem Schmerz erfülltes Anlitz. Verbunden mit der Unauslotbarkeit des mächtigen, pulsierenden Blaus ist es letztlich der Versuch einer Annäherung an das Geheimnis der Person, die Aura und Fülle des Geistigen, an jene Würde des im Innern Verborgenen, die sich nur dem Auge des Geistes erschließt. Dabei ist der Eigenwert der Farben zum Darstellungswert[201] geworden, zum eigentlichen Ausdrucksmittel des Psychischen (was stark an van Gogh, insbesondere sein *Bildnis eines Dichters (Porträt des Malers Boch)* von 1888 erinnert). Die Hierarchie und fast mittelalterliche Einfachheit der Formen (und im Grunde auch Farben) trägt das ihre zu diesem Eindruck bei.[202]

Der Titel *Lehrling* erhellt einen eigentümlichen Charakterzug Rouaults. Zweifellos war dieser Mann in vielem von echter Demut erfüllt, gleichzeitig aber auch von dem Bedürfnis, sich ständig und in allem mitzuteilen. So relativiert er seine Demut dadurch, daß er immer wieder von dieser spricht. Mit diesem Titel nun will Rouault dem Umstand Ausdruck verleihen, daß er sich vor allem als Handwerker, als schlichter Arbeiter versteht. Zeitlebens hat seine Bewunderung den mittelalterlichen Werkleuten und Künstlern gegolten, die zur Ehre Gottes schufen und selbst ungenannt blieben, oder der Bescheidenheit ihrer Widmungen und Signaturen.

»Manche Werke von Van Eyck waren signiert: ›so gut ich konnte‹ – schöne Bescheidenheit. Stark zu sein, besteht nicht darin, aus Leibeskräften ins Horn zu blasen. Es ist viel schwieriger, sich gut zu kennen und seinen Einsatz zu begrenzen, als unendliches Wissen zu erwerben.«[203]

Immer blieb die solide Technik, ›la matière‹, Fundament und Ausgangspunkt seines Denkens und Schaffens.

»Man beginnt als Handwerker, – man wird ein Künstler, wenn man es kann. Aber ist es nicht mehr wert, ein guter Handwerker zu sein als ein schlechter Künstler? Das ist eine Seite des Problems der Moderne.«[204]

Und sich in die Tradition jener mittelalterlichen Handwerker stellend, wünschte auch er, als eher unbedeutend gesehen zu werden. Mit der gleichen Einfachheit und Unverblümtheit, die seine Bekenntnisse zur Demut kennzeichnete, formulierte er auch Vorstellungen über den Künstler und seine Tätigkeit, denen er die Aura der Auserwähltheit zuweist und die somit Zeugnisse einer hohen Selbsteinschätzung sind.

»Der Künstler kann zu gleicher Zeit Mann des Volkes sein und Aristokrat. Das technische Können muß stark sein, mächtig, und ›jeder Literatur‹ oder intellektuellen These widerstehen. Denn es gibt eine Empfindsamkeit für die Kunst und eine verstandesmäßige Erfassung der Kunst.

Der Künstler, ein Verrückter? ... Viel weiser, in Wahrheit, als König und Kaiser. O Wilhelm, o Zar von Rußland, was habt ihr aus euren Reichen gemacht? Wir anderen, wir werden morgen sterben, aber andere werden kommen, keine eitlen, gierigen und anmaßenden Erben, die unser Gut verschwenden werden, sondern Kinder im Geiste, auf ewig. – Der Künstler vergißt alle Prologe, die seinigen und die der anderen, er vergißt alles, wenn er vor seiner Leinwand steht.«[205]

Und schon enger bezogen auf sein eigenes Schaffen: »Ich mußte ganz allein auf mich zählen, alles von mir beziehen, und ich frage mich manchmal, warum soviel Anstrengung, soviel Widerstand, soviel Opfer rund um mich.«[206] Seinen ganzen Künstlerstolz aber enthüllt ein Brief an den Dichterfreund Suarès aus dem Jahr 1912:

»Jetzt betrachte ich mit einer etwas verächtlichen Ironie, aber auch mit einem Schuß Mitleid (das man womöglich für mich nicht hätte) den sich drehenden Wind der Bewunderung und Begeisterung und die Angst der wohlhabenden Freunde, zu denen ich sagte: ›wir sterben vor Hunger‹ ... ich lache darüber, weil ich einige Fromme dadurch in die Flucht schlug, daß ich einfach über meine gegenwärtige Lage sprach; aber, miserable Kerle, wenn eines Tages meine Kinder aus Elend dahinsiechen sollten, niemals, niemals würde ich euch das sagen ... es hieße mich wenig kennen, wenn man das bezweifelt – das sind die Dinge, die man einem Freund anvertraut, einem seltenen Bruder im Denken, einem außergewöhnlichen Menschen, der einen aufzufordern vermag, trotzdem weiterzumachen, aber nicht denen, die einen konventionellen Idealismus vertreten und im selben Atemzug verlangen, daß man sich erniedrigt und Dreck macht, um zu ›LEBEN‹, wie sie sagen.«[207]

Ob sich Rouault dieser Widersprüche bewußt war, der Diskrepanz zwischen aufschwellendem Zorn und geduldiger Anteilnahme in seinem Wesen, dem Nebeneinander von tiefer Melancholie und lautstarkem Übermut, dem ewigen Kampf von Demut und Eitelkeit?

So jedenfalls könnte man den unerbittlichen Blick auf sich selbst erklären, der vor größten Kontrasten und einem harten Nebeneinander der Formen nicht zurückschreckt. Man begegnet ihm in der Lithographie für die *Souvenirs Intimes* von 1926 und einer weiteren Lithographie desselben Jahres (Tafeln 82, 143). Der Maler geht in diesen Darstellungen besonders nahe an das im Dreiviertel-Profil gegebene Gesicht heran. Das Gesicht wirkt kantig. Grobe Schattenflächen formen seine harte Plastizität. Der Lichteinfall von links hat etwas Jähes, so daß die rechte Seite des Halses, die lichtzugewandte Gesichtshälfte und ein Großteil der Stirn hell beleuchtet erscheint, fast wie eine unmodellierte Fläche.

Die Vereinfachung erschwert insgesamt die Definierung; dem Porträt haftet etwas Kaltes an. Die Treffsicherheit der Charakterisierung fällt besonders im Vergleich mit Photographien auf. In der Zeichnung des scharf geschnittenen, aber in seiner Außenlinie sehr sensiblen Mundes und in der im Vergleich zum übrigen Kopf überaus feinen Beschreibung des rechten Auges mit seinem gerichteten, ruhigen Schauen ist die Auffassung Rouaults von sich selbst beschlossen: Neben der Einfachheit der Herkunft und des Wesens (in den einfachen, fast groben Formen von Schädel, Hut und einigen Gesichtspartien), neben den Spannungen und Kontrasten von beleuchtet und unbeleuchtet, stark vorspringend und tief sich eingrabend das stille, beobachtende Der-Welt-Gegenüberstehen und das Leiden an ihrer und der eigenen Schwäche.

Rouault wußte um viele seiner Schwächen (seinen aufbrausenden Charakter, seine Schüchternheit, seinen Sarkasmus), aber gleichzeitig sehnte er sich auch danach, sich selber wirklich zu kennen, zu begreifen und Herr seines Charakters zu werden. So vertraute er einmal Suarès an:

»Sich zu kennen, nicht durch Diskussion, Analyse oder Geschwätz, sondern sich durch das Leid und im Leid zu kennen, sich im Leben und durch das Leben zu kennen, fern von Snobismus und Künstelei, aber in der Wahrheit und im Einsatz unseres ganzen Seins. Sich messen, fähig sein, sich anzuspannen und wieder zu entspannen, seine Vorstellungskraft und seine Nerven im Zaum zu halten, ebenso sein überkochendes Blut, seine verrückten und seine heiligen Zornausbrüche angesichts der Ungerechtigkeit, die auf dieser Welt regiert, oder sie zu anderen Stunden herauszulassen, herauszulassen ohne Furcht und Angst, in der Gewißheit, daß man sie im nächsten Augenblick, in dem man es will, wieder unter Kontrolle hat, das ist die Lehre des Lebens, und eine Kunst, die sich von dort ableitet, ist keinesfalls kastriert.«[208]

So wie die Selbstbildnisse im Rahmen von Rouaults Gesamtwerk eine gewisse Eigenständigkeit behaupten (besonders aufgrund der fast durchgehend angewandten Charakterisierung und Modellierung mittels Flächen von Hell und Dunkel an Stelle der sonst üblichen Konturen), so beweisen sie einmal mehr seine Eigenständigkeit im Rahmen des »Expressionismus«. Eine Vielzahl von Vergleichen wäre möglich. Möge es bei kurzen Bemerkungen zu ähnlichen Werken einiger deutscher Künstler bleiben.

Bei Kirchner wird in einer Reihe von Bildern ausdrücklich auf die historische Situation und die seelische Verfassung Bezug genommen, wie etwa in *Der Trinker* (1915), im *Selbstbildnis als Soldat* (1915, Abb. 49) oder in dem Holzschnitt *Selbstbildnis mit tanzendem Tod* von 1918.

Das *Selbstbildnis als Soldat* zeigt Kirchner nach einem Nervenzusammenbruch. Der Fronteinsatz hatte ihn seelisch mitgenommen, und er litt unter der verhinderten Kreativität. Zum Zeichen dafür sind die Augen erloschen. Die rechte Hand hält er als blutenden Stumpf ostentativ nach vorne, während die linke Hand an die Stuhllehne geklammert ist. Der Akt im Hintergrund steht als bevorzugtes Thema für Kirchners künstlerisches Schaffen. Ohne dieses Bild im Bild verlöre die Darstellung sofort an Eindringlichkeit.

Auch Max Beckmanns *Nachhauseweg* von 1919 ist eine Ausdeutung der Konfrontation mit der umgebenden Wirklichkeit: Allseitig auf das engste von den schrecklichen Eindrücken der nächtlichen Stadt in den Nachkriegsjahren bedrängt, zeigt der Maler im Gespräch mit einem grauenvoll verunstalteten Kriegskrüppel auf sich selbst, um mit Erschrecken seine Mitschuld zu erkennen. Sein schon erwähntes Blatt *Seiltänzer* von 1921, von dem er seiner Frau einen Probedruck mit den Worten widmete: »Unser beider Selbstbildnis«, diente ihm in seinen vielfachen symbolischen Bezügen zur Verbildlichung seiner Existenzauffassung und damit seiner selbst – ohne wirklich Selbstbildnis zu sein, da er ja gerade verhüllt erscheint.

Selbst Blättern wie *Männerkopf* und *Mann in der Ebene* von Erich Heckel, die beide als Selbstporträts angesprochen werden können, fehlt es nicht an verdeutlichender Pose. Der Gestus der Nachdenklichkeit im einen Fall und die an die Schläfen geführten Hände im anderen verleihen der Einsamkeit dieses Menschen in leerer Umgebung noch an Verlorenheit. Dennoch überwiegt ein Hang zur Schönheit der Malerei, die sich im Eigencharakter der Linien zeigt. Der *Männerkopf* komprimiert den Eindruck von

49
Ernst Ludwig Kirchner, *Selbstbildnis als Soldat*, 1915. Öl, 62,2 x 61 cm; Allen Memorial Art Museum, Oberlin College, Oberlin (Oh.)

Nachdenklichkeit. In seinem Titelblatt für die Zeitschrift *Der Anbruch* setzt er die Technik subtil ein. Es handelt sich ebenfalls um ein Selbstbildnis, auf dem Augen und Mund große Feinnervigkeit zeigen, um eine innere Welt erahnen zu lassen.

Man kann Max Beckmann mit Rouault vergleichen, weil sie eine ähnliche Tiefe der Fragestellung aufweisen. Was sich schon in Beckmanns *Selbstbildnis mit rotem Schal* von 1917 ankündigte – die Auseinandersetzung mit der Frage nach der eigenen Existenz – gelangt im *Selbstporträt* von 1922 zu höchster Dichte (Abb. 50). Dieser frühe Holzschnitt zeigt den breiten Schädel überaus hart geschnitzt, aus gratig-scharfen Linien, die fest ineinander verschlossen sind. Der schmale, unzufriedene Mund wirkt verriegelt, der kritische Blick aus gerunzelter Stirn wird nicht sichtbar, da die Augen zu zwei schwarzen Schlitzen erstarren, hinter denen ein Blick lauern oder nach innen gehen kann. Die Energie dieser Persönlichkeit ballt sich anschaulich in der Augenpartie, in der die Linien am dichtesten zusammenlaufen. Auch der Umstand, daß der Schädel mit dem mächtigen Hals so fest zwischen den Schultern sitzt, gibt dem Anblick etwas Gewalttätiges. Was Beckmann 1920 über sein bildnerisches Anliegen gesagt hat, findet seinen unmittelbaren Ausdruck:

»Je stärker und intensiver mein Wille wird, die unsagbaren Dinge des Lebens festzuhalten, je schwerer und tiefer die Erschütterung über unser Dasein in mir brennt, umso verschlossener wird mein Mund, umso kälter mein Wille, dieses schaurig zuckende Monstrum von Vitalität zu packen und in glasklare, scharfe Linien und Flächen einzusperren, niederzudrükken und zu erwürgen.«[209]

In dem *Selbstbildnis mit rotem Schal* von 1917 hatte der erbarmungslose Blick noch die Wirklichkeit festgenagelt, um ihr dann auf der Leinwand vom Geist transponierte Gestalt zu geben, hier hat er sich bereits in die Reflexion des Selbst zurückgezogen. Durch den Ersten Weltkrieg ist für Beckmann die Welt und vor allem der Mensch fragwürdig geworden, hat er den Eindruck des Sinnlos-Eingesperrten unseres Daseins gewonnen. In den Graphikzyklen *Gesichter* (1918), *Die Hölle* (1919) und *Stadtnacht* (1919) will er den Menschen einen Eindruck von ihrer Existenz vermitteln, durch seine angefüllten und verschränkten Räume klarmachen, daß wir im Grunde »gottergeben dasitzen und darauf warten, daß man uns die Tür aufmacht und uns zur Hinrichtung, zum Tode führt«[210]. Diese Perspektive kann Beckmann nicht ertragen, sie führt ihn zur Auflehnung. Der Widerpart seiner Erbitterung ist Gott: »Ich werfe in meinen Bildern Gott alles vor, was er falsch gemacht hat.«[211] »Meine Religion ist Hochmut vor Gott, Trotz gegen Gott, Trotz, daß er uns so geschaffen hat, daß wir uns nicht lieben können.«[212] Auch wenn wir nicht um diese Aussagen wüßten, wir würden etwas davon in seinen Selbstporträts spüren.[213] Weit mehr als bei seinen Zeitgenossen wird bei ihm die Beschäftigung mit dem Ich zur Weltdeutung, zur unmittelbaren Auseinandersetzung mit der Seinsfrage.

Zwanzig Jahre nach der Lithographie für *Souvenirs Intimes* entsteht Rouaults schon erwähntes Bild *Der Träumer* (Tafel 61), bei dem alle Bedeutung in der Sensibilität der Linie, in der unnachahmlichen Sicherheit ihrer Verjüngungen und Verbreiterungen liegt. In dem nun extrem nahegerückten Kopf begegnet nurmehr ein Minimum an Modellierung. Im Blick glaubt man wirklich,

50
Max Beckmann,
Selbstporträt, 1922.
Holzschnitt,
22,2 x 15,5 cm

jenen *›rêve intérieur‹* zu erkennen, von dem der Künstler so oft gesprochen hat und um dessentwillen er zeitlebens auf Ungestörtheit und Zurückgezogenheit bedacht war.[214]

»Er hat das unglaubliche Kunststück fertiggebracht, seine Adresse jahrzehntelang fast allen seinen Bekannten zu verheimlichen. Er gab immer nur die Adresse des Gustave-Moreau-Museums an. Selbst Ambroise Vollard, in dessen Hause Rouault später ein Atelier hatte, kannte lange Zeit die persönliche Adresse des Malers nicht.«[215]

So berichtet Raïssa Maritain. – Rouault suchte die Einsamkeit, um die inneren Bilder, jene wesentliche Schau des Geistes vertiefen zu können.

»Ich glaube, daß ich, wenn ich mich isoliere, nicht so großen Stolz habe, wie es den Anschein hat, aber die Sorge, mich zu sammeln, in Ruhe zu arbeiten, die Überproduktion und die allzuvielen Versuchungen zur Zerstreuung zu vermeiden.«[216]

Dennoch leidet er auch unter der Einsamkeit und hat manchmal das Gefühl, den eigenen Ansprüchen und der Fülle an Arbeit nicht mehr gewachsen zu sein. Für Rouault war Künstlertum eine Berufung, die ihm wirkliche Erwählung bedeutete, aber auch viele Opfer miteinschloß. Ganz bewußt rückte er sie in die Nähe geistlicher Berufung, als Geschenk göttlicher Erwählung und spielte einmal sogar auf das ›relictis omnibus‹ der Apostel an[217]:

»Es gilt, alles zu vergessen, sobald du malst: Vater, Mutter, Brüder, Schwestern, Freunde oder Feinde, alte oder moderne Werke, und es voll und ganz auszukosten, oh mein König.«[218]

Dieser Berufung suchte er treu zu folgen, war doch die künstlerische Arbeit für Rouault ausdrücklich eine Befreiung, eine Form der Bewältigung, ein Weg in das gelobte Land, auf jeden Fall nicht ohne Anstrengung zu erfüllen und zu erreichen.[219] Die Frucht dieses beständigen, mit der hochgemuten Einfachheit mittelalterlicher Frömmigkeit verglichenen Tuns ist die innerlich schwingende Freude dessen, der sich als Diener einer guten Sache und auf dem richtigen Weg zu einem erlösenden Ziel weiß.

Anmerkungen

1 Vorwort von Rouault zu dem Buch von Georges Charensol, *Georges Rouault, l'homme et l'œuvre,* Paris 1926.
2 Rouault, *Sur l'art et sur la vie,* Paris 1971, S. 150f.
3 So werden sie etwa 1718 in Le Sages Stück *Arlequin, valet de Merlin* ohne Unterschied als Pierrot bzw. Gilles bezeichnet.
4 Vgl. Dora Panofsky, ›Gilles or Pierrot? Ikonographic Notes on Watteau‹ in *Gazette des Beaux-Arts,* 39, Januar-Juni 1952, S. 319-340. »Watteau would not, and could not, have appropriated a gesture without accepting some of its significance. And to him a Pierrot clad in the color of purity and with white roses at his feet, humiliated by mock homage yet facing the crowd with imperturbable calm, meant something not so very far removed from the *Agnus Dei qui tollit peccata mundi* as it may seem. For the dying man, who had not hesitated to portray himself under the guise of a miserable ape, it was not sacrilege to compare the other, nobler, image of his sufferings, the Pierrot-Gilles, with the lamb of God« (S. 340).
5 Donald Posner, *Antoine Watteau,* Berlin 1984, S. 263ff. Posner erklärt das Bild als Ladenschild für eines der Cafés, die der Schauspieler Belloni 1718-19 eröffnete, als er den Schauspielerberuf aufgab, und sagt dann dazu: »... vielleicht spürte er [Watteau] wirklich so etwas wie eine geistige Verwandtschaft mit dem Schauspieler – nicht mit Pierrot, sondern mit dem Mann, der ihn darstellte. Denn Belloni, sollte er der Dargestellte sein, war ungefähr im gleichen Alter wie der Künstler. Er trennte sich aus Gesundheitsgründen vom Theater – die Erkrankung sollte sich als tödlich erweisen – ungefähr um die Zeit, da Watteaus Gesundheit sich rasch verschlechtert zu haben scheint. Belloni und Watteau starben im gleichen Jahr 1721« (S. 267).
6 Vgl. F. Haskell, ›The Sad Clown: Some Notes on a 19th Century Myth‹ in: U. Finke (Hrsg.), *French 19th Century Painting and Literature,* New York 1972, S. 1-16.
7 So die Kritiker Paul Mantz, Thoré-Bürger, S. Denis, Gaston Schéfer, Dargenty.
8 J. Michelet, *Régence,* Paris 1863, S. 350ff.; zit. nach Janina Forell, *Pierrot und Harlekin,* Diss., München 1982, S. 20.
9 Man denke an Aubrey Beardsleys Pierrot-Darstellungen, denen Watteaus *Gilles* zugrunde liegt, an seine Titelseite für Ernest Dowsons Stück *The Pierrot of the Minute* (1897) oder seine Illustrationen für die Zeitschrift *The Savoy* von 1896.
10 *Prise sur le fait,* 1864.
11 *Der alte Musiker,* 1862.
12 *Kleiner Gilles,* 1876.
13 Vgl. das bemerkenswerte Bild *Pierrot jouant de la mandoline,* 1873.
14 *Pierrot und Kolombine,* 1886, oder später das Bild seines Sohnes im Kostüm eines Pierrot, 1902.
15 Vgl. z.B. *Pierrot und Kolombine* von 1886.
16 Vgl. *Pierrot und Tänzerin* von 1900, das in der Tragik der Abschiedsszene, der Traurigkeit Pierrots und seinem Gewand wieder an Gilles erinnert.
17 Artikel in der Zeitschrift *Pandore,* Juli 1826, zitiert nach Forell, 1982, S. 63.
18 *Debureau histoire du théâtre à quatre sous.*
19 Théodore de Banville, *Œuvres I, Odes Funambules,* Genf 1972 (Nachdruck der Ausgabe von 1890-1909, Paris), S. 140.
20 Charles Baudelaire, ›Vom Wesen des Lachens – L'Essence du Rire‹ in *Leportefeuille,* 8. Juni 1855, 22, in *Œuvres complètes,* Paris 1968, S. 376.
21 1868 beschreibt ihn Paul Verlaine (in einem erst 1882 publizierten Gedicht):

»Ce n'est plus le rêveur lunaire du vieil air
Qui riait aux aïeux dans les dessus de porte;
Sa paîté, comme sa chandelle, hélas! est morte,
Et son spectre aujourd'hui nous hante, mince et clair ...
Ses yeux sont deux grands trous où rampe du phosphore
Et la farine rend plus effroyable encore
Sa face exsangue au nez pointu de moribond.«

Zitiert nach Forell 1982, S. 98.
22 Charles Baudelaire, ›Le vieux saltimbanque‹ *in Œuvres Complètes I,* Paris 1954, S. 299-301.
23 Vgl. z.B. *Souvenirs du jeune age sont gravés dans mon coeur,* wo es heißt: »Déjà entre rêve et réalité porté – peut-être bien sans s'en douter chérissant la vie pointe de mélancholie, timide, peureux au faubourg des Longes Peines et hardi petit téméraire sortant de son trou à rat suivant le moment«, in *Le point* (Sondernummer), Aug.-Okt. 1943, Lanzac, par souillac, 5.
24 Rouault, *Cirque de l'Étoile Filante,* Paris 1938, zitiert nach Wolf Stadler, *Georges Rouault. Zirkus Sternschnuppe,* Freiburg, Basel, Wien 1984, S. 47.
25 Geneviève Nouaille-Rouault, ›Mein Vater, Georges Rouault‹ in: Waldemar George, Geneviève Nouaille-Rouault, *Rouault und seine Welt,* Bayreuth 1981, S. 59.
26 Bisher hat er im Stil seines Lehrers und in akademischer Tradition gemalt, beeinflußt durch das Vorbild Rembrandts und Leonardos (vgl. Tafeln 1-4).
27 Zitiert nach Georges Charensol, *Georges Rouault, l'homme et l'œuvre,* Paris 1926, S. 23.
28 Auf die damalige Anordnung, die Kreuze aus den Gerichtssälen zu entfernen, wird er später noch öfter zurückkommen. Der Bildtitel eines Blattes des Zyklus *Miserere: Sous un Jésus en croix oublié là,* spielt darauf an.
29 In den Kritiken dieses und der folgenden Jahre kann es dann über seine Bilder heißen: »tragische Karikaturen«, »Geschöpfe aus Haß und Abscheu«, »Die Negerin mit den roten Strümpfen, welch ein Greuel« (Charles Morice in *Mercure de France,* 15. April 1906), »Schöpfung eines Irrsinnigen« (*New York Herald,* 20. Mai 1908), »das aufgeblähte Fleisch einer Tänzerin mit Elfenbeinschwarz überpinselt«, die drei Grazien, »schreckenerregend, als kämen sie aus der Leichenhalle« (Camille le Senne, in *La Revue théâtrale,* April 1906).
30 »Mais quand je regardais certains de mes tableaux, je me disais: C'est moi qui ai peint cela? Est-ce possible? C'est effrayant ce que j'ai fait ...« zitiert nach Georges Charensol, *Georges Rouault, l'homme et l'œuvre,* Paris 1926, S. 24.
31 Vgl. *Les saltimbanques,* um 1868, Tusche, Aquarell auf Papier, 35×40 cm; Victoria and Albert Museum, London.
32 Vgl. Honoré Daumier, *Les Saltimbanques,* Kreide, Feder und Tusche (Abb. 89 in Erich Klossowski, *Honoré Daumier,* München 1923), oder *Les saltimbanques au repos,* 1865, Öl auf Lw., 30,4×37,5 cm, Norton Simon Museum of Art, Fullerton (Cal.).
33 Hans Sedlmayr, *Größe und Elend des Menschen. Michelangelo, Rembrandt, Daumier,* Wien 1948, S. 64.
34 Rainer Maria Rilke, *Sämtliche Werke,* Frankfurt a. M. 1976, Bd. 11, S. 1137-1138.
35 Vgl. Forell, S. 136f.
36 Gemeint ist das Werk nach den Jahren 1901-03, in denen er zu dem ihm eigenen Stil gefunden hat.
37 Hans Urs von Balthasar, *Herrlichkeit. Eine theologische Ästhetik,* 3. Bd., 1. Teil, ›Im Raum der Metaphysik‹, Einsiedeln 1965, S. 548.
38 Rouault hatte seine Liebe zu Pascal von Moreau, der ihm auch einmal eine Passage der *Pensées* aufschrieb, wie Rouault in *Souvenirs Intimes,* Paris 1926, S. 35, erwähnt.
39 Blaise Pascal, *Gedanken,* Stuttgart 1987, S. 85-86, Fragment 160.
40 Miserere

Petit nain
donne-moi la main
Si tes bras sont trop petits
pour te moucher le nez
je vais t'aider

Tu t'en vas roulant
et tanguant
à tous les vents
dans tes habits trop grands, flottant
sur tes talons absents

Le vent d'automne
souffle à travers tes loques
les feuilles mortes volent au vent
et la poussiere t'aveugle

Petit nain menu
frileux, chassieux
le plus gueux des gueux
toujours trottant
n'es-tu pas un descendant du Juif-Errant?

Rouault in *Sur l'art et sur la vie,* S. 125f.
41 Vgl. auch *Harlekin mit Partnerin* von 1901 (Moskau, Puschkin Museum) oder *Mutter und Kind* von 1905 (Gouache auf Leinwand, Stuttgart, Staatsgalerie).
42 Forell, S. 151.
43 Stephan v. Wiese, *Graphik des deutschen Expressionismus,* Stuttgart 1976, S. 66.
44 Clara Rilke zum Entstehen der 5. *Elegie:* »Wir gingen miteinander am 14. Juli den Boulevard Montparnasse hinauf bis zum Platz am Ende des Jardin du Luxembourg und des Boulevard St. Michel. Dort stand gerade ein Saltimbanque mit seinen Gefährten. Er warf einen Teppich auf den Boden, und es bildete sich ein Zuschauerkreis um ihn, dem wir uns anschlossen. Das Schauspiel, das nun folgte, ist ihm später beim Anblick des Picasso-Bildes bei Frau Hertha König in der Erinnerung neu entstanden«, *Das Kunstwerk,* Heft 4, 1951, S. 10.
45 Rilke, *Sämtliche Werke,* Frankfurt am Main 1976, Bd. 2, S. 702f.
46 Gemäß den Worten des Programms der ›Brücke‹ gehörte jeder zu ihnen, »der unmittelbar und unverfälscht das wiedergibt, was ihn zum Schaffen drängt«, *Programm der Brücke,* von Kirchner in Holz geschnitten,

1906; zitiert nach Dietmar Elger, *Expressionismus*, Köln 1988, S. 20.

47 Vgl. *Tänzerin mit gehobenem Rock*, 1909, Holzschnitt, 24,7×33,5 cm, oder *Englisches Tanzgirl mit Ensemble*, 1909, Holzschnitt, 24,8×33,3 cm.

48 August Macke, *Russisches Ballett I*, 1912, Öl auf Karton, 103×81 cm, Kunsthalle Bremen.

49 v. Wiese 1976, S. 72.

50 Georg Heym, *Dichtungen und Schriften*, Gesamtausgabe, hrsg. v. Karl Ludwig Schneider, Bd. 1: Lyrik, Hamburg, München 1964, S. 435.

51 v. Wiese 1976, S. 84.

52 Zitiert nach Kristian Sotriffer, *Expressionismus und Fauvismus*, München, Wien 1971, S. 7.

53 Bilder wie Christian Rohlfs' *Clownsgespräch* von 1912 wirken aufrichtiger, weil sie das Theatralisch-Betonte von Haltung und Gestik der Clowns anschaulich wiedergeben.

54 Zitiert nach Sotriffer 1971, S. 66.

55 Er hat niemals die ›Kontrolle‹ über seine Mittel und die Bildelemente verloren, so daß es bei ihm kein Verselbständigen der Farbe gibt. Farbexplosionen und ein entfesseltes eigenwertiges, Autonomie beanspruchendes Glühen und Pulsieren der Farben wie bei Nolde ist bei ihm unmöglich.

56 Blaise Pascal, *Gedanken*, Stuttgart 1987, S. 56, Frgm. 80.

57 Rouault, *Benito*, 1937, Öl auf Lw., 67×53,5 cm, Privatbesitz.

58 Vgl. Pascal: »Diese Doppeltheit des Menschen ist so offenbar, daß manche glauben, wir hätten zwei Seelen. Eine einfache schien ihnen unfähig zu derartigem und so plötzlichem Übergang von maßlosester Anmaßung zu grauenvollster Niedergeschlagenheit des Herzens.« Pascal, *Gedanken*, S. 82, Frg. 145.

59 Peter Krieger/Gabriele Heidecker (Hrsg.), *Meisterwerke des Expressionismus aus Berliner Museen*, Berlin 1982, S. 53.

60 Georg Trakl, *Das dichterische Werk* (Slg. 1909), München, 1980, S. 147.

61 »Du dunkle Nacht, du dunkles Herz,
Wer spiegelt eure heiligsten Gründe,
Und eurer Bosheit letzte Schlünde?
Die Maske starrt vor unserem Schmerz –

Vor unserm Schmerz, vor unsrer Lust
Der leeren Maske steinern Lachen,
Daran die irdnen Dinge brachen,
Und das uns selber nicht bewußt.

Und steht vor uns ein fremder Feind,
Der höhnt, worum wir sterbend ringen,
Daß trüber unsre Lieder klingen
Und dunkel bleibt, was in uns weint.«

Georg Trakl, *Gesang zur Nacht*, ebenda, S. 136.

62 Zitiert nach Wolf Stadler, *Georges Rouault. Zirkus Sternschnuppe*, Freiburg, Basel, Wien 1984, S. 10.

63 Auch in düsteren oder bitteren Bildern kennt Rouault keine letzte, endgültige Resignation. Der Schmerz ist uns nicht gezeigt, damit wir ihn zur Kenntnis nehmen, sondern die Bilder fordern unser Mitgefühl, sie klagen an; vgl. *Clown tragique*, um 1912, Öl auf Papier, 89×67 cm, The Museum of Modern Art, New York.

64 Das Thema des weisen Narren reicht in der Literaturgeschichte weit zurück. Es erhält im 19. und beginnenden 20. Jahrhundert eine Akzentuierung auf eine Gestalt, die in einer reglementierten Welt den Sinn für Freiheit besitzt.

65 »... la maschera di questo vecchio *clown*, dai cui occhi, aperti senza volontà, si diffonde ovunque il senso di una malinconia infinita, cui fa riscontro anche il capo leggermente reclinata, il volto immobile e tranquillo, la piega della bocca, inutile per il dialogo già incominciato e a lei estraneo«, Paolo Bellini, *Georges Rouault – Uomo e Artista*, Mailand 1972, S. 122f.

66 Volkslied *Au clair de la lune*, vom Pierrotinterpreten Hamoche 1712 geschrieben und von Lulli vertont:

»Au clair de la lune
Mon ami Pierrot
Prête moi ta plume
Pour écrire un mot
Ma chandelle est morte
Je n'ai plus de feu
Ouvre moi ta porte
Pour l'amour de Dieu.«

Aus: Kay Dick, *Pierrot*, London 1960, S. 148. Zitiert nach Forell, S. 90.
Adolphe Willette hatte um 1882 einen humorvollen Bilderzyklus gleichen Titels geschaffen.

67 Herbert Schade, ›Georges Rouault: Größe und Grenze moderner christlicher Malerei‹ in *Stimmen der Zeit*, 163. Bd., Freiburg 1958/59, S. 216.

68 »Wir wünschen die Wahrheit, und wir finden in uns nur Ungewißheit. Wir suchen das Glück, und wir finden nur Elend und Tod. Wir sind unfähig, Wahrheit und Glück nicht zu wünschen, und sind der Gewißheit und des Glückes nicht fähig. Dieser Wunsch blieb uns von dort, von wo wir gefallen sind, sowohl um uns zu bestrafen als um es uns fühlen zu lassen.« Pascal, *Gedanken*, S. 75, Fragment 123.

69 Rouault, *Cirque de l'Étoile filante*, S. 38.

70 Auch Seurat verarbeitete in seinem großen Bild *Der Zirkus* von 1890-91 (Musée d'Orsay, Paris) die Gestaltung Toulouse-Lautrecs.

71 Unwillkürlich fühlt man sich an Seurats Darstellungen des Chahut erinnert, vgl. etwa die letzte Studie zu *Le Chahut*, 1889, die in Kostüm wie Anordnung der vordersten Tänzerin große Ähnlichkeit mit Rouaults Blatt aufweist, auch wenn die ausholende Bewegung des Tanzes zu einer eleganten, fröhlichen Haltung verfestigt wird, während sie in Rouaults Darstellung bewegter wirkt.

72 Rouault, *Tête de clown*, Öl auf Karton, 40×31 cm, Privatbesitz.

73 Rouault, *Cirque de l'Étoile filante*, S. 56.

74 Rouault, *Cirque de l'Étoile filante*, S. 10.

75 »Vollard est unique à Paris, pour le goût et le sens de la peinture. Il a même du talent, dans un métier où il suffit d'être habile. Mais Vollard est un réprouvé. Vollard est un vampire.« Suarès in einem Brief an Rouault vom 20. September 1919, *Georges Rouault – André Suarès. Correspondance*, Paris 1960, S. 158.

76 Vgl. auch: Geneviève Nouaille-Rouault, ›Mein Vater Georges Rouault‹ in: Waldemar George/Geneviève Nouaille-Rouault, *Rouault und seine Welt*, Bayreuth 1981, S. 81. Rouault blieb dort »als freiwilliger Gefangener«, wie er selbst sagte.

77 Seit der Mitte des 19. Jhs. war es zum allgemeinen Trend geworden, »die verschiedenen Randerscheinungen der Gesellschaft in Balladen zu besingen, bildlich darzustellen wie auch in Büchern zu beschreiben. Aufsätze und Artikel wurden über Außenseiter und ihr Milieu in verschiedenen Zeitschriften, wie z.B. *Paris comique, L'Image, La Vie parisienne Diogène, La Cronique universelle* und *Magasin pittoresque* publiziert. Vgl. A.C. Hanson ›Popular Imagery and the Work of E. Manet‹, in: U. Finke, *French Nineteenth Century Painting and Literature*, Manchester 1972, S. 144ff. Ebenso behandelten verschiedene Autoren in ihren Büchern diese Thematik: Fournel in *Ce qu'on voit dans les rues de Paris* (1858), Zaccone in *Rues de Paris* (1859) und Balzac in *Paris et les Parisiens* (1850). Über die Bohemiens schrieben u.a. Murger, *Scène de la vie de Bohème*, Béranger, *Les Bohémiens* (1855), und Baudelaire in seinen *Les Fleurs du mal*. Janina Forell, *Pierrot und Harlekin*, München 1982, S. 136f. 1891 erschien ein Band von Signor Saltarino, *Pauvres Saltimbanques*, der Kurzbiographien berühmter Zirkusartisten enthielt, die in ihrer Einsamkeit und ihrem Elend zum Vergleich mit allen unterhaltenden Künstlern herangezogen wurden. Gleichfalls wurde das Thema in der Musik aufgegriffen. Es entstand im französischen Chanson ein eigenes Genre, das ›Chanson réaliste‹. Vgl. R. Rudorff, *Belle Époque, Paris in the Nineties*, London 1972, S. 74. Es wurde vor allem von dem populären Sänger Aristide Bruant interpretiert, dem Toulouse-Lautrec auf einem Plakat zu Weltruhm verhalf. Seine satirischen und sozialkritischen Lieder und Balladen, die von dem Milieu der Bohemiens und Außenseiter der Gesellschaft handelten, trug er vorwiegend in dem Künsterlokal Chat Noir vor, das damals sehr beliebt war, nicht zuletzt wegen seiner Ausmalung mit Pierrotdarstellungen von A. Willette. 1876 hatte Jean Richepin, Autor des Stückes *Pierrot assassin*, seine Sammlung von Bettlerliedern, *Chansons des Gueux*, veröffentlicht. Weitere Sänger der ›Poesie der Straße‹ in den neunziger Jahren waren Gabriel Roudan, Eugenie Buffet und Yvette Guilbert, die gleichfalls von Toulouse-Lautrec auf einem Plakat dargestellt wurden.
Als ›types populaires‹ kamen Gaukler, Bettler, Bohemiens und Zigeuner sogar häufig in Bildern der offiziellen Salons der 1850er und 1860er Jahre vor. Vgl. A.C. Hanson 1972, S. 141, Forell 1982, S. 137.
Vgl. hierzu auch Theo Hirsbrunner, *Debussy und seine Zeit*, ohne Ort, 1981, dessen erstes Kapitel sich mit dem *Pierrot lunaire* als einer Schlüsselfigur des Fin de Siècle beschäftigt. Schließlich sei noch einmal darauf verwiesen, daß 1912 Arnold Schönberg seinen *Pierrot lunaire* veröffentlicht, nach einem Text von Albert Giraud.

78 Eine ähnliche Sicht mag auch Max Beckmann bewogen haben, sich als Narr darzustellen (vgl. *Selbstbildnis als Clown* von 1921). In der Radierung *Seiltänzer* von 1921 balanciert ein mit einem Tuch verhüllter Mann auf einem Seil auf eine Frau im Standspagat zu. Wie eine Widmung an seine Frau auf einem Probedruck erkennen läßt, war das Blatt als Darstellung Beckmanns und seiner ersten Frau Minna Tube gedacht. 1915 befand sie sich gerade auf der Höhe ihres Ruhms als Opernsängerin, während er sich von seinem Nervenzusammenbruch zu erho-

len versuchte. Vgl. Peter Krieger/Gabriele Heidecker (Hrsg.), *Meisterwerke des Expressionismus aus Berliner Museen,* Berlin 1982, S. 50). Das Blatt entstand im Rahmen des Graphikzyklus *Jahrmarkt.* Auf dessen Titelblatt zeigt sich der Maler als Ausrufer, der vor einem Schild mit der Aufschrift ›Circus Beckm...‹ posiert, womit die ganze Fülle des Clowngleichnisses angesprochen wird.

79 Constantin von Barloewen, *Clown – Zur Phänomenologie des Stolperns,* Frankfurt a.M., Berlin, Wien 1984, S. 34.

80 Ebenda, S. 42-43f.

81 Rouault, ›Soliloques‹ in *Sur l'art et sur la vie,* Paris 1971, S. 22f.

82 Rouault, Brief an Georges Chabot, Dezember 1938, zitiert nach Rouault, ebenda, S. 165.

83 Brief von Rouault an Suarès vom 27.4.1913, in *Correspondance,* S. 48.

84 George/Nouaille-Rouault 1981, S. 25.

85 Vgl. 1. Kor 1,18ff.

86 1. Kor 1,20-21.

87 Zitiert nach Barloewen 1984, S. 37.

88 Weisheit und Erkenntnis »sind für den Christen kein irdisches Gut, sondern ein Haben in Hoffnung. Die Torheit der Predigt wird dadurch auch nicht wieder aufgehoben. Sie besteht in der Erniedrigung Christi, also in der geschichtlichen Wirklichkeit seines Lebens und Leidens. Deshalb stehen die Christen auch unter dem Urteil der Welt als die Toren. Sie haben damit teil an der Torheit der Erniedrigung. Sie treten ein in die Gemeinschaft mit dem leidenden Christus: ›Wer unter euch will weise sein, der werde ein Tor (um so zur Weisheit zu gelangen)‹. Denn das ist allerdings die Meinung des Paulus: so gut wie die Torheit zu der Niedrigkeit des Christus gehört, so gut gehört die Weisheit zu seiner Herrlichkeit.« *Theologisches Wörterbuch zum Neuen Testament,* hrsg. von Gerhard Kittel, Stuttgart 1942, Bd. 4, Abschnitt über den *morós* (Tor) von Georg Bertram, S. 851f.

89 Barloewen 1984, S. 37.

90 v. Balthasar 1965, 3. Band, 1. Teil, S. 549.

91 Gemeint ist die Romanfigur Dostojewskijs, Anm. d. Verf.

92 v. Balthasar 1965, S. 551.

93 Pascal, *Gedanken,* S. 84, Frag. 153.

94 Soby spricht daher auch von einem »Hineinprasseln« der Formen: »The figures were sometimes spattered rather than modeled into existence ...« James Thrall Soby, *Georges Rouault – Paintings and Prints,* New York (The Museum of Modern Art) 1945, S. 12.

95 Da kann Rouault die monströse Voluminosität dieser unförmigen Körper betonen, die den Mangel an Liebe durch Kompensation wie das Essen wettzumachen versuchen, oder einfach die Erbarmungswürdigkeit dieser armen Gestalten; da kann sich der Blick der traurigen Müdigkeit und seelischen wie körperlichen Erschöpfung dieser Mädchen wie ihrem die Auslöschung jedes Geistes verratenden, dumpfen Vor-sich-hin-Brüten zuwenden oder die Aufmerksamkeit der aufgeblasenen Dummheit und Eitelkeit einer Person gelten, deren Illusion, begehrt zu sein und Qualitäten zu besitzen, noch nicht erloschen ist, oder – wesentlich herber – den Versuchen, verführerisch zu wirken und erotische Reize zu unterstreichen, wie in einem Blatt von 1905, mit Strümpfen und über die Brüste herunterrutschendem Hemdchen, während das Gesicht in seiner bedrängenden Häßlichkeit die Absurdität und Erbärmlichkeit dieses Ansinnens deutlich macht.

96 Charensol 1926, S. 31.

97 Claude Roulet, *Rouault – Souvenirs,* Paris, Genf 1961, S. 188f.
Ob dieses Erlebnis nun wirklich so stattgefunden hat oder nicht – mehr als ein Anlaß kann es nicht gewesen sein. Mme. Isabelle Rouault bestätigte mir, daß Rouault, als er mit einigen Freunden gemeinsam am Boulevard Rochechouart ein Atelier mietete, es den Straßenmädchen anbot, sich dort auszuruhen und vor allem aufzuwärmen, wenn sie bereit wären, Modell zu stehen. Deshalb ist auch in manchen Darstellungen im Hintergrund ein Ofen erkennbar. Vgl. auch: Georges Charensol, ›D'un rive à l'autre‹ in *Mercure de France,* Paris 1973, S. 98f., und John Russel in Ausst. Kat. *Rouault,* Tate Gallery, London 1966, S. 26.

98 Clemens ten Holder im Nachwort zu dem von ihm übertragenen Buch *Die Armut und die Gier (La femme pauvre)* von Bloy, Stuttgart 1950, S. 379f.

99 Brief Rouaults an Abbé Mugnier aus dem Jahr 1904, zitiert nach Nouaille-Rouault, ›Mein Vater, Georges Rouault‹ in George/Nouaille-Rouault 1981, S. 65.

100 Brief Rouaults an seinen engen Freund Marguillier, den Sekretär der *Gazette des Beaux-Arts,* zitiert nach George/Nouaille-Rouault, S. 65f.

101 ten Holder, 1950, S. 384f.

102 Eine Dimension, die über die von John Russel entgegengehaltene Feststellung hinausgeht, »... that all human bodies deteriorate, and that they deteriorate with particular rapidity when they are unloved.« John Russel im Ausst. Kat. *Rouault,* Tate Gallery, London 1966, S. 9.

103 »Facheux équilibre! pensait la fille pute, mais à chacun son métier, les vaches seront bien gardées. Triste métier de recevoir en ses bras tant de renégats ou de faux frères, réchauffer en son sein tant de misères vraies ou imaginaires, triste métier de vendre sa chair.« Rouault, *Cirque de l'Etoile filante,* S. 36.

104 Zitiert nach Eduard J. Reardon, ›Georges Rouault, ein religiöser Maler‹ in *Das Münster,* Heft 9/10, München 1950, S. 287.

105 »Ob nicht bei Bloy und Rouault, vielleicht auch bei Baudelaire und Claudel, der Gedanke mitspielt, diese Unseligen seien das Lösegeld für bürgerliche Ordnung und soziale Errungenschaften – in gewissem Sinn also rituelle Opfer?« Brief Jacques Maritains an Charles Journet, zitiert nach Pierre Courthion (der keine genaueren Angaben macht), Köln 1962, S. 99.

106 Bei der sog. ›courtisane vertueuse‹ oder ›rachetée‹ werden die positiven Seiten hervorgekehrt, »der Gegensatz der Kurtisane zur weiblichen Umwelt annulliert und ihr Wesen den Wunschvorstellungen von weiblicher Tugend angepaßt, indem gerade sie in kritischen Situationen sich als selbstlos und opferwillig erweist und sich sogar – häufig auf dem Wege über eine ihre unterdrückte Gefühlswelt lösende Neigung – von ihrem bisherigen Lebenswandel abwendet und Zugang zu dem weiblichen Normalschicksal einer Ehre findet oder entsagend, manchmal sogar sich opfernd ihre Vergangenheit büßt.« Elisabeth Frenzel, *Motive der Weltliteratur,* Stuttgart 1980, S. 437. Als magdalenaähnlicher Typ kann sie aber auch ganz der Welt entsagen und im Kloster für ihre Vergangenheit büßen. Dieses Motiv tauchte schon in der griechischen und römischen Antike auf, erreicht im 18. Jahrhundert seinen Höhepunkt und wird vor allem im 19. Jahrhundert vielfach aufgegriffen, so u.a. bei Hugo in *Marion Delorme,* Balzac in *La belle Impéria mariée* und *Splendeurs et misères des courtisanes* oder als selbstlose Dirne in Dostojewskis *Schuld und Sühne,* das Rouault nachweislich gelesen hat. (Brief an Suarès, allerdings erst vom 16.7.1911, *Correspondance,* S. 3).
Darüber hinaus behandelten Bücher wie *La Fille Elisa* von de Goncourt (1877), *Marthe, Histoire d'une Fille* von Huysmans (1878), *L'Affaire du Grand Sept* von Léon Hennique, *Chair Molle* von Paul Adam, *Sous-offs* von Lucien Descaves, *La fin de Lucie Pellegrin* von Paul Alexis bis zu den Bordellgeschichten Maupassants wie das *Maison Tellier* (1881) das Thema der Prostitution.

107 Suarès, Brief-Vorwort für *Souvenirs intimes* von Rouault, Paris 1926; zitiert nach *Georges Rouault – catalogue raisonné,* Musée d'Art Moderne de la Ville de Paris, Paris 1983, S. 25.

108 Werner Haftmann, *Malerei im 20. Jahrhundert,* München 1954, S. 67.

109 Brief von Suarès an Rouault vom 11. Oktober 1917, *Correspondance,* S. 150.

110 Vgl. den Abdruck in *Sur l'art et sur la vie,* Paris 1971, S. 83-87.

111 Götz Adriani, *Edgar Degas – Pastelle, Ölskizzen, Zeichnungen,* Köln 1984, S. 55.

112 Degas in einem Brief von 1872 an den in Paris lebenden dänischen Malerfreund Lorentz Frölich; zitiert nach Adriani, ebenda, S. 54.

113 So ist etwa Degas' *Nackte Frau, ihr Haar kämmend,* um 1877-1879, Ittleron Collection, New York, in ihrem Dasitzen mit erhobenen Händen und vorgestrecktem linkem Bein auf einem runden Polster einigen Akten Rouaults eng verwandt. Es ist auch möglich, daß die Kurven der Konturlinien in *L'Entremetteuse* auch Rouault anregten wie z.B. in den *Badenden* von 1903 oder von 1907.

114 Zumal ja auch in der Literatur Rouault mit Vorliebe mit den deutschen Expressionisten verglichen oder in Verbindung gebracht wird – allerdings meist ohne eingehende Analyse. Aus der Vielzahl seien nur erwähnt: Georges Boudaille, *Les peintres expressionnistes,* Paris 1976, S. 39-40; Michel Ragon, *L'Expressionnisme,* Paris 1966, S. 77; Kristian Sotriffer, *Georges Rouault,* Feldafing 1956, S. 12.

115 So sagt etwa Richard Huelsenbeck: »Wir huren hier herum, um die Tauentzienstraße ... Danken wir Gott für die Huren und ihre freie Lebensart, sie sind die wirklichen Menschen. Sexualität, so haben wir herausgefunden, ist ... dem Expressionismus sehr verwandt.« In *Briefe der Expressionisten,* hrsg. von Kasimir Edschmid, Frankfurt a.M. 1964, S. 68.
(Zitiert nach Richard Hamann/Jost Hermand, Expressionismus (in *Epochen deutscher Kultur von 1870 bis zur Gegenwart*), Bd. 5, Frankfurt a.M. 1977, S. 100).

116 So wie sich überhaupt schon früh eine Vorliebe für Häßliches, Abstoßendes, Morbides und Krankes zeigt – man denke an die oftmalig auftauchenden Geistesgestörten in der Lyrik, an die exzessiven Schilderungen von Geschwüren, Verwesung, Sezierungen von kalten Körpern durch Ärzte, deren Mäntel mit Kot, Harn und Blut bespritzt sind, usw. Vgl. ›Die Sektion‹ von Heym in: Georg Heym, *Dichtungen und Schriften*, hrsg. v. Karl Ludwig Schneider, München 1962, II, S. 35 f., ›Der Arzt‹ oder ›Morgue‹ von Gottfried Benn, in *Lyrik des expressionistischen Jahrzehnts*, München 1962, S. 71 f. und S. 78 f., oder »Verfall« von Johannes R. Becher, ebenda, S. 106 ff.

117 Darüber hinaus ist die Groszsche Kritik insofern nicht so glaubwürdig, als er selbst gerne Nachtlokale besuchte und für Kaschemmen und Berliner Tanzsäle schwärmte, vgl. Ludwig Meidner, *Dichter, Maler und Cafés*, Zürich 1973, S. 21.

118 Charensol 1926, S. 31.

119 Pascal, *Gedanken*, S. 115, Fragment 206.

120 Curt Glaser im *Berliner Börsen-Courier* vom 18. März 1925 anläßlich der Rouault-Ausstellung in Berlin, zitiert nach Ausst. Katalog *Georges Rouault*, Köln 1983, S. 63.

121 »Une seconde vague [des Expressionismus, Anm. d. Verf.] naîtra vers 1905, avec les peintres allemands de ›Die Brücke‹, avec Rouault, le Picasso de l'époque bleue et nègre et dans une certaine mesure, les peintres fauves francais.« Michel Ragon, *L'Expressionnisme*, Paris 1966, S. 13.
Will Grohmann geht sogar so weit, zu sagen: »In vielerlei Hinsicht ist der Franzose Georges Rouault (*1871) mit den Deutschen verwandt. Er ist oft mit Nolde verglichen worden, und er beweist, als Katholik, die gleiche Übereinstimmung von künstlerischer und religiöser Überzeugung wie Nolde als Protestant. Alle beide suchen die Wahrheit, die für sie Wahrheit des Heiles ist. Die schwere, beladene Technik Rouaults ruft die Emailarbeiten des Mittelalters in Erinnerung, jene Noldes die alten Mosaiken.« Grohmann, *Expressionnistes*, Paris 1956, o. P. (letzte Textseite).

122 v. Wiese 1976, S. 19.

123 Anm. d. Verf.

124 Hans Sedlmayr, *Die Revolution der modernen Kunst*, Köln 1985, S. 113.

125 Nicht ganz von ungefähr kommt der Gegenschlag gegen die Emphase des Expressionismus und seine Irrationalität durch die Malerei der Neuen Sachlichkeit, auch wenn Errungenschaften wie die ausdruckssteigernde Deformation in gebändigter Weise beibehalten werden.

126 Bis in das beginnende 20. Jahrhundert partizipierte nur ein kleiner Teil der Gesellschaft an den technischen und wissenschaftlichen Errungenschaften der Zeit.

127 Aus dem Roman *Trieb* von Curt Corrinth, zitiert nach Hamann/Hermand, 1977, S. 24.

128 Eine Beeinflussung des deutschen Expressionismus durch die französische Kunst ist in bezug auf Matisse eingehender, in bezug auf die Fauvisten nur allgemein untersucht worden. Es ist denkbar, daß Rouault seine Spuren hinterlassen hat, zumal seit Max Pechsteins Pariser Winteraufenthalt 1907/1908 wiederholt deutsche Künstler die Seine-Metropole aufsuchten, aber auch Rouault in Deutschland in Ausstellungen zu sehen war. So mit einzelnen Werken 1909 in Düsseldorf, 1910 in der Modernen Galerie in München, im selben Jahr mit Bildern auf der Ausstellung der *Neuen Künstlervereinigung München*, zu der Rouault eingeladen worden war, nachdem Kandinsky und Gabriele Münter bei ihrem einjährigen Aufenthalt in Paris 1906/1907 seine Arbeiten kennengelernt hatten und von seiner Farbigkeit fasziniert waren. 1911 war Rouault mit einem Bild in der Galerie Paul Cassirer in Berlin vertreten. Größere Einzelausstellungen wurden 1925 in Berlin und Düsseldorf, 1930 in München veranstaltet. So schreibt Fritz Stahl im *Berliner Tageblatt* vom 27. März 1925: »Georges Rouault. Eine drastische und erheiternde Enthüllung des ästhetischen Unfugs, der bei uns in dem letzten Jahrzehnt getrieben worden ist. Nicht wahr, es war doch die Ekstase der deutschen Seele, die einen Nolde und viele andere dazu trieb, alle alten Formen, alle Form überhaupt zu zerbrechen, weil sie die ungeheure Kraft ihres Erlebnisses nicht mehr ausdrücken konnten? Und wer das nicht sehen konnte, war eben verkalkt und ein Vollbart? Und da kommt nun – ist nicht ein bißchen Bosheit dabei, Herr Flechtheim? – da kommt nun diese Ausstellung und zeigt, wo alle diese Ekstatiker die Mittel ihrer Expression ganz kaltblütig entlehnt haben. Es ist alles von Rouault, der hauende Pinselstrich, die Fratzenhaftigkeit der Figur, die Komposition mit den zwei oder drei unverbundenen Halbfiguren, sogar die Technik mit der hingesetzten Pinselzeichnung in Schwarz und den pikant hineingespritzten Farbenflecken in Aquarell.« Zitiert nach dem Ausst. Kat. *Georges Rouault*, Köln 1983, S. 64.
Aber über die Bildelemente hinaus könnte Rouault auch motivisch und kompositorisch vorbildlich gewirkt haben. Vergleicht man Arbeiten wie etwa den Holzschnitt von Beckmann *Vor dem Spiegel* mit Rouaults *Fille au miroir* oder *Eve déchue* (1906 bzw. 1905) und stellt man die Vertauschung von rechts und links durch den Druck in Rechnung, so ist durchaus vorstellbar, daß hier das Werk des französischen Malers anregend gewirkt hat.

129 In: Charensol 1926, S. 28.

130 Herbert Schade, *Die Wirklichkeit des Bildes. Was ist, will und vermag das Bild?*, München 1965, Privatdruck.

131 Zitiert nach George/Nouaille-Rouault 1981, S. 66.

132 Zitiert nach Lionello Venturi, *Rouault – Biographisch-kritische Studie*, Genf 1959, S. 39.

133 Vgl. etwa »Ein wenig Geld auf die Seite legen«: »Dieser Gemeinplatz gleicht einer Kirche, in die jedermann beten ginge, Junge und Alte, Gute und Böse. Nie versagender Wallfahrtsort mit todsicherer Gnadenerlangung. Wer ein wenig Geld auf die Seite legt, ist gleich einem Manne, der sich ein Grabmal bauen läßt in trockenem Boden zum Schutz gegen die Würmer. Sicherheitsmaßregel gegen die armen Mieter in feuchten Häusern, die immer bereit sind, die Unvorsichtigen anzunagen. Jede kleine Ersparnis ist also wie ein Teilchen des Pfundes, das einem anvertraut worden ist und über das man eines Tages Rechenschaft wird geben müssen. Wenn ihr ein wenig Geld auf die Seite legt, sorgt ihr für eure Zukunft und gebt damit den Armen ein unendlich leuchtenderes Beispiel als mit allen Almosen.
Glaubt mir, auch wenn ihr sehr reich seid, müßt ihr immer noch etwas Geld auf die Seite legen. Wenn ihr einem Menschen im Elend begegnet, einem Verhungernden, dem mit einer kleinen Gabe zu helfen wäre, könnte es geschehen, das Herz des Menschen ist schwach, daß ihr gerührt werdet. Nehmt euch in acht, das ist der Augenblick der Prüfung, das ist die Stunde der furchtbaren Versuchung. Seid großherzig und weist sie mit Entschlossenheit von euch. Denkt daran, daß eure allererste Pflicht darin besteht, Geld auf die Seite zu legen, und daß der Schatten von Benjamin Franklin auf euch schaut ...« Bloy, *Exégèse des Lieux Communs II*, Paris 1913, zitiert nach Bloy, *Der beständige Zeuge Gottes*, hrsg. v. Raïssa Maritain, Salzburg, 1953, S. 173 f.

134 Rouault, *Souvenirs Intimes*, Paris 1926, S. 82; zitiert nach: Bernard Dorival, *Cinq études sur Georges Rouault*, Paris 1956, S. 58.

135 Zitiert nach Courthion 1962, S. 145.

136 Brief Rouaults an Desvallières vom 2. 9. 1899, zitiert nach: Rainer Beck, ›Form-Farbe-Harmonie‹ in Ausst. Katalog *Georges Rouault*, Köln 1983, S. 116.

137 Rouault, in *Nouvelles Littéraires*, 15. Nov. 1924, zitiert nach Bernard Dorival, *Cinq études sur Georges Rouault*, Paris 1956, S. 45 f.

138 Zitiert nach Hamann/Hermand 1977, S. 23.

139 Ebenda.

140 Zitiert nach Haftmann 1954, S. 317.

141 Ebenda.

142 Ebenda, S. 318.

143 Vgl. Matth. 24,20.

144 Rouault, *Soliloques*, Neuchâtel 1944, S. 169. Zitiert nach Dorival 1956, S. 65.

145 Dorival, ebenda, S. 65.

146 Er spricht von den Menschen, die »bis zum Tod nur Arbeit kennen« und »selbst verwundet, das Leiden mutig, bewundernswert auf sich nehmen. Keine schönen Phrasen – sie sprechen nicht ..., sie schreiben nicht ... Sie sind nicht vornehm, und sie riechen nach Schweiß. Oftmals sind sie gewöhnlich anzusehen; sie sind schön; sie beten. Sie beten durch ihre Handlungen.« Rouault, *Pages sceptiques: de la béatitude des ventres pleins et des cerveaux vides*, Katalog der Drouot-Versteigerung, Paris 11. 6. 1956. Zitiert nach Beck 1983, S. 91.

147 Die Sensibilität Rouaults für das Elend der kleinen Leute hat neben seinen persönlichen Erfahrungen sicherlich auch die Lektüre des – in diesem Punkt besonders insistierenden – Bloy bewirkt. Um ein Beispiel für Bloys Deutlichkeit und sein unstillbares, zuweilen etwas erbarmungslos erscheinendes Gerechtigkeitsbedürfnis zu geben: »Das junge Mädchen aus feinem Hause weiß vielleicht ebensowenig wie Dante davon, was ihre Kleidung und ihre feine Unterwäsche gekostet hat. Warum sollte man ihr von der tödlichen Übermüdung, von dem nie gestillten Hunger der elenden kleinen Mädchen erzählen, die sich so überaus geschmeichelt fühlen, für die Schönheit der Dame sich totzuarbeiten? Wer wollte versuchen, diesem hübschen Untier die Bitterkeit der heruntergeschluckten Tränen und die unaufhörliche Beängstigung dieser klei-

nen Herzen verständlich zu machen? Aber weil diese Nichtigkeiten unendlich viel größer sind als die junge Dame und weil es trotz allem eine Gerechtigkeit gibt, darf man versichert sein, daß sie eines Tages von diesen Nichtigkeiten etwas wissen wird. Und dann! ...« Bloy, *Le sang du pauvre,* Paris 1909, zitiert nach Bloy 1953, S. 202.

148 Rouault, ›Images‹, S. 132, zitiert nach Dorival/Rouault 1988, S. 110.

149 Der Versuch, das Heilige im Alltäglichen, Grundmenschlichen, aber auch besonders bei den einfachen Leuten zu entdecken, ist in der Intention schon bei van Gogh vorhanden. Einmal spricht er ganz ausdrücklich darüber: »Ich muß sagen, hätte ich die Kraft gehabt fortzufahren, so hätte ich Bilder von heiligen Frauen und Männern nach der Natur gemalt, die das Gesicht unserer Zeit getragen hätten. Es wären Bürger von heute gewesen, und trotzdem hätten sie Beziehung gehabt zu den ersten Christen. Die Erregung, die mir das verursacht hätte, wäre indes zu stark gewesen, als daß ich dabei hätte bleiben können. Aber ich will nicht sagen, ob ich nicht viel später einmal zu dieser Aufgabe zurückkehre ...« Zitiert nach Herbert Schade, ›Vincent van Gogh, halb Mönch, halb Maler‹ in *Stimmen der Zeit,* Juni 1955, S. 187.

150 Pascal, *Gedanken,* S. 73 f. (Fragmente 113 und 119).

151 »Je porte en moi un fond de douleur et de mélancholie infinie que la vie n'a fait que développer et dont mon art de peintre, si Dieu m'exauce, ne sera que l'expression bien imparfaite et l'épanouissement.« (Brief Rouaults an Suarès vom 16. 7. 1911, *Correspondance,* Paris 1960, S. 3.

152 Bloy, *Le mendiant ingrat,* Paris 1898, zitiert nach Bloy 1953, S. 319.

153 Neben dem Titel *L'Oiseau bleu* am Kopf des Blattes steht handschriftlich an dessen Fuß: »A l'Oiseau bleu, crève les yeux, il chantera mieux.« Damit wird auf die Tradition der Nachtigall angespielt, der man die Augen aussticht, damit sie schöner singt. Von Rouault wird dies als Symbol für den Dichter und im weiteren Sinn für den Künstler aufgefaßt, dessen Kunst durch seine Entbehrungen, sein Leid, aber auch den selbstauferlegten Verzicht befruchtet wird.

154 Vgl. die auf Seite 60 dieses Buches wiedergegebene Anekdote Rouaults aus *Souvenirs Intimes.* (Zitiert nach *Sur l'art et sur la vie,* S. 84 f.).

155 Es ist dies eine Phase eingehender Auseinandersetzung mit den Alten Meistern und der Begeisterung für Rembrandt (vgl. den Text *Anciennes et modernes* aus *Soliloques* oder den Brief an Georges Chabot vom 20. März 1927). Rouault hatte neben seinen Studien im Louvre in der Ecole des Beaux-Arts die Möglichkeit, sich mit Reproduktionen nach Gemälden des Meisters auseinanderzusetzen. Ganz deutlich hat er sich in dieser Zeit um einen ähnlichen Goldbraunton, weiche Übergänge und das bedeutungsvolle Helldunkel – dessen Licht aus dem Bildleib selbst hervorzugehen scheint – bemüht. In diesem Sinn hat Russel angesichts des Bildes *L'Enfant Jesus parmi les docteurs* zum Vergleich der Gewölbe auf Rembrandts *Hl. Anasthasius* (Stockholm, Nationalmuseum) hingewiesen. Vgl. John Russel, Ausst. Kat. der Tate Gallery, London, 1966, S. 17. Er zieht Rembrandt wiederholt zum Vergleich heran.

156 Vgl. Beck 1983, S. 80.

157 Mit dem Bild *L'Enfant Jésus parmi les docteurs* errang er übrigens 1894 schließlich den *Prix Chenavard,* nachdem ihm der Rompreis versagt geblieben war.

158 Charensol 1926, S. 22.

159 Zeitweilig hatte der Vater – aus Empörung über die Verurteilung der Lehren Lamenais' durch die Kirche – den jungen Georges sogar in eine protestantische Schule gegeben.

160 Zitiert nach Rouault, ›Souvenirs Intimes‹ in *Sur l'art et sur la vie,* S. 68.

161 Über den von Rouault empfundenen Konflikt zwischen seinem religiösen Gefühl und der Lehre der ›Katholiken‹ war ja an früherer Stelle zu hören.

162 Hier sind wohl besondes der Kirchenhistoriker Mrg. Louis Duchesne, in der Philosophie Maurice Blondel und vor allem Jacques Maritain zu nennen, in der Theologie Reginald Garrigou-Lagrange, in der Dichtung Paul Claudel und Charles Péguy und als Romanschriftsteller Léon Bloy und Joris Karl Huysmans, später Georges Bernanos und François Mauriac.

163 Bloy 1953, S. 37.

164 Ebenda, S. 15.

165 Rouault, *Cirque de l'Étoile filante,* S. 21.

166 »Er wußte von vornherein, wie notwendig die Einsamkeit für Menschen ist, die mehr oder weniger göttliches Leben atmen wollen. Gott ist der große Einsame, der nur zu den Einsamen spricht und der nur die an seiner Macht, seiner Weisheit, seiner Glückseligkeit teilnehmen läßt, die in irgend einer Weise an seiner ewigen Einsamkeit teilnehmen!« Bloy 1953, S. 89.

167 Bloy 1950, S. 257.

168 Bloy 1953, S. 216, 218.

169 Rouault an Suarès, 22. 6. 1912, *Correspondance,* S. 18 f.

170 Vgl. George/Nouaille-Rouault 1981, S. 54.

171 Raïssa Maritain, *Die großen Freundschaften,* Heidelberg 1954, S. 144.

172 Jacques Maritain, *Art et scholastique,* Paris 1935, vgl. insb. 115 ff., und Beck 1983, S. 100.

173 Suarès an Rouault am 29. 6. 1913, *Correspondance,* S. 65.
Und später schreibt er: »A mon sens, vous pouvez arriver à ce qui n'a plus été fait depuis bien longtemps: le paysage religieux. ... le paysage mystique, pas un peintre n'y a réussi depuis des siècles, depuis Rembrandt.« Suarès an Rouault am 21. 5. 1922, *Correspondance,* S. 39.

174 Suarès an Rouault am 21. 5. 1922, *Correspondance,* S. 39.

175 Zitiert nach der Einführung von Marcel Arland zur ›Correspondance‹ von Rouault-Suarès, XXII.

176 Brief Rouaults, abgedruckt als Vorwort zum Ausst. Kat. *Rouault – Peintures inconnues ou célèbres,* Galerie Charpentier, Paris 1965, 2. Textseite.

177 Man kann sich nicht vornehmen, christliche Kunst zu schaffen, meint Maritain. »Si vous voulez faire une œuvre chrétienne, soyez chrétien, et cherchez à faire œuvre belle, où passerà votre cœur; ne cherchez pas à ›faire chrétien‹.« Maritain 1935, S. 115.

178 Suarès an Rouault am 1. 9. 1912, *Correspondance,* S. 28.

179 Suarès an Rouault am 29. Juni 1913, *Correspondance,* S. 63.

180 Beck 1983, S. 102.

181 Siegfried Gohr, ›Rouault, Cézanne und die Methode der Malerei‹, in Kat. Ausst. *Georges Rouault,* Köln 1983, S. 133.

182 Dies bestätigen ganz besonders die im Musée National d'Art Moderne aufbewahrten unvollendeten Werke Rouaults, in denen deutlich wird, wie er zuerst schwarz vorzeichnet (zuweilen als Tuschpinselzeichnung) und dann die Farben einsetzt – meist in helleren, schrilleren Tönen, als sie dann die fertigen Bilder tragen. Das Museum besitzt Werke verschiedenen Vollendungsgrades, was Rouaults Technik leichter nachvollziehbar macht. (Vgl. z. B. die Inventarnummern des Depots: AM 4231 (223 bis), AM 4231 (8), AM 4231 (482) oder die Vorstudien für ein Porträt, AM 4231 (500), in denen Rouault ebenfalls mit der dunklen Zeichnung beginnt und dann das Relief mit der Farbe aufbaut. Rouault erzählte dem Autor ergänzend dazu, daß ihr Vater oft, bevor er signierte, noch einmal die Zeichnung wiederholt habe, die Konturen nachgefahren sei.

183 Vgl. Vorwort Rouaults zu *Miserere,* Paris 1963, S. 10.

184 Wie eng der Zusammenhang mit Pascals *Pensées* ist, beweist z. B. der Titel einer der Graphiken von Rouault: *Jésus sera en agonie, jusqu' à la fin du monde,* dessen Wortlaut einem Fragment entstammt. Pascal, *Gedanken,* S. 170, Frg. 325.

185 François Lenell hat in seiner Magisterarbeit *Le Christ dans l'œuvre peint de Rouault,* Paris 1984, folgende Themen unterschieden:
a) Episoden aus der Kindheit Jesu (Die Flucht nach Ägypten. Das Kind Jesus unter den Schriftgelehrten).
b) Christus im öffentlichen Leben (Die Taufe, Der erste wunderbare Fischfang, Christus und die Samariterin, Christus bei Martha und Maria).
c) Der Eintritt in die Passion (Gethsemane bzw. der Ölberg, Christus in den Landschaftsbildern)
d) Die Passion
Verspottung Christi (Der Prozeß, Die Geißelung Christi und Christus an der Säule, Christus, der Menge vorgestellt: Ecce homo)
Das Antlitz des Mannes der Schmerzen (Das hl. Antlitz oder das Schweißtuch der Veronika, Das Antlitz der Passion, Das Gesicht des Christkönigs)
Die Kreuzigung
e) Christus nach der Auferstehung.

186 Rouault, zitiert nach Courthion 1962, S. 200.

187 Dorival/Rouault 1988, S. 175.

188 Bernard Dorival im Ausst. Kat. *Georges Rouault – Œuvres inachevées données à l'État,* Paris 1964, S. 35.

189 Vgl. Dorival/Rouault, 1988, S. 174.

190 Z. B. in *Le Point,* Aug.-Okt. 1943, S. 20; oder besonders in ›Soliloques‹ in *Sur l'art et sur la vie,* S. 18.

191 Michel Hoog, *Georges Rouault – Exposition du Centenaire,* Paris 1971, S. 124.

192 Claude Roulet, *Rouault – Souvenirs,* Neuchâtel 1961, S. 230.

193 Etwa Will Grohmann, vgl. Anm. 121.

194 Werner Haftmann, *Malerei im 20. Jahrhundert,* München 1954, S. 123.
195 Zitiert nach ebenda, S. 124.
196 Bernard Dorival, Vorwort zu Rouault, *Sur l'art et sur la vie,* S. 8.
197 Rouault an Suarès, Versailles am 18.7.1913, *Correspondance,* S. 69.
198 Rouault, *Cirque de l'Étoile filante,* S. 31.
199 Georges Rouault, ›Parler peinture‹ in *Sur l'art et sur la vie,* S. 90.
200 Auch Photographien von Rouault zeigen jene klaren, aber melancholischen Augen.
201 Hans Jantzen, ›Über Prinzipien der Farbgebung in der Malerei‹ in *Über den gotischen Kirchenraum und andere Aufsätze,* Berlin 1951, S. 61 ff.
202 Jedenfalls enthüllt das Bild in eindrucksvoller Weise das malerische Können Rouaults, der hier fast ganz ohne die sonst so häufigen dunklen Konturlinien auskommt und das Porträt aus dem Zueinander der Farben entwickelt.
203 Rouault, *Sur l'art et sur la vie,* S. 45.
204 Rouault, *Soliloques,* Neuchâtel 1944, S. 104.
205 Rouault, ›Stella vespertina‹, in *Sur l'art et sur la vie,* S. 116.
206 Rouault an Suarès, 22.8.1911, *Correspondance,* S. 5.
207 Rouault an Suarès, ca. 1912, *Correspondance,* S. 36.
208 Rouault an Suarès, 3.3.1913, *Correspondance,* S. 43 f.
209 Beckmann (1920), zitiert nach Krieger/Heidecker 1982, S. 50-52.
210 Beckmann (1927), ebenda, S. 52.
211 Beckmann (1919), ebenda.
212 Beckmann (1919), ebenda.
213 Das 1923 entstandene berühmte *Selbstbildnis auf gelbem Grund mit Zigarette* setzt diesen Gedanken konsequent fort, zeigt den Maler als bohrend fragenden Beobachter aus dem Hintergrund.
214 Auch wenn seine Zurückgezogenheit zwischen 1917 und 1937 zu einem guten Teil auf die Fülle an Aufträgen von Vollard zurückzuführen sein dürfte.
215 Maritain 1954, S. 214 f.
216 Rouault, ›En marge des doctrines‹ in *Sur l'art et sur la vie,* S. 94 f.
217 Matth. 19,27-30 (»Da nahm Petrus das Wort und sagte zu ihm: ›Siehe, wir haben alles verlassen und sind dir nachgefolgt. Was wird uns dafür zuteil werden?‹ Jesus sagte ihnen: ›Und jeder, der Haus, Bruder, Schwester, Vater, Mutter [Frau], Kind oder Acker um meines Namens willen verläßt, wird ein Vielfaches empfangen und ewiges Leben erben.‹
218 Rouault. ›Soliloques‹ in *Sur l'art el sur lavie,* S. 44.
219 »L'Art est une délivrance, mais, pour aller en vue de cette Terre promise, pas de jeu de hasard.« Rouault, *Cirque de l'Etoile filante,* S. 78.

TAFELN

Ölbilder

Gouachen

Aquarelle

Zeichnungen

Das Frühwerk

Die Ausbildung im Atelier von Gustave Moreau umfaßte auch das Studium der Alten Meister. Häufig ging Moreau mit seinen Schülern in den Louvre. »Man suchte mit allen Mitteln die Materie zu erfassen, betastete das Gewebe der Leinwand, untersuchte genau, wie das gemalt war: die Gegenstände, die Lasuren, die Übergänge von Hell zu Dunkel. Man beobachtete das mit der Lupe«, berichtet Matisse. Aber auch selbständig bildeten sich die jungen Maler an den Meisterwerken weiter. Vor allem Dürer, Leonardo und Rembrandt wurden zu den großen Vorbildern Rouaults, daneben beschäftigte er sich mit Holbein, den alten Italienern, Chardin und Corot. Hinweise auf Kopien Rouaults im Louvre gibt es zu Chardins *Stilleben mit Birnen, Nüssen, einem Weinglas und Messer* sowie dem *Kartenhaus*, darüber hinaus zu einem Männerporträt von Giovanni Bellini. Neben all diesen Meistern war natürlich auch das Vorbild Moreaus prägend.

Das Frühwerk Rouaults spiegelt in seiner Uneinheitlichkeit viele der hier genannten Einflüsse wider und beweist doch schon eine hohe malerische Sensibilität. Rouault hat zu dieser Beeinflussung durch die Alten Meister eine sehr aussagekräftige Anekdote überliefert: »Um meinen Besuch zu erwidern, kam Degas zu mir ins Moreau-Museum, in jene große Galerie, zu der das Publikum keinen Zutritt hatte. Dort gab es Skizzen meines Meisters und: "Dieses Werk ist nicht von Moreau, von wem ist es?" "Von mir", antwortete ich; es war *Der zwölfjährige Jesus unter den Schriftgelehrten.* Und ich begann eine Kritik zu zitieren, die mir Mauclair geschickt hatte, in der er meine Quellen bei den Alten Meistern aufzeigte. "Die Schriftgelehrten", sagte ich "... schlecher Dürer". "Der junge Jesus ... italienisierend. Der Hintergrund des Bildes ... rembrandtesk. Die Jungfrau, vielleicht ist sie ein wenig von mir." "Na und?" erwiderte Degas, "ich nehme an, Sie hatten einen Vater und eine Mutter?" Ich begriff, daß Degas diese Einflüsse bei einem jungen Mann natürlich fand und daß ihm falsche Originalität oder die aufgeregte Suche danach vollkommen lächerlich erschienen.«

Die Vorbildlichkeit Rembrandts führen besonders der Entwurf zu *Hiob* von 1892 (Tafel 3) und das Selbstporträt von 1895 vor. Im ersteren ist es die Bemühung um warmleuchtende Tonigkeit, aus der nichts Lautes hervorbricht, auch um große Ruhe des Bildaufbaus. In dem *Selbstporträt*, das wie die interessierte Beobachtung eines Gegenüber wirkt, ist das von links beleuchtete Gesicht fein modelliert und tritt durch seine große Helligkeit stark aus dem sonst dunklen Bild hervor, wodurch sich alle Aufmerksamkeit auf das frontale Herausschauen Rouaults richtet. Dieses bedeutungssetzende, etwas dramatisierende Hell-Dunkel erinnert an Radierungen des bewunderten Holländers.

In der *Belebten Landschaft* (Tafel 2) ist es der Geist Claude Lorrains, der das Bildganze durchwirkt, sowohl was den Aufbau der Bildmassen an den Rändern als auch die Tiefenflucht ins Licht über eine spiegelnde Wasserfläche betrifft.

Seine *Salomé* (Tafel 4), die eine erstaunliche Duftigkeit in Farbigkeit wie Strich besitzt, zeigt andererseits die enge Anlehnung an Moreau sowohl in Hinblick auf die gedämpfte, auf wenige Töne beschränkte Farbigkeit als auch auf die Figurenbildung mit zarten, gelängten Gliedern. Charakteristisch ist der Reichtum ihres Gewandes mit Turban, Ohrschmuck und feinen Tüchern, schließlich erinnert auch die dichte Verschränkung des Raumes durch die wie Requisiten von den Seiten in den Bildraum geschobenen Gegenstände, wobei im Hintergrund über den Bergen die Sonne unterzugehen scheint, an den verehrten Lehrer.

1 Selbstporträt *(Autoportrait)*, 1895
Kohle und Bleistift auf Karton; 73x54 cm; Privatbesitz, Paris
(Durch die Besatzungstruppen 1940-44 beschädigt)

2
Belebte
Landschaft, 1897
(Paysage animé)
Kohle und Pastell
auf Karton
80 x 120 cm
Privatbesitz, Chantilly

3
Hiob, 1892
(Job)
Öl auf Karton
54 x 67 cm
Fondation Georges
Rouault, Paris

4 Salomé, 1901
Kohle und Pastell auf Papier; 28,3 x 14,8 cm; Privatbesitz, Paris

Die Ebene

Zweifellos schwingen in dem Aquarell noch Erinnerungen an die *Nächtliche Landschaft* von 1898 mit, in der Rouault, in Anlehnung an Rembrandts *Landschaft im Sturm* von 1638 (Herzog Anton Ulrich-Museum, Braunschweig), zu einer Dramatisierung des Geschehens aus der Eigenkraft der Bildmittel fand, die trotz der traditionellen Farbigkeit eine eindeutige Abkehr von den Regeln des Akademismus bedeutete. Es fällt in eine kurze Periode genauer Naturbeobachtung, die kurz darauf zugunsten stärkerer Veränderung und Transposition der Landschaft aufgegeben wird.

Hier tritt das Motiv noch weiter, ja fast vollständig hinter der rein künstlerischen Problemstellung zurück, die in der Entwicklung eines landschaftlichen Charakters aus malerischen Effekten liegt. Dabei erinnern die gewischten Farben, die Freiheit des Eigenbedeutung fordernden Pinselstrichs und die wohl teilweise zufällig zustande gekommene Wirkung noch etwas an den Lehrer Moreau, der in Hunderten von Aquarellen und Ölstudien durch die ganz frei gesetzten und kombinierten Farben neue Anregungen für seine Phantasielandschaften fand.

Gerade aber in der trockenen, radikal reduzierten Farbigkeit und in der prononcierten Beschränkung auf einen quasi isolierten, intensiv vorgetragenen Ausdruckscharakter dieser weiten und verlorenen, unter einem endlosen Himmel daliegenden Landschaft beweist Rouault seine bildnerische Kraft und das Nahen einer völlig neuen Auffassung.

5 Die Ebene *(La Plaine)*, 1900
Tusche, Aquarell und Pastell auf Papier; 17 x 18 cm; Fondation Georges Rouault, Paris

Badende

In denselben Jahren wie Rouaults Dirnenbilder entstanden und diesen in der Farbigkeit eng verwandt, führen die *Badenden* deutlich vor Augen, wie zeichnerisch Rouaults Bilddenken war. Der Künstler legte zunächst die Umrisse durch dunkle Linien fest und erst dann modellierte er durch lichte Farbtönungen oder stärkere farbige Striche.

Daß diesen Umrißlinien eine wichtige Aufgabe in Hinblick auf die Bildaussage zukommt, verdeutlicht ein Vergleich mit den Dirnenbildern und deren fahrigen, hastigen, zuweilen verhäßlichenden Strichen. Hier in den *Badenden* prägt im Gegensatz dazu große Sorgfalt und Präzision die Kontur; in der linken Figur etwa dient der große Bogen der schwingenden Linie dazu, Schönheit zu beschreiben. Die beschränkte Farbigkeit mit ihrem dominierenden Blau ist Frucht der intensiven Auseinandersetzung mit Paul Cézanne, dem Rouault große Bewunderung entgegenbrachte und auch schriftliche Arbeiten widmete. Bildaufbau und Haltung der Figuren bleiben traditionell, entsprechen noch ganz der akademischen Schulung Rouaults; auch die im Vordergrund knapp angedeutete Spiegelung der beiden im Wasser ist trotz ihrer Einfachheit von hoher suggestiver Kraft.

Aber die Isolierung der beiden Figuren, die über eine weite Landschaft in den teilweise bewölkten Himmel aufragen, verrät schon den neuen Geist und weist bereits auf Rouaults Bemühen um wenige, groß gesehene und exemplarische Figuren hin.

6 Badende *(Baigneuses)*, 1903
Aquarell auf Papier; 44x33 cm; Privatbesitz, Paris

Kopf eines tragischen Clowns

Das Blatt gehört zu den ergreifendsten und gültigsten Darstellungen dieses Themas im Œuvre Rouaults und zu den Marksteinen des Frühwerks.

Wie ein Aufzucken einzelner, in sich bewegter Striche ohne Bezug zueinander wirkt die graphische Struktur; nur einige größere Formen zeigen zusammenhängende Gestalt und durchgehenden Duktus: der breite Bogen der Halskrause, die grob umschriebene Kontur des Gesichtes und die durch dunkle Striche entgrenzte, zumindest auf einer Seite geschlossene Form des kleinen Hutes. Erst langsam setzt sich aus der Unruhe und Spontaneität der Linien die Gestalt des Clowns zusammen, das Blatt bis zum Bersten füllend mit seiner Gegenwart.

Die Verdichtung des Strichgefüges und die stärkere Gerichtetheit der Linien setzen Bedeutung. Das stärkste Schwarz, die härtesten, schneidendsten, wie Kerben sich einfurchenden und mit größter Energie aufgebrachten Striche weist das Gesicht auf. Zugleich birgt es den stärksten Kontrast. Hier sind die Formen, wenn auch durchaus grob und zuweilen brutal, präzise und knapp. Dies kann durch wiederholte, sich konkretisierende Umschreibung geschehen oder durch gerichtete Modellierung. Nur ein schmaler Streifen ist der bittere Mund inmitten der breiten, kräftigen Kinn- und Wangenpartie. Knollig sitzt die grobe Form der Nase im Dunkel, das die Augenhöhlen beherrscht, von düsteren Fahrern hastig umschrieben. Unter den kräftigen, hart geschnittenen Brauen blitzt das dunkle, lebhafte Schauen der Augen auf – wie das einzig Unversehrte in dem durch die Einzelformen sonst so aufgerissenen Gesicht.

Die Aussage der Künstlichkeit des Lichts dieser Halbwelt, wie sie aus dem Unruhig-Fleckigen im Gesamten und dem Splitternd-Kontrastreichen hervorgeht, wird also im Antlitz wesentlich überschritten und präzisiert.

Im Tiefzerfurchten, Harten und Geprüften dieses Gesichtes kommt Rouaults Erschrecken angesichts der unbarmherzigen Realität solchen Lebens zum Vorschein. Doch über die konkrete Existenz dieses Clowns hinaus steht das Bild für Allgemeineres; das Leid dieses Einen, exemplarisch vor uns Hingestellten vertritt menschliche Grundverfassung.

7 Kopf eines tragischen Clowns *(Tête de clown tragique)*, 1904
Aquarell, Pastell und Gouache auf Papier; 37 x 26,5 cm; Kunsthaus Zürich (Schenkung Dr. Max Bangerter)

Dirnen

Das Thema der Prostituierten, das 1902 im Werk Rouaults erstmals auftaucht, stellt zwar nur eine verhältnismäßig kurze, dafür aber um so intensivere Periode dar, die 1914 wieder ihr Ende nimmt. Verglichen mit anderen Bildthemen sind die Bildlösungen und Motive hier verhältnismäßig vielfältig: seien es aufgereiht sitzende, eher dekorativ und skizzenhaft aufgefaßte Mädchen mit puppenhaften Gesichtern, seien es herausgeputzte, aufgetakelte Erscheinungen der Straße mit ausladenden federgeschmückten Hüten oder Hündchen auf dem Arm, seien sie in eitlen Haltungen, mit zur Schau gestellter Reizwäsche oder schonungslos mit ihren verbrauchten Leibern geschildert. Fast immer sind die Gesichter außerordentlich grob, fast verunstaltet, die Schminke verschmiert.

Die Darstellung einer dieser Frauen im Atelier vergegenwärtigt den Umstand, daß sich während des Winters im gemeinsam von Rouault, Marquet und Bonhomme gemieteten Atelier am Boulevard Rochechouard arme Straßenmädchen aufwärmen konnten und den Malern dafür Modell standen. Diese Ateliersituation wird durch das im Vordergrund sitzende Modell und einen im Hintergrund vor seiner Staffelei sitzenden Maler umrissen; es wird überliefert, daß es sich dabei um Albert Marquet handelt.

Die *Dirne* aus dem Museum in Grenoble (Tafel 12) kann für eine ganze Gruppe von Arbeiten stehen, in denen Rouault die Armseligkeit der einzelnen Frau, von allem Anekdotischen befreit, vor Augen stellt und in der Anschaulichkeit des Leibes und Gesichtes die Aussage trifft. Die Monumentalität und Plastizität dieser Dirne ist bedrängend; durch ihre Haltung schafft sie Raum in dem sonst nur angedeuteten und durch kühlere Farbigkeit in seiner Tiefe erschlossenen Zimmer. Gerade sie macht deutlich, daß Rouaults Bilder nicht nur soziologische Absichten verfolgten, sondern das Thema grundsätzlicher fassen. Dabei geht es Rouault nicht um eine Dramatisierung um ihrer selbst willen: »Meine Kunst beruht nicht auf Berechnung. Gerade die Übertreibung fürchte ich sehr. Das Groteske und das Tragische stehen allerdings in meinen Werken nebeneinander – aber ist es nicht im Leben ebenso?«

8 Frau mit Hut *(Femme au chapeau)*, 1905
Aquarell auf Papier; 22 x 16,5 cm; Fondation Georges Rouault, Paris

9 Rückenansicht einer stehenden Dirne *(Fille debout, vue de dos)*, 1905
Verso; Aquarell und Pastell auf Karton; 58x46 cm; Privatbesitz, Hem

10 Dirne vor dem Spiegel *(Fille au miroir)*, 1905
Recto; Aquarell, Gouache und Pastell auf Karton; 46x58 cm; Privatbesitz, Hem

11 Sitzendes Modell *(Le Modèle assis)*, 1906
Aquarell oder verdünnte Ölfarbe auf Karton; 28 x 23 cm; Privatbesitz, Hem

12 Dirne *(Fille)*, 1905-1906
Aquarell und Gouache auf Papier; 41 x 23 cm; Musée de Peinture et de Sculpture, Grenoble

13
Frau im Profil mit kleinem Hund, 1908
(Silhouette de femme au petit chien)
Aquarell auf Papier
27x21 cm
Privatbesitz, Chantilly

14
Frau mit Federhut, 1909
(Femme au chapeau à plumes)
Tinte und Aquarell
27x21 cm
Privatbesitz, Chantilly

15 Trio/Dirnen *(Trio/Filles)*, 1906
Gouache auf Papier; 48 x 38 cm; Privatbesitz, Paris

Akt mit langem Haar

Der groß vor den Betrachter gestellte, frontal gesehene weibliche Akt verblüfft durch seine mächtige, durch markante Schattenflächen hervorgebrachte Plastizität, die die sonst bei Rouault den Bildcharakter bestimmenden Linien in ihrer Bedeutung stark zurückdrängt. Das Blatt steht in engem Zusammenhang mit einer ganzen Gruppe von Arbeiten zum Thema der Badenden, die Rouault beginnend mit dem Jahr 1903, vor allem aber um 1907-1909 schuf und in denen er sich ganz ausdrücklich mit Cézannes *Baigneuses* auseinandersetzte. Rouault variierte dabei in vielen Darstellungen das Motiv der im Nacken oder auf dem Kopf zusammengelegten Hände und auseinandergespreizten Ellbogen (vgl. Tafel 6), das bei Cézannes Badenden häufig vorkommt (vgl. u.a. *Fünf Frauen* von 1883, Privatbesitz; *Gruppe von Frauen,* 1895-1906, The Barnes Foundation, Merion (Pa), oder *Vier Badende,* 1888-89, Ny Carlsberg Glyptothek, Kopenhagen). Die meisten dieser Figuren Cézannes sind von einer Drehung erfaßt, die selbst bei Rouault häufig noch in einer leichten Schrägstellung nachzuklingen scheint.

Wie bei Rouault häufiger zu beobachten, verwendet er die hier entwickelte Komposition mit der bildfüllenden Figur und der knapp unter dem Schoß der Dargestellten abgeschnittenen Darstellung auch später vielfach weiter, bis hin zu einer *Akrobatin* von 1925 aus Schweizer Privatbesitz, die mit ihrem eng anliegenden Trikot einem Akt sehr nahekommt.

16 Akt mit langem Haar *(Nu aux cheveux)*, 1909
Gouache und verdünnte Ölfarbe auf Papier, auf Karton aufgezogen; 81,9 x 59,8 cm; Sammlung Prof. Dr. Rudolf Leopold, Wien

Frühe Zirkusbilder

Bis etwa 1910 führt Rouault in den Darstellungen des Zirkus überwiegend die Härte und Ausgesetztheit dieses Lebens der Gaukler vor, beleuchtet dessen Schattenseiten. Dies kann durchaus auch mit Buntheit in der Gestaltung, ja mit gewissen pittoresken Wirkungen einhergehen.

Das Blatt *Tänzerin, ihren Ballettschuh schnürend* (Tafel 18), greift prägnant einige Elemente des Lebens der Artisten auf. Obwohl nur knapp angerissen, ist die Haltung dieses muskulösen Zirkusmädchens und das Essentielle ihres Kostüms souverän erfaßt, andeutungsweise auch noch der Umraum mit einem Pitre (Hanswurst) rechts im Hintergrund.

Die *Kassiererinnen des Wanderzirkus* stellen schon viel deutlicher den Kontrast einer dekorierten Welt des schönen Scheins mit der Schäbigkeit und Armseligkeit der Etablissements, aber auch zur Häßlichkeit und Verbrauchtheit dieser herausgeputzten Frauen vor Augen. Hier ist der Charakter eines Sittenbildes stärker ausgeprägt: auf der Theke mit den Eintrittskarten sitzt aufgerichtet ein schwarzer Hund, und die Kostüme der beiden Kassiererinnen weisen eine für die Zeit auffallende Buntheit auf.

Das mit Jacques Piot signierte Blatt eines *Clowns mit Rose* (Tafel 19) entspricht ganz dem stilistischen Duktus jener Jahre. Es macht wohl auch etwas die Routine des Malers bei diesem Thema bewußt und den Umstand, daß derartige Bilder nicht vor dem Motiv, sondern aus dem Gedächtnis entstanden.

Entstehung und Signatur des Bildes liegen in einem Aufenthalt des Malers bei der Familie von Stéphane Piot in Marcilly bei Avallon im Sommer 1908 begründet. Der achtjährige Sohn hatte vergeblich versucht, für den Geburtstag seines Vaters ein Bild zu malen, worauf Rouault für ihn einsprang und neben der Datierung und Signatur »2. August 1908 Jacques Piot« auch die Widmung anbrachte: »Meinem lieben Papa Stephan zu seinem Festtag.« Die Familie Piot spielte im Leben Rouaults eine besondere Rolle. René Piot war ein enger Freund und Studienkollege im Atelier bei Moreaus, über den Rouault die Bekanntschaft des Dominikaners Vallée machte, der ihn auf seinen Wunsch hin im Glauben unterwies. Sein Bruder Stéphane, dessen Eltern Rouault mehrmals in ihrem Haus in Marcilly im Burgund aufnahmen, gehörte zu den wichtigsten Sammlern seiner Kunst.

17 Kassiererinnen des Jahrmarktszirkus III *(Caissières de cirque forain III)*, 1904
Öl auf Karton; 29 x 34,5 cm; Privatbesitz, Neuilly-sur-Seine

18 Tänzerin, ihren Ballettschuh schnürend *(Danseuse laçant son chausson)*, 1906
Aquarell, Pastell und Gouache auf Papier; 21,5 x 25,5 cm; Kunsthaus Zürich (Schenkung Dr. Max Bangerter)

19 Clown mit Rose *(Clown à la rose)*, 1908
Aquarell und Gouache auf Papier, auf Leinwand aufgezogen; 100x65 cm; Privatbesitz, Zürich

Weißer Pierrot

Um 1910/1911 beginnt im Schaffen Rouaults ein Prozeß der Vereinfachung und Komprimierung, der von nun an sein weiteres Werk prägt. Im *Pierrot blanc* ist das Anliegen deutlich und wird hier durch die Rahmung in Form eines hochstehenden Ovals (gleichsam als erste äußerlich lesbare Verkörperung der inneren Intention) unterstrichen: eine neue Geschlossenheit der Bildsprache. Es kommt zu einer Verfestigung und Verdichtung. Wenige große Formen sind es nurmehr, die gegeben werden: der Kopf, der halbkreisförmige Reif der Halskrause, die Arme und in der Fläche des Leibes (von dem nur der Oberkörper zu sehen ist) eine große Bommel des Pierrotkostüms. Der Hintergrund ist dunkel gehalten, aber nicht weiter beschrieben, so daß die helle Gestalt des Pierrot wirkungsvoll zur Erscheinung kommt. Der Verfestigung im Ganzen entspricht die Verfestigung im Duktus des Strichs und dessen innerer Beschaffenheit und das Zusammenstehen der Formen – so folgt der linke Oberarm dem Bogen des Rahmens und schließt die Figur hier rundend ab, während der rechte Einkerbungen erfährt und dadurch bildlich noch stärker an den Körper angepreßt erscheint. Die Unterarme führen am unteren Bildrand zusammen und sind dicht an den Körper gelegt. Der Oberkörper ist somit als eng umschriebene Binnenform gegeben.

In den wenigen Zügen des Gesichtes erreicht die Zeichnung höchste Sensibilität – jeder einzelne Strich ist in Verlauf wie Formung von höchster Bedeutsamkeit. Nur wenig tragen die mit einem groben Pinselstrich in abgestuften Tönen gesetzten Modellierungen bei.

Es ist der kleine, eng gefaßte Mund und das dunkle, etwas abwesende (oder in sich gekehrte) Schauen, das den Ausdruck trägt, es ist gerade dieses Zusammenlegen der Hände nah am Körper und die Neigung des Kopfes, der so absatzlos im Gesamt des Leibes steckt, die im Verhaltenen, In-sich-Gekehrten, vielleicht auch etwas Unsicheren, doch im Aufragen, Würdevollen ihrer Erscheinung alles Gewicht auf den Blick lenken, der diesen Eindruck vertieft und differenziert, wie in so vielen anderen Bildern danach.

Dieser schlichte Pierrot wirkt müde, nachdenklich und auch einsam, weil es nichts um ihn gibt, was dem Blick Halt bieten könnte und weil sich auch in ihm alles zusammenschließt und um ein Zentrum bindet, so daß wir ihn allein finden mit seinem nicht mehr mit der Umgebung in Berührung tretenden, ganz seinem Inneren gehörenden Blick.

20 Weißer Pierrot *(Pierrot blanc)*, 1911
Gouache und Pastell auf Papier; 80x65 cm; Leihgabe im Kunsthaus Zürich

Gerichtsszenen

Es war die Welt des Gerichts, die Rouault von 1907 an faszinierte. Vor allem der Umstand, daß Menschen über andere Recht sprechen, beunruhigte ihn angesichts des Wissens um die Schwäche menschlicher Natur in hohem Maße.

In *Der Angeklagte* hebt nur der weiße Kragen den Beschuldigten von den Anwälten und Justizbeamten ab, alles übrige versinkt in der Düsterkeit von Braun und Graublau. Fratzenhaft und furchterregend sind die Gesichter, wobei es fast so scheint, als sei gerade dem Angeklagten der klarste Ausdruck verliehen.

»Wenn ich aus den Richtern so beklagenswerte Gestalten machte, dann deshalb, weil sich ohne Zweifel darin meine Angst verriet, die ich angesichts des Anblicks eines Menschen empfand, der die anderen Menschen richten muß. Wenn es mir zuweilen passierte, daß ich den Kopf des Richters mit dem des Angeklagten verwechselte, so ließ dieser Irrtum nur meine Verwirrung erkennen ... Die Richter selbst könnte ich nicht verurteilen.« Und an dieser Stelle bekennt Rouault: *»Alle Schätze der Welt könnten mich nicht dazu bewegen, das Richteramt auf mich zu nehmen.«*

Wie eine finstere, bedrohliche Macht, schweigsam, unberechenbar und unbarmherzig wirken hier die Verkörperungen menschlicher Gerechtigkeit. Bedrängend ist neben der allgemeinen Farbigkeit und den Fratzen auch die strenge Anordnung, die Regungslosigkeit der Gestalten, ihr Zusammengeschoben- und auf kleinsten Raum Gedrängtsein, so daß der Angeklagte noch eingesperrter wirkt.

Später weicht diese drastische Sicht, der man die innere Auflehnung des Künstlers anmerkt, einer stilleren, existentielleren Deutung der Unterworfenheit unter ein Schicksal, die sich in der Beschränkung auf wenige Figuren oder meist gar die exemplarisch gesehene Einzelfigur äußert. Das Thema wird verhaltener, inwendiger aufgefaßt, wie etwa in der Darstellung *Der Verurteilte ist weggegangen* des Zyklus *Miserere*, in der die Gestalt des Einsamen zum Ausdruckszeichen des Tragischen wird (vgl. Tafel 99). Rouault hat dieses Thema auch einmal in ein Gedicht zu fassen versucht:

»Der Verurteilte ist weggegangen,
gleichgültig und müde.
Sein Anwalt hat in hohlen
und eindrucksvollen Phrasen
seine Unschuld beteuert.
Ein roter Mann mit donnernder Stimme
hat sich erhoben,
die Gesellschaft gerechtfertigt
und den Angeklagten belastet,
unter einem Christus am Kreuz,
der dort vergessen wurde.«

Daneben suchte Rouault das Thema aber auch überwiegend bildnerischer Reize wegen auf – sei es aus koloristischen Gründen (*»Schwarzes Barett, rote Robe ergeben einen hübschen Farbfleck«)*, sei es wegen des Gewühls und der Gesichtslosigkeit der gaffenden Menge oder wegen der pittoresken Gestik eines Anwalts, in der deutlich das Bilddenken Daumiers zum Vorschein kommt, doch liegt auch etwas Schreckliches in dieser Ironie.

21 Der Angeklagte *(L' accusé)*, um 1908
Öl auf Karton; 84x64 cm; Privatbesitz, Villeneuve d'Ascq

22
In vollem
Schwung, 1908
(En pleine envolée)
Aquarell auf Papier
19x31 cm
Privatbesitz, Paris

23
Die Menge/
Zuschauer im
Justizpalast, 1909
*(La foule/Public
au Palais
de Justice)*
Aquarell und
Gouache auf Papier
19,5x31 cm
Privatbesitz, Paris

Landschaften 1902-1909

Bis um 1910 entsteht eine Reihe von Landschaften, die von Menschen belebt und sehr unterschiedlich im Charakter sind. Auf der Suche nach neuen Möglichkeiten des Ausdrucks erprobte Rouault ständig andere Mittel. Thematisch ist er dabei nicht festgelegt. Neben dem berühmten Schleppkahn gibt es das Bild eines Wasserfalls, Ansichten schäbiger Vorstadtviertel von Paris, weit ausgebreitete Ebenen, Motive aus dem Park von Versailles, die trotz der Lockerheit des Strichs von erstaunlicher Präzision und zuweilen mit vielen Menschen belebt sind; und immer wieder spiegelnde Wasserflächen, die sich wie ein roter Faden durch das Werk dieser Jahre ziehen.

Die Bilder sind geprägt von Unruhe, einem starken Bewegungs- und damit auch Zeitmoment, das mit der Verfestigung seiner Bildsprache (ungefähr ab den Jahren 1910 bis 1912) zurücktritt und schließlich verschwindet. Zunächst wird in raschen und entschiedenen Strichen die Form umschrieben, um sie dann durch ein immer dichter werdendes Netz von Linien, Strichen und Flecken zu füllen. Alle Elemente haben teil an dem Spontanen, Offenen – neben den kurvigen, bewegten Linien auch die Schatten und die Kolorierung, die oft abrupt mit dem Pinsel hinzugezeichnet werden. So füllen die Farbtupfen und -flächen oft nicht ganz die Form, sie überlappen diese oder schließen sich zu selbständigen Gebilden zusammen. Die Gestaltung mittels dieser ungebundenen Farbflecken und der dunklen bis schwarzen, groben und oft nur wie hineingeschmierten Striche entbehrt allerdings zuweilen nicht der Derbheit. Es ist dies Teil seines Stils jener Jahre und in beinahe allen Sujets zu finden. Deshalb ist es nicht richtig, darin ausschließlich ein Mittel für einen ganz spezifischen Gehalt zu sehen, wie man des öfteren in der Literatur zu zeigen versucht hat. Vielmehr handelt es sich um einen frühen Ausdruck von Rouaults zeichnerischem Bilddenken. Dieser Stil entstand unter dem Eindruck einer inneren, persönlichen Unruhe und Erregung infolge einer Krisensituation, einer Suche nach dem wirklich eigenen künstlerischen wie menschlichen Standort.

Auch der Arbeitsvorgang bei all diesen Bildern, das Verdichten mehrerer Linien, so daß erst im wiederholten Überlagern von Strichen und aus dem Miteinander entgegengesetzter Formen sich Gestalt zu bilden beginnt, schließlich das manchmal abgehackt zuckende Eigenleben der Striche verrät eine innere Angespanntheit des Künstlers und ist nicht nur im Thema begründet. »Ich war von Rembrandt in seinen Bann geschlagen, bis ich später, um die dreißig, einen Anfall von Verrücktheit bekam, oder eine Gnade, je nach dem Blickwinkel, aus dem man es betrachtet. ›Das Gesicht der Welt hat sich für mich geändert‹, wenn es nicht zu anmaßend ist, so zu sprechen; ich sah all das, was ich vorher gesehen hatte, aber unter einer anderen Form und Harmonie. Ist das Auge nicht manchmal ein Lügner?« – Dennoch darf eine spürbare Freude an der Schönheit des Beobachteten nicht übersehen werden.

24 Versailles, die Fontäne *(Versailles, le jet d'eau)*, 1905
Aquarell und Pastell auf Papier; 67 x 53 cm; Privatbesitz, Hem

25 Der Schleppkahn *(La Péniche)*, 1909
Aquarell und Gouache auf Papier; 58 x 88 cm; Musée de Peinture et de Sculpture, Grenoble

Landschaften 1910-1919

Von 1912-1917 lebte Rouault mit seiner Familie in Versailles. Seine Frau, die Pianistin war, hatte hier zuvor ein Konzert gegeben, das ihr viele neue Schüler brachte, was ein Grund zur Übersiedlung gewesen sein mag. Im Zuge der Übersiedlung starb der Vater Rouaults. Rouaults Frau arbeitete den ganzen Tag außer Haus, um Stunden zu geben und so die Familie zu ernähren. Rouault litt unter dieser neuen Einsamkeit. »Eine immer größere Einsamkeit in Versailles. Niemals Ansprache im richtigen Moment. Ich habe wohl einen ergebenen Freund, doch wird der noch mehr von der Last endloser und täglicher Arbeit erdrückt.« Gemeint ist Jacques Maritain, der ganz in der Nähe wohnte und dem Maler eine große Stütze war.

In dieser Zeit war die Begegnung mit der Natur sehr wichtig für ihn. »Unlängst war ich gegen acht, vor dem Abendessen und bei herrlichem Wetter im Park, den ich seit drei Monaten nicht mehr gesehen hatte, da ich ihm die Anhöhe von St. Martin oder Jouy-en-Josas vorzog; am Tag darauf änderte ich die Serie meiner Landschaften vollkommen ab.«

In meist kleinen Blättern charakterisierte Rouault mit knappen Mitteln Landschaften (oft der von ihm geliebten Île de France) und vereinfachte deutlich ihre Form. Die im ersten Jahrzehnt vorherrschende Erregung des Strichs findet ihre Beruhigung, die Einfachheit bei der Schilderung der wenigen Gegenstände nimmt zu. Rouault vertraut auf die zügig gezeichneten Kreidelinien, zu denen er dann die Farben in verdünntem Öl oder kräftigem Pastell hinzusetzt. Wie auch in anderen, als Blätter für Alben gedachten Arbeiten (vgl. Tafeln 34-38) nimmt Rouault auf Proportionen oder präzise Schilderung der Details keine Rücksicht mehr: »Ich bin dabei, zwei Alben auszuführen, ich möchte im nächsten Winter eines über die Statuen und Denkmäler in Paris machen, ein reicher Stoff«, schreibt er Ende 1912 an Josef Florian. Und am 12. Februar des folgenden Jahres berichtet er über den Entwurf eines Albums *Versailles*, mit Bildern und eigenen Texten versehen, in dessen Zusammenhang auch die vorliegende Darstellung (Tafel 27) entstanden sein dürfte.

Den meisten dieser Darstellungen eignet ein ruhiger, zuweilen fast kontemplativer Charakter, und alle sind sie belebt. Dabei treten die Menschen als kleine, zeichenhafte Gestalten auf; zuweilen sind sie auch voll des Ernstes, haben etwas Düsteres, wenn kahle Bäume die quer durch die Bilder ziehenden Straßen flankieren und winzige Gestalten darunter ihres Weges ziehen. Schon in dieser Zeit werden erstmals der Mond als Fluchtpunkt der Landschaften oder Türme mit religiösem Charakter im Hintergrund eingesetzt.

26 Am Seeufer/Frühling *(Au bord du lac/Printemps)*, um 1913
Verdünnte Ölfarbe und Pastell auf Papier; 23x69 cm; Privatbesitz, Paris

27
Versailles, 1913
Stark verdünnte Ölfarbe, Aquarell, Tusche und Kohle auf Papier
19,3x29,5 cm
Musée d'Art Moderne de la Ville de Paris (Legs Girardin)

Wurfbudenfiguren

Eindrucksvoll führt dieses Blatt in die Welt der Jahrmärkte und der Vergnügungen des einfachen Volkes. Aufgereiht wie stumme Zeugen stehen fünf Wurfbudenfiguren dem Betrachter gegenüber, vor denen sich breit die Budenbesitzerin aufgepflanzt hat, neben sich die Lade mit den Kugeln zum Bewerfen der Puppen. Zwei Schilder im Hintergrund des Raumes geben den Namen des Vergnügungsbetriebs und den Preis pro Wurfkugel bekannt.

Durch den vom unteren Bildrand abgeschnittenen Ladentisch und die Heranrückung an die Figuren wird der Betrachter in das Bild förmlich hineingezogen, empfindet sich unwillkürlich als unmittelbar Beteiligter, der selbst an der Theke steht. Hier entspricht die Farbigkeit ganz dem Sujet, vermittelt die düstere, schon etwas abgegriffene und schäbige Atmosphäre dieser Unterhaltungseinrichtung.

Erstaunlicherweise macht Rouault kaum einen Unterschied zwischen den Puppen und der Budenbesitzerin, gibt allen dieselben, heftig und derb gezeichneten Gesichter.

Diese Ununterscheidbarkeit, die auch bei den Richterdarstellungen zuweilen ihre Anwendung findet, ist wesentlicher Bestandteil der Aussage des Bildes. Werfende und Beworfene sind nicht zu trennen, der, der seine Aggression ausagiert und andere verletzt, ist letztlich der eigentliche Verlierer; und auch wenn das Spiel uns den Eindruck suggeriert, auf der stärkeren Seite zu stehen, so lehrt doch die tägliche Erfahrung, daß man unversehens zur Schießbudenfigur werden kann und allerhand einstecken muß.

28 Wurfbudenfiguren/Die Hochzeit der Nini-Hände-hoch *(Jeu de massacre/La noce à Nini Patte en l'air)*, 1905
Aquarell, Gouache und Tusche auf Papier; 52x66,3 cm; Musée National d'Art Moderne, Centre Georges Pompidou, Paris

Herr und Frau Poulot

Das Blatt, das ein in Léon Bloys Buch *La Femme pauvre* geschildertes Ehepaar darzustellen versucht, steht dem literarischen Vorbild an Drastik in nichts nach. »Der würdige, phlegmatische und schwerfällige Mann besaß in etwa die Gemütlichkeit eines Bandwurms im Spiritusglase. Doch, wie man bald erfuhr, wenn er mit seiner Frau zusammen einige Gläser Absinth getrunken hatte, dann glänzten die Backenknochen in seinem Gesicht wie zwei Klippen in der Nacht bei hoher See. In der Mitte seines Gesichtes, dessen Farbe seltsamerweise an die Haut eines tartarischen Kamels zur Zeit des Haarausfalls erinnerte, erhob sich ein jüdischer Rüssel, dessen Spitze, gewöhnlich mit blaßvioletten Streifen verziert, plötzlich tiefrot wurde und einem ewigen Licht ähnlich sah. Darunter saß ein lächerlicher, unmöglicher Mund, überdacht von einem struppigen Schnurrbart, wie ihn sich Gerichtsvollzieher wachsen lassen, um der berufsmäßigen Feigheit bei ihrer Amtstätigkeit den Anschein soldatischen Schneids zu geben. Von den Augen ist nicht viel zu sagen, man könnte sie höchstens, was ihren Ausdruck angeht, mit den Augen eines satten Seehundes vergleichen, wenn er sich vollgefressen hat und die Verdauungsekstase beginnt ...« – »Das erste, was man an der Frau Poulot feststellte, war ihr Schnurrbart. Nicht die üppige und sieghafte männliche Bürste ihres Gatten, sondern ein kleiner Dachshaarpinsel über den Mundwinkeln, gleichsam der Anflug eines sprossenden Bärenfells. Offenbar hatte man sich früher nur deshalb um sie gerissen. Die kräftige Färbung dieses Haarwuchses entsprach so genau der Kapernsauce ihres gelben Gesichtes, das nur von dem Regen des Himmels gewaschen wurde, und über dem wie ein Schnepfennest der düstere Haarschopf thronte, der mit jedem Kamm im Krieg lag. Die Augen von unbestimmter Färbung und unvorstellbarer Lebendigkeit, deren Blick die Scham der Männer herausforderte, sahen immer so aus, als hätten sie an einem Stand in den Markthallen Schnecken verkauft. Die genaue Form des Mundes entzog sich jeder aufmerksamen Beobachtung, so sehr war diese Schießscharte der Lüsternheit und des Geschwätzes in ständiger Bewegung, verkrampfte sich und entspannte sich, um die kostbaren ›Mäulchen‹ zustande zu bringen, die für die saftige, bessere Hälfte eines Gerichtsbeamten bezeichnend sind ...«* – Rouaults bildliche Umsetzung dieser Beschreibung, die die Erscheinung der beiden Gestalten schon durch ihre rahmenfüllende Präsenz steigert, schildert mit unruhigen und fahrigen Strichen und kühlen, teilweise schmutzig wirkenden Farben die Düsterkeit des Milieus und die Charaktere der beiden.

Madame Poulot ist größer und mächtiger als ihr Gatte, mit furchtbar grobem Gesicht und lauernden Augen, den einen Arm herrscherlich in die Hüfte gestützt. Damit entspricht sie ganz der Schilderung Bloys, der ihre Aufdringlichkeit, ihre Herrschaftslust über den eingeschüchterten Mann und ihre Selbsteingenommenheit hervorhebt. – Monsieur Poulot wird neben ihr verhalten und eingeschüchtert gezeigt, mit herabhängenden Händen, den Blick dumpf vor sich hin gerichtet und mit der rot leuchtenden Nase eines Alkoholikers.

Les Poulot war eine jener Arbeiten, die Rouault auf dem Herbstsalon von 1905 ausstellte. Doch Bloys Reaktion, als er das Bild auf dem Herbstsalon sah, war heftig und ablehnend. »Dieser Künstler, dem man Seraphim zu malen zutraut, schafft nichts mehr als abscheuliche Karikaturen. Seine Reaktion auf bürgerliche Nichtswürdigkeit ist so schaurig, daß seine Kunst davon auf den Tod verwundet scheint. Er wollte meine ›Poulots‹ malen, aber von derartigen Illustrationen will ich keinesfalls etwas wissen. Aus zwei gewöhnlichen Bürgersleuten macht er zwei kleine Vorstadtganoven.«

Um so beeindruckender bleibt der Umstand, daß Rouault, selbst als die Vorwürfe Bloys noch heftiger wurden, ihm diese nicht übelnahm und ihm bis zu seinem Tod im Jahre 1917 Bewunderung entgegenbrachte. »Ich hätte Bloy gerne Freude gemacht, aber ich bin kläglich gescheitert, wenigstens mit den besagten Typen ...«, vertraute er einem Freund an. »Wenn aus diesem widerlichen Mann mit seiner ›Melone‹ und dieser Megäre ›kleine Vorstadtganoven‹ wurden, so deshalb, weil ich kein berufsmäßiger Illustrator bin, sondern – ich hoffe es wenigstens – ein Maler. Wenn ich mich recht erinnere, so postiert sich die Poulot bei Bloy rittlings auf der Deichsel eines Gemüsewagens. Das paßt doch wohl mehr zu meinen Typen als zu biederen Bürgern.«

* Léon Bloy, *La femme pauvre*, übertragen von Clemens ten Holder, *Die Armut und die Gier*, Stuttgart 1950, S. 304, 307f.

29 Herr und Frau Poulot *(Les Poulot)*, 1905
Aquarell auf Papier; 70x52 cm; Privatbesitz, Villeneuve d'Ascq

Gemüseverkäuferinnen

Aus dem persönlichen visuellen Eindruck gestaltete Bilder sind bei Rouault verhältnismäßig selten, den weniger der individuelle Einzelmensch oder das Einzelphänomen als vielmehr der Typus interessierte (dies gilt in bestimmtem Maß selbst für die frühen Landschaftsbilder).

Diese beiden Marktfrauen, die aus jenen Jahren stammen, in denen Rouault sich vermehrt unter die Leute auf der Straße mischte oder sich an die Seine setzte, um die auf den Schiffen arbeitenden Männer zu malen, sind rasch und skizzenhaft erfaßt, die angedeuteten Formen auf das Notwendigste beschränkt: die Obststeigen mit dem Preisschild, die in ihrer Verkürzung dem Bild Tiefe verleihen, die beiden markant und typisierend gesehenen Erscheinungen der Frauen; schließlich die städtische Umgebung im Hintergrund, die deutlich von den beiden Gestalten abrückt, da sie nicht nur perspektivisch verkleinert, sondern auch farblich blasser geschildert ist. Der fleckige und spontane Farbauftrag versucht ein Äquivalent für die Vielfalt der Eindrücke zu geben, die Atmosphäre dieses wohl sommerlichen Tages mit dem ringsherum herrschenden Trubel der Großstadt einzufangen. Wie in der Periode üblich, dominieren Blautöne; seine größte Buntheit erreicht das Bild in den Früchten im Vordergrund, denen besondere Aufmerksamkeit gilt. Die aufragenden Gestalten der beiden Frauen vor den im Hintergrund nur angedeuteten Häuserzeilen erinnern an Daumiers Bilder von einfachen Leuten der Pariser Großstadt, doch scheint in diesem Fall kein soziales Anliegen, sondern ein Interesse an der pittoresken Erscheinung und gleichzeitig an deren möglichst unmittelbarer bildnerischer Umsetzung maßgebend gewesen zu sein.

30 Altes Vorstadtviertel/Gemüseverkäuferinnen *(Vieux faubourg/Marchandes des quatres saisons)*, 1906
Aquarell und Gouache auf Papier; 28,5 x 24,5 cm; Privatbesitz, Paris

Flüchtende und Vertriebene

In Bildern wie *Winter, Exodus* oder *Die Flüchtlinge* gewinnt Rouaults Auffassung von der Last des Menschseins ihre besondere thematische Verdichtung. Rouault empfindet den Winter als »Aussatz der Erde« und damit als Symbol für die oft harten Bedingungen irdischer Existenz. Daneben konzentriert sich für ihn vor allem in der Gestalt des Flüchtenden, Vertriebenen das Wesen des Menschlichen. So wie schon die Gestalt des Clowns mit ihrer Thematik des Rollenspiels Rouaults Auffassung von einem Gefangensein der Seele im Uneigentlichen, von einem Übergangsstadium anklingen läßt, an dessen Ende man dann ohne Schwierigkeiten sein wahres Gesicht wird zeigen können, so wird auch in den genannten Themen das Unbehaustsein, das immer wieder Vertrieben-Werden, bis man an einem endgültigen Platz ausruhen kann, formuliert. »Sind wir nicht alle Flüchtlinge in diesem Leben?« fragt Rouault und behandelt das Thema bis in die letzten Jahre seines Lebens. All diese Bilder, die letztlich eine Auflehnung, ein Aufschrei gegen das Elend darstellen, sind geprägt von düsterer Farbigkeit, in der das Schwarze eine dominierende Rolle spielt, von breiten Konturen und einer äußersten Reduzierung auf das Wesentliche bei gleichzeitiger Vernachlässigung aller Details. Meist ist es die Silhouette, die in ihrer Zeichenhaftigkeit spricht.

Diese Konzentration auf die prägnante Umrißlinie, die kompakte, aussagekräftige Form hat zweifellos bei Daumier ihre Wurzeln, wird aber hier im Sinne eines exemplarischen Handelns der Gestalten noch gesteigert und mit weitreichenderer Bedeutung erfüllt. Stets sind die Figuren gebückt, in einem Fall sogar eindrucksvoll an den unteren Bildrand gedrückt. So vermitteln sie den Eindruck, unter einer Last zu stehen, Schweres tragen zu müssen. Darüber hinaus sind sie stets einsam, auf sich gestellt, zuweilen wie verloren in der weiten Landschaft, selbst wenn darin menschliche Behausungen zu erkennen sind.

31 Die Flüchtlinge, auch: Exodus *(Les fugitifs,* dit aussi: *L'Exode)*, 1911
Deckfarbe und Kreide auf Karton; 45 x 61 cm; Kunsthaus Zürich

32 Winter I *(Hiver I)*, 1912
Aquarell, verdünnte Ölfarbe, Fettkreide und Pastell auf Papier; 18 x 29 cm; Fondation Georges Rouault, Paris

33 Die Flüchtlinge/Exodus *(Les Fugitifs/Exode)*, 1909-1911
Öl auf Karton; 14x23,5 cm; Fondation Georges Rouault, Paris

Die Albumblätter

Rouault fertigte diese Zeichnungen und Arbeiten auf Papier an, um sich in einer weniger anstrengenden Tätigkeit von seiner übrigen Arbeit erholen zu können; »in Mußestunden, um mich zu entspannen«, vertraut er in einem Brief im Mai 1913 Suarès an. Dabei träumte er von großen Alben mit Text, mit »Chansons«, wie er seine einfachen Gedichte nannte. Rouault verstand seine Arbeiten für Alben (seine Grotesken, Skizzen, ›Types‹) als »populäre Kunst« und grenzte sie damit von seinem übrigen Werk ab. Am 16. Dezember 1912 schrieb er an Suarès: »Ich habe ein dickes Album (130 Nummern, darunter 59 volkstümliche Lieder mit Lithographien [gemeint sind diese Albumblätter]; dieser Teufel eines Menschen [Vollard] sagte zu mir, als ich ihn aufsuchte: Aber Sie sind doch Vertreter für Spitzen? Und indem er mir das Album aus den Händen nahm, öffnete er es, wobei er lebhaft daran interessiert schien, es zu sehen; "Früher einmal wäre ich ganz verrückt danach gewesen, so etwas zu publizieren ..., aber ich publiziere nichts mehr ..."«

Die Zeichnungen sollten als billige Reproduktionen für jedermann erschwinglich sein und unter anderem helfen, seine Familie zu ernähren, doch blieb dies eine Illusion. Auch die Unterstützung, die er in dem Prager Verleger und Förderer Josef Florian fand, konnte daran nicht viel ändern. Florian war es, der die ersten Farbreproduktionen von Arbeiten Rouaults herstellte und dem er wahrscheinlich auch die Druckerpresse verdankte, auf der er zu jener Zeit Monotypien herstellte. Er hatte sich eines Tages ganz unerwartet für Rouaults Arbeiten interessiert gezeigt. »Es gibt noch Wunder und das ist ein Wunder ... jemand, den ich nicht kenne, findet, daß ich selbst Herausgeber und Inhaber meines Werks sein solle. Und das stärkste ist, daß ich eine Scheußlichkeit erwartete und ein Meisterwerk von einer Reproduktion erhalten habe ... Das ist ein armer Mann, es vergrößert noch das Interesse an dem, was ich Ihnen gesagt habe, wenn man bedenkt, daß mein Album überall gewesen ist, in den Händen reicher, mächtiger Männer, aufgeklärter Amateure wie es scheint, und ein armer Tscheche, der nicht einmal Künstler ist, muß ein oder zwei Stiche sehen, um sich dafür zu begeistern ...« (Rouault an Suarès, Januar 1914).

In einem ausführlichen Briefwechsel mit Florian, in dem Rouault in seiner Begeisterung ständig neue Projekte vorschlägt, schildert er auch die Umstände der Entstehung dieser Arbeiten: »Ich bin vor einem Jahr hierher nach Versailles gekommen. Mein Vater ist mitten in unserem Umzug sterbend hier angekommen. Das war für mich ein fürchterlicher Augenblick, ich war danach selbst diesen Winter krank. Ich habe die Zeit benutzt, um die seit zehn Jahren angesammelten Skizzen zu vergleichen und eine kleine Überarbeitung vorzunehmen. Ich war in Schwung geraten und wollte einen Anfall von Nervenschwäche ohne Arzt behandeln. So habe ich Klagen und Lieder improvisiert, in Schwung geraten durch einige – als Typen – sehr begehrenswerte Einwohner von Versailles.«

Schließlich wird auch Apollinaire auf die Alben aufmerksam und zeigt sich in einer Kritik vom 5. Juli 1914 in den *Chroniques d'Art* von den in der Galerie Druet ausgestellten Albumblättern beeindruckt: »schreckliche Zeichnungen, voll von Mitleid und von Ironie, die mit herben und bitteren Notizen abwechseln ... Meiner Ansicht nach haben nur wenige Maler eine derartige Höhe des komisch Erhabenen, das sich hier mit dem erhaben Tragischen vermischt, erreicht.« Der Ausbruch des 1. Weltkrieges verhindert ein weiteres Gedeihen der Buchprojekte mit Florian; nur einige Arbeiten werden von diesem farbig reproduziert.

In diesen Blättern beobachtete Rouault eine Vielzahl sozialer Typen der Vorstadt: einfache Menschen, Arme, Handwerker, Mütter mit vielen Kindern, Figuren aus der Welt des Zirkus, aber auch bürgerliche Haltungen, deren Heuchelei er – zweifellos beeinflußt durch die Lektüre von Büchern Bloys – kritisiert.

Auch er fühlte sich als Bruder der armen Leute in der »Vorstadt der langen Leiden«, liebte die kleinen Arbeiter und Handwerker und weiß um die Not eines jeden Tages. Es sind dies schlichte Zeichnungen mit Bleistift, Ölkreide, Gouache oder Kleisterfarben, das Unmittelbare des Strichs belassend, wobei aber Rouault schon in ruhiger, festgelegter Art agiert und kaum mehr eine einmal gesetzte Linie wiederholt oder erläutert. Die Blätter dieser Serien sind von teilweise verblüffend starker, wenn auch noch nicht hell leuchtender Farbigkeit; Rouault verwendet neben Gouache und Pastell auch farbige Tuschen, da er stets daran interessiert ist, neue Mittel des Ausdrucks zu entdecken. Stilistisch und auch ikonographisch wird die Auseinandersetzung mit Daumier deutlich, welcher in einer zuweilen ähnlich lapidaren Weise Gestalten charakterisiert hat.

Auch bei Daumier findet sich diese Bemühung um Typisierung, um die starke, aussagekräftige Kontur, wenn auch stärker als Silhouette gegeben denn als Linie wie bei Rouault. Trotzdem ist die Eigenständigkeit dieser Arbeiten Rouaults – besonders in der Eigenart des Lineaments – sehr hoch.

34 Vorstadt der langen Leiden/Mutter und Kinder *(Faubourg des Longues Peines/Mère et enfants)*, 1911
Kleisterfarbe, Tusche und Kohle auf Papier; 31 x 19,8 cm; Musée d'Art Moderne de la Ville de Paris (Legs Girardin)

35 Kleiner Bretone, auch: Kleiner Seeräuber *(Petit Breton,* dit aussi: *Le Petit Boucanier),* 1913
Kleisterfarben auf Papier; 33,8 x 22,8 cm; Musée d'Art Moderne de la Ville de Paris (Legs Girardin)

36 Vorstadt der langen Leiden/Mutter und Kinder IV *(Faubourg des Longues Peines/Mère et enfants IV)*, 1912
Leimfarben auf Papier; 29,5 x 19,5 cm; Privatbesitz, Hem

37 Pädagoge *(Pédagogue)*, 1912-1913
Leimfarben, Kohle und Pastell auf Papier; 31,5 x 19,5 cm; Musée d'Art Moderne de la Ville de Paris (Legs Girardin)

38 Beschimpfungen *(Invectives)*, 1910-1912
Entwurfskizze; Aquarell, lavierte Tusche und Pastell auf Papier; 28,3 x 17,2 cm; Musée d'Art Moderne de la Ville de Paris (Legs Girardin)

Verspottung Christi

»Ich habe in dieser furchtbaren und geliebten Kunst etwas anderes gesucht als dekorative Flächen auf der Wand und auch etwas mehr als den verfeinerten Genuß für verwöhnte Augen. Non nobis, Domine, sed nomini tuo da gloriam. (Nicht uns, oh Herr, sondern Deinem Namen gib die Ehre.)« Seine bildnerische Arbeit hatte für Rouault eine existentielle Dimension, sie diente der Bewältigung der Grundfragen seines Lebens und seines Glaubens. Dieser Umstand tritt in einigen Bildern mit beinahe ungehemmter Wucht zutage. Im gleichen Jahr, in dem die ersten hieratischen Bilder des *Heiligen Antlitzes Christi* entstehen, gelangt Rouault mit der *Verspottung Christi* zu einer sich ikonenhaft verschließenden, den Schmerz verinnerlichenden, aber gleichzeitig überaus ausdrucksvollen Veranschaulichung des Leidens und Duldens Christi.

Die nur aus Brauntönen bestehende Farbigkeit, das innere Leuchten der Farben erinnert zunächst an den von ihm bewunderten Rembrandt, und doch ist erstere weitaus expressiver und gleichzeitig selbständiger eingesetzt. Die Palette reicht von Rostbraun und Ocker im Leib des Heilands über Graubraun im Hintergrund bis zu beinah schwarzem Braun im Haar. Der fleckige, wie verkrustete Farbauftrag vergegenwärtigt die schwer erlittenen Qualen. Wird das Bild nicht beleuchtet, so versinkt es ganz in einem ungeschiedenen, fast mystisch zu nennenden Dunkel.

Dieser gebundene Mensch mit geschundenem Leib und vom Schmerz gezeichneten Zügen wirkt körperlich gebrochen, aber geistig nicht überwunden. Schon sein ruhiges Dastehen vermittelt diesen Eindruck. Darüber hinaus trägt er trotz seines Elends den großen Kopf hoch und voller Würde über dem wie eingeschnürten Leib. Kein Blick dringt mehr nach außen. Wie hinter dem Schmerz äußerer Mißhandlung verborgen verhüllt sich das Innere des Gottmenschen, das eigentliche, noch weitaus leidvollere Dulden angesichts der ganzen Konsequenzen menschlicher Sünde. Vereinzelt aufragend trägt er ganz allein die Last der Erlösung vor Gottvater.

39 Verspottung Christi *(Christ aux outrages)*, um 1912
Öl auf Karton; 100 x 61 cm; Privatbesitz, Villeneuve d'Ascq

Die Taufe Christi

Die Taufe Christi ist eines jener eindrucksvollen Blätter vom Beginn des zweiten Jahrzehnts, in denen der neue, um Komprimierung und Konzentration bemühte Stil sich ankündigt. Rouault beginnt zu verdichten, die Formen radikal zu vereinfachen und zu reduzieren, die Linien zu schweren Einfassungen zu machen wie bei Glasfenstern. Darin wirkt der tiefe Eindruck nach, den mittelalterliche Glasfenster auf ihn ausübten, die er während seiner Lehrzeit bei dem Glasmaler Hirsch zu restaurieren hatte. Zuweilen hatte er Fragmente alter Fensterscheiben in Händen gehabt: »Ich kostete diese paradiesische Stunde aus ... Liebe Vorfahren, fern von allem Merkantilismus träumte ich davon, euch zu dienen, und rief euch mit geschlossenen Lidern an, Augenblicke lang abgelenkt von der lächerlichen Arbeit, die ich hatte. Diese Arbeit ist eine Parodie auf das, was ich mit Farbtönen, rein wie Flammen, hätte schaffen wollen.«

Die Formparzellen weisen hier der Farbe ihren Platz zu, wobei die Stämme und Äste der Bäume und die schwarzen Konturlinien einem ähnlichen Duktus folgen; gerade das aber führt zu dem erwähnten Glasfenstereindruck mit einem einheitlichen Prinzip der Unterteilung. Das Bild ist bestimmt von einem düsteren Leuchten, das erst durch das schwarze Gerüst als solches erfahren wird; denn es sind wesentlich die dunklen Umrahmungen, die den Farben eine Steigerung ihrer Intensität verleihen.

Christus steht bildbestimmend in der Mitte, die Beine vom Wasser umspült, zu seiner Rechten wohl Johannes der Täufer, das Gesicht über die Schulter ihm zugewandt. Christi vor die Brust gelegte Hände stellen einen Gestus der Andacht dar, sein erhobener Kopf weist auf ein Empfangen von oben. Über Christus scheint das dunkle Liniengestänge durch eine Zone heller Farbe aufgerissen, quasi der Himmel geöffnet.

Daß trotz aller Grobheit der einzelnen Form und der Unterschlagung der Details ein anschauliches Kürzel der Haltungen der Figuren und auch der Ordnung des Bildraums entsteht, weist bereits Rouaults Meisterschaft aus.

40 Die Taufe Christi *(Le Baptême du Christ)*, 1911
Aquarell, Tinte, Gouache und Pastell auf Karton; Durchmesser 31,5 cm; Fondation Georges Rouault, Paris

Vom Sinn des Leidens

Man könnte die Frage nach dem Leiden des Menschen und seinem Sinn als das eigentliche Thema des Lebenswerks Rouaults bezeichnen. Gerade im Leiden erreichen Rouaults Gestalten ihre eigentliche Würde. Besonders der Zyklus *Miserere* (vgl. Tafeln 92-103) kann wie ein beharrliches Umkreisen dieser Frage verstanden werden. Drei der im folgenden abgebildeten Werke stehen in engem Zusammenhang mit diesem Zyklus von Radierungen. So der Entwurf für eine geplante Tafel mit dem bezeichnenden Titel *Sind wir nicht alle Sträflinge* (Tafel 42), in dem das Leiden im Körperlichen zugleich die Auffassung von diesem Leben als einem uneigentlichen Zustand vorführt.

In der Kelterpresse wurde die Traube zerstampft (Tafel 43) wandelt Blatt 48 von *Miserere* in Ölfarben ab (oder stellt eine Übermalung dar). Ähnliches gilt für die Kreuzigung: Eine eng verwandte, nur um eine Figur erweiterte Komposition erscheint als Blatt 31 des Zyklus. Das Kompositionsschema aber gibt es schon um 1910, auf jeden Fall ab 1914 – Rouault wird es nur noch vertiefen und intensivieren.

Es ist das Leiden Christi, in dem menschliches Leiden erst seinen Sinn und seine wahre Dimension findet. »Nicht nur Gott kennen wir allein durch Jesus Christus«, schreibt Pascal, »auch uns selbst kennen wir nur durch Jesus Christus, Leben und Tod kennen wir allein durch Jesus Christus. Ohne Jesus Christus wissen wir weder, was unser Leben, noch was unser Tod, noch was Gott ist, noch was wir selbst sind. Also ohne die Schrift, die nur von Jesus Christus handelt, wissen wir gar nichts, finden wir nur Finsternis und Verwirrung sowohl im Wesen Gottes als in der eigenen Natur.« Erst das Wissen um die Erbschuld und um Inkarnation und Erlösungstat Christi hat menschlichem Dasein seine eigentliche Deutung gegeben.

In *Tragische oder heitere Bilder*, einer Vorlage für einen Holzstich in *Cirque de l'Etoile filante*, ist das Skelett von zwei Kreuzen (Tafel 44) begleitet. Diese haben nicht Hinweisfunktion auf den Tod oder einen Friedhof (diese Verdoppelung der Aussage wäre angesichts eines Skeletts nicht notwendig), sondern sind Hoffnungszeichen des gläubigen Künstlers.

41 Christus am Kreuz *(Christ en Croix)*, um 1920
Öl auf Karton; 52 x 40 cm/65 x 50 cm; Privatbesitz, Paris

42 Sind wir nicht alle Sträflinge? Studie zu Miserere *(Ne sommes-nous pas tous forçats?* Projet pour *Miserere)*, 1920-1929
Verdünnte Ölfarbe auf Karton; 102 x 73 cm; Fondation Georges Rouault, Paris

43 In der Kelterpresse wurde die Traube zerstampft *(Au pressoir le raisin fut foulé)*, 1934
Öl auf Papier; 48,2 x 61,6 cm; Musée National d'Art Moderne, Centre Georges Pompidou, Paris

44 Tragische oder heitere Bilder *(Images tragiques ou sereines)*, 1932
Gouache auf Karton; 8 x 22 cm / 13,5 x 28 cm; Fondation Georges Rouault, Paris

Studien zu *Réincarnations du Père Ubu*

Als Vollard 1917 Rouault die Illustration des von ihm selbst verfaßten Werkes *Réincarnations du Père Ubu* antrug, sagte Rouault unter der Bedingung zu, sehr frei illustrieren zu dürfen und gleichzeitig sein schon seit 1912 geplantes Projekt des Zyklus *Miserere* bei ihm verwirklichen zu können. Für Vollard war Ubu die Inkarnation aller Laster der Politiker. Bis 1932, dem Erscheinungsdatum des Buches, war Rouault mit den vielen Entwürfen, den Vorlagen für die Holzschnitte und den Radierungen beschäftigt, aber auch später treten wiederholt Darstellungen auf, in denen er die Motive des Zyklus aufgreift. Der Aufwand zu dessen Vorbereitung war enorm. Das Buch sollte später aus 22 Radierungen und 104 Holzschnitten bestehen; Rouault fertigte neben den eigentlichen Graphiken bzw. den Vorlagen für diese allein 123 Studien und Entwürfe an, wobei sich drei Gruppen unterscheiden lassen: freie, ohne enge Bindung an den Text gedachte Illustrationen, Entwürfe für die Holzschnitte und die Entwürfe für eigenhändige Radierungen.

Vier wesentliche Themenbereiche wurden von diesen Illustrationen behandelt: der Vater Ubu, die Mutter Ubu, Ubu in Afrika und Ubu auf seinem Schloß in Polen. In L'Isle-sur-Serein begann Rouault 1917 die Afrika-Illustrationen. »Hier bevölkere ich die Flüsse der Insel mit Krokodilen und phantastischen Tieren, in Schwarz-Weiß und mit schwächlichen Negern eines künstlichen und problematischen Lebens«, gesteht er seinem Freund André Suarès, als er sich noch nicht ganz heimisch fühlt in dem Thema. Erst nachdem Vollard Rouault in ein Theaterstück im Châtelet-Theater namens *Malikoko roi nègre* (Malikoko, Negerkönig) mitgenommen hatte, wurden die Gestaltungen heiterer und unbeschwerter, war Rouaults Phantasie durch die dort erhaltenen Anregungen beflügelt.

Rouault widmete dem Themenkreis des Afrika-Aufenthalts Ubus in den Vorbereitungsarbeiten acht Ölbilder, fünf Gouachen und sechzehn Tuschpinselzeichnungen, oft mit Gouache koloriert. »Ich bereue nicht, noch einmal von vorne begonnen zu haben«, schrieb er 1917 an Suarès. »Ich habe mit meinem Tuschpinsel eine immense Freiheit erreicht. Das will schon etwas heißen, wissen Sie! Ich habe schließlich auf weißem Papier große, leicht hingeworfene Zeichnungen von einer Gelungenheit und einem zuweilen extravaganten Rhythmus, aber von einem großzügigen Wurf, das ist ein erreichter und für die zukünftigen Werke sehr nützlicher Punkt. Ich bin weniger in Abstufungen der Werte! und Abtönungen des Schwarz! steckengeblieben.«

Erzählerisches oder die afrikanische Umgebung erläuterndes Beiwerk fehlt hier fast völlig. Woran Rouault gelegen ist, sind die Bewegungen und Haltungen seiner Figuren – oder besser: die Arabeske ihrer bewegten Glieder. Gleichzeitig steckt wohl auch etwas Schelmisches, eine geheime Freude am Grotesken in manchen dieser Darstellungen.

Der Entwurf für *Ubu als Kolonialist* stellt diesen bei der Ausübung seiner Macht über die schwarzen Eingeborenen dar – hier verkörpert durch eine vor ihm auf dem Boden liegende Frau. Es gibt andere, noch ausdrücklichere Versionen, in denen Ubu, das Gewehr am Rücken, die Hände in die Hüften gestützt, einen liegenden Eingeborenen bewacht. Aber auch hier, in der sitzenden Gestalt des Wachenden, mit der groß vor ihm liegenden Gestalt der Schwarzen wird etwas von dieser Bildintention greifbar. Andere Figuren wie in *Von Angesicht zu Angesicht* (Tafel 45) oder in *Malikoko* (Tafel 46) suchen das Groteske, wollen pittoreske Phantasiegestalten mit exotischem Flair sein, wie eben der Negerkönig oder die Negerin im Leopardenfell mit der ihr zugewandten Maske oder Fratze.

46
Malikoko/Für Ubu,
um 1918
(Malikoko/Pour Ubu)
Lavierte Tusche und farbige Tinten auf Papier
40,5 x 30 cm
Privatbesitz, Paris

45
Von Angesicht zu Angesicht,
um 1917
(Face à face)
Gouache und Tusche auf Karton
105 x 74 cm
Privatbesitz, Paris

47 Entwurf für Ubu als Kolonialist *(Projet pour Ubu/Colon)*, um 1917
Gouache, Tusche und Pastell auf Karton; 74 x 104 cm; Privatbesitz, Paris

Die Sonne erschien in dem rauhen Winter

Der Titel des Bildes lautet in seiner ganzen Länge: *Die Sonne erschien in dem rauhen Winter rußig oder wie tot. Spöttisch tanzte sie einen Augenblick in dem blassen Himmel.*

1928 wurde Rouault der Vorschlag gemacht, einen aus Bildern von ihm zusammengesetzten Film zu drehen, der der erste seiner Gattung sein würde. Rouault schuf daraufhin zwischen 1929 und 1930 während eines Aufenthalts in der Schweiz, wohin er sich nach einem Unfall zur Genesung begeben hatte, an die hundert Blätter in Gouache und Pastell. Diese Arbeiten versah Rouault auf der Rückseite mit Texten bzw. Titeln seiner Hand, die sein literarisches Talent erkennen lassen.

Unter dem Titel *Images Populaires* (Volkstümliche Bilder) stellte er vier Folgen zusammen, die unvollständig blieben: Selbstgespräche des Clowns, Vorstadt-Dunkel, Wer kennt sich eigentlich?, Wer schminkt sich nicht? Mit dem daraufhin vorgeschlagenen Drehbuch, das überaus dürftig war und die von Rouault entworfenen Kapitel und einzelnen Arbeiten zu einem seinen Intentionen zuwiderlaufenden Handlungszusammenhang zusammenzuschließen versuchte, war Rouault sehr unzufrieden; auf ein im Nachlaß erhaltenes Exemplar schrieb er: »lächerlich!« Der Film wurde nicht realisiert.

Isabelle Rouault, die Tochter des Malers und heute Verwalterin seines Nachlasses, vermutet, daß das Filmprojekt nur ein Vorwand war, um an Bilder Rouaults zu kommen, der mit der Fertigstellung seiner Gemälde im Atelier im Hause Vollards und vor allem mit der Arbeit an den Graphik-Folgen überlastet war und öffentlich nicht in Erscheinung trat. (Sie führt aber diskreterweise nur die Anfangsbuchstaben von Rouaults Kontaktpersonen an). Jedenfalls kamen die Arbeiten über eine Pariser Galerie in Umlauf und wurden von 1930 an wiederholt ausgestellt; so auch in London, München, New York und Chicago (ein Umstand, der nicht unerheblich zu Rouaults von nun an steigender Bekanntheit beitrug). Durch die damit verbundenen Rahmungen der Blätter oder das Aufziehen auf Leinwand gingen viele der Beschriftungen des Malers verloren, doch gelang es seiner Familie später, aufgrund von im Nachlaß gefundenen Aufzeichnungen die Zuordnungen zu den einzelnen Blättern zu rekonstruieren.

Das vorliegende Blatt beeindruckt durch die expressive Kraft der wenigen, lapidar vorgetragenen Baumstämme, durch die wirkmächtige Symmetrie – selbst in der Verteilung der kleinen menschlichen Gestalten – und die nun auf einmal hervorbrechende Leuchtkraft reiner Töne, etwas, was nur wenige Jahre später zum eigentlichen Thema wird und die Dominanz des Schwarz zurückdrängt.

48 Die Sonne erschien in dem rauhen Winter *(Le soleil en rude hiver)*, 1929
Aquarell auf Papier; 52 x 37 cm; Privatbesitz, Hamburg

Akt

Das vorliegende Blatt aus dem Nachlaß Rouaults ist eine Studie oder Variante zu den 1936-38 gedruckten Farbradierungen für *Les Fleurs du Mal*. In dieser Gruppe vorbereitender oder begleitender Ölstudien, die zwischen 1930 und 1939 entstanden, wandelte Rouault die Beweglichkeit, ja dekorative Biegsamkeit des menschlichen Körpers, besonders anhand weiblicher Akte in den verschiedensten Haltungen ab: hingelagert, sitzend, halb gehockt, gelöst stehend usw., um damit das vorgegebene Bildfeld dekorativ möglichst vollständig zu füllen. Dabei werden die schmuckhaft aufgefaßten Körper auch deformiert. Besonders eindrucksvoll wird dies im Entwurf für ein Frontispitz der *Fleurs du Mal* sichtbar, in dem die zwei einander gegenübergestellten, halb hingeknieten Akte durch ihre Gliedmaßen und vorgeneigten Körper das Bildfeld vollständig ausfüllen. Auch im vorliegenden Akt wird der Bogen von Körper, Armen und Oberschenkeln wie ein durchgehendes Schwingen aufgefaßt und insgesamt dem Hochrechteck des Bildfeldes eingefügt.

Gleichzeitig stellen diese Studien den äußersten Punkt in der Befreiung der Farbflächen dar, da die farbigen Felder hier über die schwarzen Konturlinien zu dominieren scheinen. Das Gerüst bleibt allerdings zeichnerisch gedacht, schwarz vorgelegt, darin die Farbflächen, so sehr sie auch durch mehrmaliges Übermalen fast selbständig geworden sind, wie ›eingehängt‹ wirken. Diese Tendenz wird von Rouault zugunsten von mehr Strenge später wieder zurückgenommen, die konturierenden Linien treten wieder stärker hervor.

Markant aber ist die Pracht der leuchtenden Farben und die Betonung der Farbmaterie, die, pastos aufgetragen, aus vielfältigen Tönen zusammengesetzt, als eigenständiger Farbleib ein Schauspiel für sich bietet.

49 Akt *(Nu)*, 1930-1936
Öl auf Papier, auf Leinwand aufgezogen; 33,5 x 20 cm; Privatbesitz, Paris

Dialog

Bei *Dialog* handelt es sich um eine der als Gouachen ausgeführten Vorlagen für die Holzschnitte zu dem illustrierten Buch *Cirque de l'Étoile filante;* der Holzschnitt fand auf Seite 146 des Buches, unter dem Kapitel ›Voltige‹ seinen Platz. Diese in Holzschnitte umgesetzten Darstellungen (so wie auch *Images tragiques ou sereines;* siehe Tafel 44) sollten neben den Farbradierungen Rouaults als Schmuckfelder den Text gliedern, erläutern oder verzieren. Die Größe und Form war dem Maler vorgegeben.

Erste Studien zu derartigen schmückenden Darstellungen entstanden schon zwischen 1920 und 1929 als Tuschpinselzeichnungen für das Buch *Réincarnations du Père Ubu* von Ambroise Vollard. Rouault bevorzugt dabei einen symmetrischen Aufbau und zieht Figuren und Gesichter zu dekorativer Funktion heran. Je mehr die Felder Schmuckcharakter haben, um so leichter werden die liegenden Figuren, Büsten oder Köpfe deformiert und haben sich ganz der Rahmenform anzupassen. Dies kann so weit gehen, daß die Häupter flachgedrückt oder in die Breite gezogen werden. Neben frontal herausblickenden Akrobaten oder Clowns begegnet man in diesen Schmuckfeldern für *Cirque de l'Étoile filante* häufig flankierenden Seitenfiguren im Profil oder, wie im Fall von *Dialog,* zwei einander gegenübergestellten Büsten oder Gesichtern. So streng der Aufbau dieser Felder in der vorgegebenen und alles in ihre Ordnung zwingenden Rahmenform und der fast durchweg vorherrschenden Symmetrie ist, so phantasievoll und vielfältig sind andererseits die hier erscheinenden Typen, die ohne große Hintergründigkeit doch auch karikierend bestimmte menschliche Haltungen, Charakterzüge, auch Physiognomien vorführen.

50 Dialog *(Dialogue)*, 1931
Gouache auf Karton; 8 x 20/12,5 x 24,5 cm; Privatbesitz, Paris

Die Traumwelt des Zirkus

Die Faszination des Zirkus behält für Rouault zeitlebens ihre Kraft. Mit großer Phantasie bringt er immer wieder neue Gestalten seiner Einbildung hervor, Prinzessinen, Zauberinnen oder immer wieder Clowns, Harlekine, Pierrots, Zirkusmädchen und Akrobaten, die Namen tragen wie *Bittersüß, Traurige Knochen* oder *Seraphine*. Manche dieser Darstellungen sind so heiter – und wenn man will, auch so harmlos – wie die Verse, die Rouault den Zirkusfiguren gewidmet hat: »Einsamkeit kann sehr phantasievoll sein, ich sehe euch, meine lieben Kinder, im Licht der Schweinwerfer – wendig, elegant, verherrlicht, verloren in den Kuppeln des Zirkuszeltes, glückseliger Himmel, gnädiger Himmel …« In ihnen verkörpert sich Rouaults Sehnsucht nach Aufhebung der Gegensätze, nach verblüffendem gelingen und wohl auch, da er durch Jahrzehnte aus Paris bzw. später Frankreich nicht hinauskam, der Wunsch, zu reisen. So sagt er in *Cirque de l'Etoile filante*: »Ihr Kinder der ewig rollenden Räder über die Straßen Frankreichs, ihr kennt jede Himmelsrichtung von Nord bis Süd und von Ost bis West … gute, alte, hinkende Rosinante, du bewegst dich fern von den Unternehmern der Himmelsstraßen, fern von den Konsortien des Zündholzkönigs, die Streichhölzer herstellen, die man an beiden Enden anzünden kann oder auch gar nicht, fern auch vom Gurgelwasser des hohen, immer nörgelnden Klassizismus, fern von den letzten heimlichen Waffenfabriken für den Weltfrieden, aber immer in der Nähe des Kaps der Guten Hoffnung …« Sie stehen für unverstelltes, frankes Artistendasein, voller Einfachheit und ohne Hinterabsicht, die er beengender Konvention oder den vordergründigen Errungenschaften moderner Technik gegenüberstellt.

Andere Figuren tragen sehr wohl wieder den Ernst, den ihre Existenz ihnen auferlegt, wie *Duo* oder *Pierrot* von 1948 (Tafeln 56, 57). Meist enthüllt das Schauen der Zirkusgestalten jene reiche Welt des Inneren, die im Gewand des Spaßmachers das Individuum aufleuchten läßt. Neben dem in einigen Bildern spontaneren, experimentelleren Zugang zum Thema (wie bei den beiden Skizzen aus dem Nachlaß; Tafeln 51, 52) zeigt die hier vorgeführte Gruppe deutlich den Stilwandel im letzten Jahrzehnt, als nach den dominierenden Blau- und Grüntönen der vierziger Jahre nun stärkere Buntheit, vor allem Gelb und Rot, den Farbcharakter der Bilder prägen und eine bisher nicht dagewesene Pastosität des Farbauftrags zur Anwendung kommt.

51 Manolo, 1920-1929
Gouache auf Karton; 58 x 42,5 cm; Privatbesitz, Paris

52 Der Erstaunte *(L'ahuri)*, um 1948
Öl auf Leinwand; 52,5 x 38 cm; Privatbesitz, Paris

53 Die Loge *(La Loge)*, um 1940
Öl auf Leinwand; 81 x 64 cm; Privatbesitz, Paris

54 Nachdenklicher Pierrot *(Pierrot pensif)*, 1937-1939
Öl auf Leinwand; 75 x 58,4 cm; Privatbesitz, Zürich

55 Teresina, 1947
Öl auf Leinwand; 51 x 35 cm; Privatbesitz, Paris

56 Duo, auch: Die beiden Brüder *(Duo,* dit aussi: *Les deux frangins),* um 1948
Öl auf Leinwand, auf Sperrholzplatte aufgezogen; 65,5 x 42,5 cm; Musée National d'Art Moderne, Centre Georges Pompidou, Paris

57 Pierrot, um 1948
Öl auf Leinwand; 54x38 cm; Privatbesitz, Paris

58 Seraphine/Alter Wanderzirkus *(Séraphine/Vieux cirque forain)*, 1952
Öl auf Leinwand; 37 x 24,5 cm; Privatbesitz, Paris

59 Bitter-Süß/Alter Wanderzirkus *(Douce-Amère/Vieux cirque forain)*, 1952
Öl auf Leinwand; 38x25 cm; Privatbesitz, Chantilly

Blaue Pierrots

Zuweilen können die Gestalten des Zirkus bei Rouault ein dekoratives Erscheinungsbild gewinnen, so daß das Malerisch-Bunte des Zirkusgeschehens und die Grazie und Beweglichkeit seiner Figuren im Vordergrund stehen.

Schon in den zwanziger Jahren entstanden Pierrots, die vor allem in ihrer Anmut interessieren und aus starken Farbharmonien von leuchtendem Rot, Blau und dunklem Flaschengrün leben. In den als Vorlage für die Holzstiche in *Cirque de l'Etoile filante* dienenden Ölbildern (1931-1938) wird zudem die Gelenkigkeit der Akteure hervorgehoben. Dabei spielt die Aufgliederung ihrer Körperteile in parzellierte Formen und die allgemeine Biegsamkeit jeder Kontur eine große Rolle. Insgesamt wird weniger ein Handeln der Figuren als ein Zustand der Beweglichkeit vorgeführt.

In den ausklingenden dreißiger und beginnenden vierziger Jahren – besonders in den Illustrationen zu *Divertissement* aus dem Jahr 1941 – tritt dann noch eine bisher ungeahnte Leuchtkraft der Farben und Freude am ›malerischen‹ Charakter des Dargestellten hinzu. Aus dieser Zeit gibt es wiederholte Bilder von *Pierrots mit Blumenstrauß,* in denen sich diese – zuweilen ebenso buntfarbig wie die Blumen – damit beschäftigt finden, Bouquets zu stecken oder zu halten. Das Glühen der vielen reinen Farben nebeneinander wird dabei zum eigentlichen Schauspiel.

Auch in den *Blauen Pierrots* scheint das Hauptaugenmerk auf das Schmucke, Anmutige, Grazile gelegt und jede Melancholie in Verbindung mit der Erscheinung des Clowns verschwunden. In dem von zwei blumengefüllten steinernen Vasen geschmückten Treppenabsatz klingen Reminiszenzen an Rouaults frühere Bilder mit Motiven aus dem Garten von Versailles an. Darüber hinaus greift Rouault darin auch eine schon in den zwanziger Jahren in einer Kohlezeichnung und den ersten Zuständen der Lithographie *Der schöne Sonntag* gefundene Komposition einer ansteigenden Treppe mit flankierenden Vasen und einer Mutter mit Kind (die dann in der endgültigen Version etwas verändert wurde – vgl. Tafel 112) wieder auf und deutet die Architektur als festlichen wie bühnenhaften Rahmen für die beiden Pierrots um.

Figuren wie auch Vasen ragen hell vor dem intensiven wie pulsierenden Blau des Hintergrunds auf, wobei flackernde gelbe und rote Tupfen (vor allem durch den Komplementärkontrast von Blau und Gelb) dem Bild eine heitere Pracht verleihen. Die in den Bildern der vierziger Jahre allgemein dominierenden Blautöne durchdringen und erfüllen hier das gesamte Bild und bewirken so einen starken Zusammenschluß der wenigen, statuarisch gesehenen Bildteile.

60 Blaue Pierrots *(Pierrots bleus)*, um 1943
Öl auf Leinwand; 59x45 cm; Privatbesitz, Paris

Der Träumer

Dieser Träumer, der bedrängend nah an die Bildfläche herangerückt ist, trägt den Hut eines Hanswurst. Ein Auge scheint nachdenklich auf uns zu ruhen, während das andere, stärker geöffnet, woandershin zu gehen und anderes zu betrachten scheint. So als wiege die Melancholie schwer, hat er den Kopf ganz leicht geneigt. Die Wangen sind schmal, Enttäuschung und Schmerz sprechen aus dem verletzlichen Mund. Geht auch der Blick nach unten nachdenklich ins Leere und verrät die leicht vorgeschobene Unterlippe die Last des Bedachten, so liegt in den hohen Schwüngen der Brauen etwas Helles und Offenes und umspielt den Mund etwas Gelöstes, fast Heiteres – auch wenn es hinter dem Eindruck der Nachdenklichkeit zurücktreten muß.

Aufmerksamkeit erregt hier die Farbigkeit. Es gibt keinen lauten, hervorbrechenden Ton, aber auch kaum Kühles oder Düsteres – statt dessen sind es zurückhaltende und erdige Farben, wodurch sich das Bild von gleichzeitigen, durch ihre Farbenpracht bestechenden Bildern abhebt; hier sozusagen ein trockenes Schildern eigener Zuständlichkeit, das nichts Lautes an sich hat.

Rouault hat dem ›Pitre‹ Anklänge an seine eigenen Gesichtszüge verliehen, wie die hohe Stirn und den breiten Mund. Dadurch erlangt Rouaults Identifizierung mit der Gestalt des Clowns noch zusätzliches Gewicht. Seine Existenzform ist der des Künstlers eng verwandt und wird daher sinnbildlich verstanden.

Der *Träumer* evoziert Rouaults schon in der Kindheit sehnsuchtsvoll erfahrene Flucht aus der Härte der Wirklichkeit in die bunte und heitere Welt des Zirkus: »Traum oder Wirklichkeit, irrte das blasse Vorstadtkind nicht noch immer zur Arena des Zirkus Sternschnuppe, in raschem oder ängstlichem Schritt, hätte es, größer geworden, andere Vorwände, um die langen Winter, die Tage ohne Freude, die harten oder feindseligen Masken, die grämlichen Gesichter und vertrockneten Herzen zu vergessen?«

Bild wie Titel enthalten aber auch einen Hinweis auf die Bedeutung des ›Rêve intérieur‹, auf jene reiche Welt des Inneren, deren Eingebungen der Künstler Folge leisten muß. Gerade dieses Anliegen hatte Gustave Moreau seinen Schülern nachhaltig ans Herz gelegt, dabei seine Bedeutung weit über die der sichtbaren Wirklichkeit gestellt.

61 Der Träumer *(Songe creux)*, 1946
Öl auf Papier, auf Leinwand aufgezogen; 34,3 x 26,7 cm; Musée National d'Art Moderne, Centre Georges Pompidou, Paris

Porträt Verlaine

Das Bildnis von Paul Verlaine (der neben Charles Baudelaire – und später Charles Péguy – zu Rouaults Lieblingsautoren gehörte) ist ein typisches Beispiel für jene farbigen Übermalungen graphischer Arbeiten, die Rouault ab den beginnenden dreißiger Jahren mit zunehmender Häufigkeit vornahm. Dabei deutete er durch die Farbe die Vorarbeit zwar nicht grundlegend um, setzte aber doch neue Akzente der Charakterisierung, indem er den Darstellungen einen etwas heitereren Charakter verlieh. Zuweilen wirken die Übermalungen wie eine Neuinterpretation derselben inhaltlichen Gegebenheit oder desselben formalen Problems aus einer mittlerweile beruhigteren, abgeklärteren und insgesamt versöhnteren Weltsicht heraus, gleichsam eine Prüfung der Gültigkeit früher gefundener Bildlösungen. So hat Rouault etwa eine Vielzahl der Blätter aus dem Radierzyklus *Miserere* farbig übermalt.

Die farbige Interpretation des Porträts von Verlaine scheint weniger einer Differenzierung von dessen Persönlichkeitsschilderung zu dienen als der Möglichkeit, Farbe zur Steigerung der Plastizität und der Prägnanz des anschaulichen Kürzels einzusetzen. Es ist eindrucksvoll zu verfolgen, wie Rouault in den verschiedenen Überarbeitungen und Zuständen der zugrundeliegenden Lithographie von einer fein modellierenden, nah am Wirklichkeitsvorbild orientierten Wiedergabe zu einer immer stärker karikaturhaft verknappenden und das Charakteristische hervorhebenden Gestaltung gelangt. Hier wird dieses Typische von Verlaines Schädel – allem voran die hohe Stirn und die zerklüftete Partie um die markanten Backenknochen und verschatteten Augen – durch die farbige Modellierung noch weiter intensiviert.

62 Porträt Verlaine, Vierzigerjahre
Öl auf Leinwand; 49 x 37 cm; Musée des Beaux-Arts, Dijon

Die Cumäische Sibylle

Die Sibyllen (griech./lat. ›Prophetinnen‹) waren ursprünglich von den Göttern inspirierte Seherinnen der vorchristlichen Antike, die in Orakelsprüchen Zukünftiges voraussagten. Der Mythos der Sibyllen war aus Kleinasien über Griechenland nach Italien gekommen. Hier wurden aus der ursprünglich nur einen Sibylle von Erythräa zehn Sibyllen, die jeweils nach den Orten benannt wurden, in denen ihre Weissagungen stattfanden. Nach der Legende soll die cumäische Sibylle König Tarquinius Superbus aus Erythräa stammende Orakelschriften verkauft haben, die dann in den folgenden Jahrhunderten in Rom bei Staatskrisen zu Rate gezogen, nach wiederholter Vernichtung aber auch stets wieder erneuert wurden.

Doch besonders eine aus dem 2. Jh. v. Chr. – 4. Jh. n. Chr. stammende apokryphe jüdisch-christliche Sammlung von Weissagungen, die sog. Oracula Sibyllina, erreichte in der Kunst des Mittelalters und der Renaissance große Wirkung. Schon frühchristliche Autoren verstanden die Sprüche der Sibyllen als Vorhersagen des Kommens Christi und vermehrten ihre Zahl auf zwölf, wobei Augustinus die Sibyllen den Propheten zuordnete und sich dabei auf Vergils 4. Ekloge stützte, in der das Nahen des Goldenen Zeitalters mit der Geburt eines Knaben bezeichnet wurde. Im Mittelalter ging man noch weiter und gelangte zu der Auffassung, die Sibyllen hätten nicht nur das Kommen des Erlösers, sondern auch sein Leiden, seine Auferstehung und seine Wiederkunft in Herrlichkeit vorhergesagt. Dabei wurden den zwölf Sibyllen eigene Attribute und Aussagen zugeschrieben, der cumäischen Sibylle neben goldenem Gewand und Buch die Vorhersage der Geburt Christi.

Dieser Bedeutungshintergrund hat wohl auch für Rouaults Darstellung der Seherin seine Gültigkeit, die, dem Thema entsprechend, ernst und hieratisch aufgefaßt ist. Das Gesicht über dem hohen Hals mit dem dunklen, kupfernen Teint, der geraden Nase und klaren Stirn, dem kräftigen Schwung der Brauen, den dunklen Wimpern und dem kleinen Mund zeigt sie als edle, exotische Schönheit von großer Ruhe. Durch die Schrägstellung der Schultern und das fast vollständige Profil, durch die strenge Rahmung und den ruhigen, aber betonten Zeigegestus erhält das Bild etwas Feierliches. Das Niederschlagen der Augen, das auf die innere Schau der Seherin schließen läßt, aber auch die Aufmerksamkeit auf die zeigende Hand lenkt, unterstreicht dies noch. Die schwarzen Linien der Zeichnung sind auch hier kräftig, aber nie schematisch oder homogen, sondern immer von Leben erfüllt und unregelmäßig. Darüber entfaltet sich dann die Freiheit des farbigen Strichs.

Kräftig und leuchtend faßt das dunkle Grün des Hintergrundes alles zusammen. Davor wirkt das leuchtende Rot im Blumenstrauß oder der Reichtum an Farben im Kopftuch um so stärker. Dieses unterstreicht die schöne Kopfform. Darunter lugt in einem schwarzen Streifen das dunkle Haar heraus. Gerade dieser bewußte Einsatz aussagekräftiger, höchst einfacher, aber auf das sensibelste behandelter Bildteile, diese Hieratik und Bildstrenge führt Rouaults feste Überzeugung von inneren Regeln der Malerei deutlich vor Augen.

63 Die Cumäische Sibylle *(La Sibylle de Cumes)*, 1947
Öl auf Leinwand; 52 x 37 cm; Privatbesitz, Chantilly

Das Bild des Gottmenschen

In den späten Darstellungen Christi verleihen die Strenge und Ruhe des Aufbaus, die Kopfneigung und der gesenkte Blick den Bildern eine besondere Aura. Der Schmerz des Heilands erscheint still, ganz geschlossen und in sich gekehrt, von Schweigen umgeben. Zugleich ist das Antlitz Christi von einem unerklärlichen inneren Leuchten erfüllt.

Im *Ecce homo* benutzt Rouault in raffinierter Weise den wirkungssteigernden Gegensatz von Blau und Gelb, um ein Glühen und Pulsieren der Farbe zu erzielen, die auch in ihrer Materialität noch an Kostbarkeit gewonnen hat. In Haltung wie Gesichtsbildung ist Rouaults Bemühen, Geistiges auszudrücken, die ganze Fülle dessen, was der Mensch ist, zu einer bildhaften Verwirklichung gelangt, die zeitlos und gültig ist. Besonders das Heilige Antlitz ist für Rouault wie die Antwort, die letzte Bestätigung angesichts der Frage nach dem Wesen des Menschen. Christus selbst hat dem Menschen sein Bild hinterlassen. Gott ist sichtbar geworden unter den Menschen, er ist sichtbar geworden im Menschen (wie viele Bilder Rouaults wollen dies zeigen). Und während besonders das Gesicht Ausprägungsort der Seele und des Inneren ist, so erscheint im Antlitz Christi seine Gottheit.

Schließlich aber ist Rouaults Werk auch ein eindrucksvolles Zeugnis für das Zur-Einheit-Kommen der Welt im Künstlerischen – und im Glauben. Vor allem im Alter kehrt in den Texten der Gedanke des Ausruhens, der Aufhebung der Gegensätze, der Sehnsucht nach der beseligenden Schau wieder. So etwa in einem Gedicht aus *Stella vespertina*, 1946:

> »O gekreuzigter Jesus.
> Er malt, um den ›unerbittlichen Überdruß‹
> seines Lebens zu vergessen.
> Weit entfernt von dieser Welt der Schatten und des Scheins
> ist er ohne Lärm aufgebrochen zu jenen gesegneten Gefilden,
> von denen er erfüllt war, Tag und Nacht.
> Wo alles Harmonie ist
> für die Augen, das Herz und den Geist.«

64 Passion/Ecce Homo *(Passion/Christ aux outrages)*, 1949
Öl auf Holz; 83,8 x 56,5 cm; Musée National d'Art Moderne, Centre Georges Pompidou, Paris

65 Christus/Passion, 1953-1956
Öl auf Leinwand; 65x42 cm; Privatbesitz, Chantilly

Religiöse Themen

Ab ungefähr 1929-30 tritt in Rouaults Bildsprache eine Beruhigung und Harmonisierung ein; verbunden damit tauchen neben Christusbildern in seinem Werk nun immer häufiger religiöse Themen auf, seien sie biblischen Inhalts oder bezogen auf die Geschichte des Christentums. Jeanne d'Arc gehört dem letzteren Bereich an.

Rouault versteht es, durch die Ansicht im Profil auch Pferd und Reiterin Hieratik und Ernst zu verleihen. Jeannes Rüstung, die Standarte in ihrer Linken und ein brennendes Dorf im Hintergrund reißen kurz die historische Situation an. Die Heilige hat den von einer zarten Aureole umgebenen Kopf gehoben, als lausche sie auf Eingebungen.

Überall in ihrem Leib, dem Pferd und am Horizont über der Landschaft bricht ein goldenes Leuchten durch, verwandelt das Bild wie in kostbar schimmerndes Email.

In der *Flucht nach Ägypten* findet das durch Jahrzehnte verfolgte und auf immer neue Weise ausgefaltete Thema der Flüchtenden und Vertriebenen, das uns schon in den Bilder um 1909 begegnete (vgl. Tafeln 31, 33), seine biblische Ausformung und zugleich seine christliche Deutung.

Aber im Vergleich zu den früheren Bildern ist die Darstellung des Themas nun geborgen in warm leuchtender Farbigkeit, als ein Schauspiel des glühenden Kolorismus der späten Jahre. Nurmehr komplementäre Töne wie Rot, Gelb und Grün weist das Bild auf, über dem die Hitze und das Licht eines Abends auf dem Weg nach Ägypten zu ruhen scheint. Um diese allgemeine farbliche Harmonie noch zu steigern, hat Rouault auch den Rahmen des Bildes mitbemalt und ihm ein durch schwarze Tupfen gegliedertes leuchtendes Rot verliehen.

In Bildern wie diesen wird Rouaults beglückendes Aufgehen in seiner Kunst und den Gesetzen ihrer Harmonie ganz nah erfahrbar: »Ich vergesse alles, wenn ich meine Malerei knete. Im Gegensatz zu gewissen Positivisten erlangen die Dinge erst ihren wahren Wert und ihren richtigen Platz. Ich vergesse alles. Die zu spitzen Winkel des täglichen Lebens reißen mir nicht mehr die Haut auf. Ich bin wie der Vater Moreau: ob sich das um zwei Sous, zehn Sous oder tausend Francs verkauft, ist mir völlig gleichgültig.«

66 Unsere Johanna *(Notre Jeanne)*, 1948-1949
Öl auf Leinwand; 67x48 cm; Privatbesitz, Paris

67 Die Flucht nach Ägypten *(La Fuite en Egypte)*, 1952
Öl auf Leinwand; 37 x 33 cm; Privatbesitz, Paris

Die Gegenwart Christi

Rouaults ganzes Werk, besonders aber die letzten beiden Jahrzehnte künden von seiner Überzeugung von der Wahrheit der Inkarnation Gottes in Christus und verbunden damit von der Weihe, die die Welt durch ihn erhält. So stellt er in Bildern der Passion niemals nur die geschundene Kreatur dar, sondern in der Würde des Leidenden auch seine Göttlichkeit. Ein religiöser Charakter eignet vielen seiner Bilder, nicht nur jenen mit explizit religiösem Inhalt. In einigen Bildern findet nun diese Überzeugung von Christi Gegenwart in der Welt, von seinem heiligenden Wirken, aber auch von seiner Anteilnahme für die Armen und Einfachen, die Entrechteten, Notleidenden, die Kinder anschauliche Gestalt. Es sind Innenräume, die von der besonderen Zuwendung Gottes sprechen, von einem den Menschen bis in sein Innerstes Begleiten. Da ist es nicht weiter wichtig, ob es sich um biblische Erzählungen wie etwa Jesus im Hause von Bethanien bei Martha, Maria und Lazarus handelt oder um ein zeitloses Geschehen, denn für Rouault ist es eine immer gültige Wirklichkeit. Christus empfängt Menschen, neigt sich ihnen zu, segnet sie, strahlt Ruhe und Geduld aus. In der später entstandenen *Christlichen Szene* (Tafel 70) ist es der Glanz der alles mit ihrem goldenen Schein erfüllenden Sonne über der zentral angeordneten Gestalt Jesu, der seinem gnadenhaften Wirken Ausdruck verleiht. In dem Kircheninneren trägt neben den ruhigen Bögen des Gewölbes der Klang des dunkel leuchtenden Grüns und der darin aufglühenden, vor allem gelben Details die weihevolle Stimmung, verleiht dem Raum den Charakter des Sakralen.

68 Kircheninneres *(Intérieur d'église)*, 1945
Öl auf Leinwand; 56x42 cm; Privatbesitz, Chantilly

69 Christliche Szene, auch: Jesus im Hause von Martha und Maria *(Intimité chrétienne,* dit aussi: *Jésus chez Marthe et Marie),* um 1945
Öl auf Leinwand; 46 x 65 cm; Privatbesitz, Chantilly

70 Christliche Szene *(Intimité chrétienne)*, 1952
Öl auf Leinwand; 70 x 105 cm; Privatbesitz, Chantilly

Späte Landschaften

Auch in den späten Landschaften ist jede Einzelheit bis zum Bersten mit innerer, aus der Farbe getragener Kraft erfüllt, die in dunklem, kostbarem Glühen an vielen Stellen durchbricht. Horizonte sind zu golden leuchtender Pracht gesteigert und werfen ihren Glanz über die Landschaft, welche ihn in düster-goldenem Schein erwidert, den aber auch noch die Wolken kostbar schimmernd in das Blau oder Blaugrün des Himmels tragen. Landschaften werden zur allgemeinen Verkörperung von Welt, die noch unendlich größer und weiter ist, die sich in der blauen Tiefe des Bildraums und an den Rändern weiter fortsetzen könnte. Es sind Landschaften, die in ihrer inneren Fülle und Harmonie über sich hinausweisen; deren Räumlichkeit und Farbe in die Tiefe des Himmels führen. Ein großer Teil der Darstellungen besitzt einen Tiefenzug oder eine innere Steigerung, die sehr oft in einem Turmmotiv ihren Höhepunkt findet, nicht selten begleitet von der großen Sonnenscheibe. Rouault schuf hier religiöse Landschaften, die in allem den Widerschein des Übernatürlichen und seiner Herrlichkeit erkennen lassen.

Gerade *Christlicher Abend* (Tafel 76) führt diese letztmögliche Steigerung der Farben vor Augen. Durch oftmaliges Übermalen erzielte Rouault nicht nur eine besondere Kostbarkeit der Farbmaterie, sondern auch jenes Leuchten von innen heraus. »Immer mehr verlagert sich Rouaults Interesse auf das Hervorbringen dieses Schimmers durch niegekannte Mittel der Malerei: die Farbe erhält – im Dienst des Glaubensblicks – eine Leuchtkraft, ja eine Transparenz und Phosphoreszenz, die auch die späten Landschaften ganz durchglüht und sie zu heiliger Erde macht, mag sie von einem Christus mit Frauen oder von gewöhnlichen armen Leuten belebt werden, mag sie als galiläisch bezeichnet oder eine beliebige Gegend sein. Dabei ist sie den Formen nach eine arme, beinahe verödete Welt – das reine Gegenteil einer klassischen Landschaft Claude Lorrains oder der eines Impressionisten – die Herrlichkeit, die sie dennoch erfüllt, ist nicht vegetativ oder atmosphärisch, sie ist inwendiger und zugleich transzendenter, ist die gleiche Herrlichkeit, die vom Antlitz der geschmähten und sterbenden Liebe ausstrahlt« (Hans Urs von Balthasar).

Zeitlose Gestalten in langen Gewändern und in ruhiger Haltung sind es, die diese Landschaften zu biblischen Landschaften machen. Oft taucht Christus darin auf, mit Menschen redend oder mit ihnen im Boot. Immer begleitet die Sonne die Darstellungen, sie erst verleiht dem Ganzen seine tiefere Bedeutung. Nicht umsonst ist der Maßstab vieler Landschaften kleiner, sind die Figuren einsam hingesetzt in die leere Gegend: Weltlandschaft wird hier geboten, nicht ein konkretes Stück Land, sondern Landschaft an sich spricht für das Dasein der Welt. Dabei sind *Herbst* und *Abend* wiederkehrende Titel, Zeiten, die Rouault besonders schätzte.

71 Biblische Landschaft *(Paysage biblique)*, 1946
Öl auf Leinwand; 36,5 x 51 cm; Privatbesitz, Paris

72
Biblische Landschaft,
um 1947
(Paysage biblique)
Öl auf Leinwand
35,5 x 50 cm
Privatbesitz, Paris

73
Lasset die Kinder
zu mir kommen,
1946-1948
*(Laissez venir à moi
les petits enfants)*
Öl auf Leinwand
54 x 69 cm
Privatbesitz, Paris

74 Im Land des Durstes und der Angst, auch: Herbst *(Au pays de la soif et de la peur,* dit aussi: *Automne)*, um 1948
Öl auf Leinwand; 51 x 72 cm; Privatbesitz, Paris

75 Spätherbst V *(Fin d'automne V)*, 1952
Öl auf Leinwand; 63 x 90 cm; Privatbesitz, Chantilly

76 Christlicher Abend *(Nocturne chrétien)*, 1952
Öl auf Leinwand; 97 x 65,2 cm; Musée National d'Art Moderne, Centre Georges Pompidou, Paris

»Ich habe gemalt, indem ich Tag und Nacht die Augen auf die Sinnenwelt gerichtet hielt; aber von Zeit zu Zeit schloß ich sie, um den Visionen besser zu folgen. Alles erschien mir so schön, selbst im Finstern, wenn die Nacht die Guten und die Bösen einschläfert, das heißt, wenn die einen wirklich nur gut, die anderen wirklich nur schlecht sind.« Diese Bemerkung Rouaults, er habe die Augen geschlossen, damit die Visionen sich vertieften, gewinnt besonders in den im Spätwerk wiederaufgegriffenen Themen seine Bedeutung. Rouault gibt ihnen nun eine andere Wendung, zeigt sie ausgeglichener, ruhiger, auch geborgen in einer höheren Ordnung. Besonders das *Alte Vorstadtviertel* von 1951 (Tafel 78) macht dies deutlich, worin das Thema der Mutter, die unter der Last der Armut steht und für viele Kinder zu sorgen hat, in seiner Ruhe und seinem abendlichen Glanz in eine Meditation der Mutterschaft verwandelt wird.

Das schwere Los dieser Mütter und die Armut des Lebens in den Vorstädten hat Rouault wiederholt in Gedichte zu fassen versucht:

> »Schlaf, mein Liebes, sagte die zärtliche Mutter
> Träume, daß der heitere Frühling
> Auf den rauhen Winter folgt
> Den von den armen Leuten gehaßten.
>
> Träume, daß in diesem traurigen Viertel
> Alles schön ist, alles strahlend
> Von einem Ende des Jahres bis zum anderen
> Und daß Ratten, Mäuse, Küchenschaben
>
> Antike Feen sind
> Die morgen wieder
> Ihr funkelndes Gewand anziehen werden
>
> Schlaf, mein Liebes
> Wie Vater und Mutter
> Wirst Du Not leiden
> Aber träume, daß es davon nichts geben wird.
>
> Schlaf, mein Liebes.
> Du hast auf dieser Welt nichts anderes
> Als meine zwei schwachen Arme als Stütze
> Aber fürchte nicht den widrigen Traum
> Ich bin hier und wache abends und morgens.
>
> Schlaf, mein Kleines

Das Bild des *Alten Vorstadtviertels* und das einige Jahre vorher entstandene, in der Stimmung zweifellos tragischere Bild des *Exodus* machen deutlich, wie sehr es Rouault verstand, ohne starke Gestik, nur durch Haltung und Umriß seiner Figuren all die Gefühle zu evozieren, die diese beherrschen, und den personhaften Kern anschaulich zu machen. Insofern hat Rouault die Bildhaftigkeit des menschlichen Leibes in ihrer ganzen Dimension erkannt, der für ihn nicht nur reine Form, sondern der Ort sichtbaren Erscheinens des Geistes war.

77 Exodus/Der Weg ist lang (Exode/La route est longue), um 1948
Öl auf Leinwand; 65 x 50 cm; Privatbesitz, Paris

78 Altes Vorstadtviertel/Mutter und Kind *(Vieux faubourg/Mère et enfants)*, 1951
Öl auf Karton; 26 x 21 cm; Privatbesitz, Paris

Blumen

Es ist bewegend zu beobachten, wie sich Rouaults zunehmend heiterer Blick auf die Welt nicht nur in einer veränderten Behandlung schon des öfteren bearbeiteter Themen, sondern auch im Auftauchen neuer äußert, die es erlauben, die Schönheit schlichter Dinge zu schildern.

Auch wenn das Thema der Blumensträuße durch einen Auftrag ausgelöst worden sein dürfte, entsprach es doch ganz der Befindlichkeit des Malers. Zu Beginn der dreißiger Jahre hatte Madame Marie Cuttoli, der die Erneuerung der Kunst des französischen Bildteppichs ein großes Anliegen war und die daher die größten Maler der Zeit wie Picasso, Matisse, Braque, Dufy oder Miró einlud, Kartons für Tapisserien zu malen, auch Rouault gebeten, sich mit dieser Aufgabe auseinanderzusetzen. Als Frucht dieser Bemühungen entstanden Kartons wie der *Verwundete Clown* (1932) oder *Die kleine Familie* (um 1933), aber auch mehrere dutzend Entwürfe mit Blumenbouquets. Aus all diesen Vorlagen wurden durch die Werkstatt von Aubusson zwischen 1932 und 1938 rund zehn Teppiche realisiert.

Merkt man den ersten Blumenbildern Rouaults noch eine gewisse Unsicherheit in der Bildorganisation an, so entwickelte er auch in diesem Genre bald einen Typus, den er dann über Jahre beibehielt und steigerte. Vor diesem Hintergrund aber werden erst die Schematisierung, die dekorative Vereinfachung und die Verwendung starker, rahmender Bordüren verständlich.

In späteren Jahren war es einmal der Geburtstag seiner Frau, der den Anlaß für die Entstehung eines Blumenbildes bot – so bei dem Blumenstrauß von 1950, der mit großen Ziffern das Datum vorträgt, an dem sie ihr 77. Lebensjahr vollendete. Marthe Rouault, geb. Le Sidaner, muß eine wunderbare Begleiterin ihres Mannes gewesen sein. Hatten noch Freunde und Bekannte, schockiert von den düsteren Arbeiten Rouaults zu Beginn des Jahrhunderts, prophezeit, daß sich nie eine anständige Frau finden werde, die so einen Maler zu heiraten bereit sei, so war ihm in ihrer Person ein Mensch begegnet, der sein ungestümes Temperament verstand und geduldig ertrug, ihm in den schweren Jahren der Isolation durch überwiegendes Unverständnis bedingungslos zur Seite stand und als Pianistin durch Privatunterricht die wachsende Familie am Leben erhielt. In ihr fand Rouault neben seiner Kunst einen Halt, doch hat sie aufgrund ihrer Bescheidenheit und Stille in der Literatur kaum Erwähnung gefunden. Gerade ihr und ihrem verständnisvollen Wesen aber verdankte Rouault das Glück und die Ausgeglichenheit seines langen Alters.

Rouaults gemalte Blumensträuße sind von stiller Heiterkeit und Einfachheit. In ihrer Hieratik und symmetrischen Strenge, aber auch der wiederholenden Anwendung einmal gefundener Kompositionen entsprechen sie ganz seinem Streben nach Klarheit und Festigkeit des Bildgefüges bei gleichzeitiger Steigerung der Intensität durch die Farbe.

In dem *Stilleben mit Orangen,* das in seiner lapidaren Zeichnung besticht, klingt in der ruhigen Anordnung der starkfarbigen Früchte noch einmal das große Vorbild Cézanne an; aber nun ganz übertragen in den leuchtenden Kolorismus des Spätwerks, dessen Pracht sich nicht nur in der Komplementärharmonie von Rot und Grün, sondern etwa auch in der raffinierten Beziehung von Gelb-, Blau- und Orangetönen im Hintergrund entfaltet.

79 Dekorative Blumen *(Fleurs décoratives)*, 1947
Öl auf Leinwand; 57 x 39 cm; Privatbesitz, Paris

80 Blumen und Früchte *(Fleurs décoratives)*, 1950
Öl auf Leinwand; 45 x 32,5 cm; Privatbesitz, Paris

81 Stilleben mit Orangen *(Nature morte aux oranges)*, 1953
Öl auf Leinwand; 34 x 47 cm; Fondation Georges Rouault, Paris

Druckgraphik

Das druckgraphische Werk

Schon früh galt Rouaults Interesse der Druckgraphik. Bereits 1910 träumte er von Mappenwerken und illustrierten Büchern und verwendete in Briefen, selbst da, wo er von seinen Gouachen und Zeichnungen sprach, den Ausdruck ›Lithographien‹ (vgl. Text zu Taf. 34-38). Nachdem Ambroise Vollard Jean Louis Forain und André Derain vergeblich als Illustratoren seines eigenen Werkes über den *Père Ubu* zu gewinnen versucht hatte, trug er das Anliegen 1917 Rouault vor. Der Kunsthändler und Verleger war von Alfred Jarrys Theaterstück *Ubu roi* (1896) so beeindruckt, daß er 25 Jahre nach dessen Erscheinen selbst ein Prosagedicht über diese Gestalt, die ihm wie die Verkörperung aller Laster der Politiker erschien, verfaßte. Rouault stimmte, obwohl er die Schwäche des Textes erkannte, unter der Bedingung zu, seinerseits sein langgehegtes Projekt *Miserere* verwirklichen zu können sowie ohne allzu strenge Bindung an den Text illustrieren zu dürfen. Er schlug den Titel *Réincarnations du Père Ubu* vor. Schon um 1919 waren die Illustrationen im wesentlichen abgeschlossen. Nur die Radierungen überarbeitete Rouault in den nächsten Jahren noch geringfügig, bis er sie 1928 signierte.

In den Darstellungen deformierte der Künstler karikaturartig seine Gestalten – allen voran Ubu, indem er ihm einen riesigen Kopf und kurze Gliedmaßen verlieh. Nach und nach wurde bei Rouault aus dem eitlen, egoistischen und bequemen Politiker, den Vollards Text beschrieb, ein abgründiges Wesen, eine Inkarnation menschlicher Bosheit, die zuweilen tierische Züge annahm. Die größte schöpferische Phantasie setzte bei Rouault aber jener Abschnitt des Buches frei, der Ubus Wirken in Afrika gewidmet ist. Nicht nur um die Ausbeutung der Negersklaven geht es da, sondern auch um das Wesen der Schwarzen, ihre faszinierende Beweglichkeit und Körpersprache. Rouault versuchte, dies durch die oft schwingenden Formen der langen Glieder, die Biegsamkeit der Gestalten auszudrücken und ging dabei von der Lokkerheit und Spontaneität der Tuschpinselzeichnung aus. Odilon Redon sagte später voller Bewunderung: »Die Neger von Rouault sind wahrer als die Natur.«

Der Zyklus *Miserere* scheint aus den Albumblättern und ihren *Types*, Verkörperungen menschlicher Haltungen, hervorgegangen zu sein. Als 1912 unerwartet sein Vater starb, war Rouault tief getroffen. Die Leiche des im Stillen bewunderten Vaters auf dem Totenbett regte ihn zu einigen *De Profundis* betitelten Aquarellen an, deren Komposition später in verwandter Form als eine Radierung des Zyklus *Miserere* wiederkehrte. Noch im selben Jahr begann er eine Bilderreihe zum Thema des 51. Psalms. Rouault schuf zunächst ein bescheidenes Heft, plante aber bald 50 Tafeln zum Thema *Miserere* und 50 zum Thema des Krieges. Die Tafeln, deren Bildmotive zum Großteil aus den Jahren 1914-1918 stammen, wurden von Rouault als Tuschpinselzeichnungen angelegt und später auf Wunsch von Vollard als Gemälde ausgeführt. Über hundert dieser Zeichnungen wurden dann mit Hilfe eines photomechanischen Verfahrens (Heliogravur) auf die Kupferplatten übertragen, von wo aus sie Rouault zu Graphiken umarbeitete, bemüht, die Unmittelbarkeit der zugrundeliegenden Zeichnung zu erhalten. Er entwickelte darin einen ungeheuren technischen Erfindungsreichtum, bearbeitete die Platten mit den verschiedensten Werkzeugen wie Kaltnadel, Glättstahl, Rollen, Sandpapieren und dergleichen und erreichte durch unzählige Arbeitsvorgänge (und zuweilen bis zu 12 Zustände) eine besondere Vielfalt und Lebendigkeit graphischer Wirkungen.

Die 58 Radierungen, auf die man sich schließlich beschränkt hatte, wurden zwischen 1922 und 1927 gedruckt, blieben jedoch zunächst bei Vollard liegen; sein tödlicher Autounfall 1939, der Krieg und die Besetzung verzögerten die Herausgabe noch weiter, so daß *Miserere* erst 1948 erscheinen konnte. Rouault hatte ursprünglich einen Text von André Suarès für den Zyklus gewünscht, doch kam dieser so erschöpft aus dem Exil zurück, daß daran nicht zu denken war.

Wie schon erwähnt, wird *Miserere* von zwei ursprünglich getrennt gedachten Zyklen, *Miserere* und *Guerre*, gebildet, wobei der erste Leid aufgrund menschlicher Verfaßtheit und gesellschaftlicher Umstände, der zweite die durch die Folgen des Krieges hervorgerufene Not behandelt. Deutlich wird die Trennung schon im Vorhandensein von zwei Titelblättern, die einander formal und inhaltlich entsprechen. Die Bilder dieses Zyklus sollen die Erlösungsbedürftigkeit des Menschen in allen Facetten illustrieren: menschliche Fehlhaltungen und Schwächen, die Befindlichkeit und das Leiden im Körperlichen, das Dulden unter der Macht des Bösen; sie stellen sie aber auch in den Zusammenhang biblischer Themen und der tröstlichen Erlösungswirklichkeit, die besonders in der Gestalt Christi vorgeführt wird. Die Titel, die Rouault unter seine Blätter setzte, sind Zitate aus der Hl. Schrift, von Pascal, antiken Schriftstellern oder zuweilen Redeweisen der einfachen Leute, aber stets von einer die Darstellung noch steigernden Kraft.

Miserere stellt den Mittelpunkt im Schaffen Rouaults, Summe und Gipfel seines Œuvres dar, sowohl was die Themenvielfalt, das Menschenbild als auch die Kraft der Bilderfindung anbelangt. Seine hohe Expressivität und graphische Kraft, der Versuch umfassender Weltdeutung machen diesen Zyklus aber auch zu einem der Hauptwerke der Graphik unseres Jahrhunderts. In Hunderten von Entwürfen, Varianten und Studien umkreiste Rouault jahrzehntelang (auch nach der Drucklegung 1927 noch) diese Themen, kehrte zu schon gefundenen Bildlösungen zurück, um sie zu verbessern oder neu zu fassen. So waren etwa Motive wie in *Exodus* oder *Der blaue Vogel* (vgl. Abb. S. 40, 44), *Christus am Kreuz, Sind wir nicht alle Sträflinge?* oder *Im Land des Durstes und der Angst* (Tafeln 41, 42, 74) ursprünglich für *Miserere* geplante Bildlösungen. Auch graphische Blätter wie *Die Bucht der Hingeschiedenen*, *Herbst* oder *Christus am Kreuz* (Tafeln 139, 140,

142) sind aus Arbeiten hervorgegangen, die ursprünglich für *Miserere* vorgesehen waren und dann in diesem Zusammenhang fallengelassen wurden.

Gustave Moreau war es gewesen, der Rouault mit dem Werk Baudelaires in Berührung gebracht und seine lebenslange Begeisterung für ihn geweckt hatte. Rouault hatte schon einige Zeit den Gedanken mit sich herumgetragen, Texte von ihm bildlich umzusetzen, als er 1918 Vollard »einen Baudelaire« vorschlug. Dabei dachte er an die Herausgabe eines Buches unter dem Titel *Danse macabre* oder *Les Fleurs du Mal* mit 50 Illustrationen. Die Frucht mehrjähriger Arbeit waren schließlich 14 Radierungen zum Thema, die 1927 bei Jacquemin gedruckt wurden. Wie auch in anderen Fällen hatte Vollard, der bei der Herstellung schöner Bücher ein unüberbietbarer Perfektionist war, keine Eile mit der Publikation und legte die Arbeiten zunächst in die Schublade. Auch hier verhinderte in der Folge sein plötzlicher Tod ein Erscheinen: Erst durch die Initiative von Isabelle und Geneviève Rouault, die um die Bedeutung wußten, die Rouault diesen Blättern und Baudelaire zugemessen hatte, erschien das Werk postum 1966. Rouault versuchte darin nicht, sklavisch am Text zu hängen, sondern dem Geist der *Fleurs du Mal* zu entsprechen. So machte er etwa aus den Versen *Ausschweifung und Tod sind zwei liebenswerte Mädchen* ein makabres, herausgeputztes Ehepaar (vgl. Tafel 91). Satan, der immer wieder erscheint, wird nicht häßlich oder entstellt gezeigt, sondern hintergründig, mit einem Ausdruck der Bitterkeit oder Traurigkeit, auch des Wissens um das durch seine Abwendung von Gott Verlorene.

Rouaults Arbeitsbelastung in diesen Jahren war enorm und wurde durch neue Projekte Vollards ständig vermehrt. 1927 wurden die Radierungen für *Les Fleurs du Mal* gedruckt. Daneben hatte Rouault an den Tafeln für *Miserere,* die im gleichen Jahr abgeschlossen werden konnten, und an den bis 1928 immer wieder vorgenommenen Illustrationen für *Réincarnations du Père Ubu* gearbeitet und es in bewundernswerter Weise vermocht, auf den Charakter eines jeden dieser verschiedenen Werke einzugehen. Darüber hinaus wurden 1926 die Lithographien für *Souvenirs intimes* und *Maîtres et petits maîtres d'aujourd'hui* veröffentlicht und schließlich 1929 die beiden Bücher *Paysages légendaires* und *Petite banlieue,* wobei er bei *Souvenirs intimes* und *Paysages légendaires* auch Autor der Texte war. Daneben hatte Rouault 1926 mit den Farbradierungen für *Cirque* begonnen und etwas später erste Überlegungen für das in Zusammenarbeit mit Suarès geplante Buch *Passion* angestellt. Dazu kam noch die Verpflichtung, Hunderte von Ölbildern fertigzumalen, da Vollard 1917 Rouault gegen ein regelmäßiges Einkommen dessen Atelier mit allen unfertigen Bildern abgekauft hatte, die er noch vollenden mußte. Diese fast unmenschliche Arbeitsbelastung war mit dafür verantwortlich, daß Rouault kaum ausstellte und kaum bekannt wurde.

In der Erstpublikation *Souvenirs intimes* führte Rouault die Künstler und Persönlichkeiten vor, deren Bekanntschaft er gemacht hatte oder die für sein Denken und seine künstlerische Arbeit von Bedeutung gewesen waren: Baudelaire, Bloy, Cézanne, Moreau, Suarès, Renoir, Degas, Daumier, Huysmans. Die Illustrationen für *Paysages légendaires* sind Ausdruck von Rouaults tiefer Überzeugung von der zeitlosen Gegenwart Christi in der Welt. In *La petite banlieue* ist die Not der einfachen Leute, die versteckte Armut im Elend der Vorstädte das Thema.

Wie zuvor schon angedeutet, bestand zwischen Rouault und Suarès eine tiefe Freundschaft, die den Gedanken einer Zusammenarbeit nahelegte. *Cirque* und *Passion* entstanden daraufhin auch als Gemeinschaftsprojekte. Schon 1926 hatte Rouault begonnen, sich mit den Illustrationen für *Cirque* auseinanderzusetzen. Aber 1932, als die Arbeit bereits fortgeschritten war, entdeckte Vollard im Text von Suarès »antiamerikanische« Momente und stoppte, da er viele amerikanische Kunden hatte, das Projekt. Rouaults Enttäuschung war groß. Vor allem aber waren bereits 8 Farbradierungen und alle Holzstiche nach seinen Vorlagen gedruckt. Rouault hob daraufhin die Farbradierungen für den Fall auf, daß der Text von Suarès doch noch gedruckt werden sollte, da Vollard das Projekt nach einer Überarbeitung durch Suarès durchaus fortgeführt hätte. Doch auch hier wurde ein weiteres Zustandekommen durch den jähen Tod Vollards vereitelt. Um jedoch die enormen Kosten und auch die investierte Arbeit nicht fruchtlos liegenzulassen, plante Rouault im Einvernehmen mit Suarès, unter dem neuen Titel *Zirkus Sternschnuppe* eigene Texte zum Thema des fahrenden Volkes abzudrucken und diese mit den vorhandenen Holzstichen, aber auch neuen Farbradierungen zu illustrieren. Im Zuge dieser Arbeit fand Rouault, nachdem er sich, unzufrieden über die ungenaue Arbeitsweise des Druckers Potin an den Farbradierungen für *Cirque,* von diesem getrennt hatte, in Roger Lacourière einen kongenialen Drucker, der bei der Arbeit an den Farbradierungen für *Zirkus Sternschnuppe* in der Lage war, all die Töne hervorzubringen, die der Maler wünschte. In der Folge entstanden starkfarbige, lebendige Darstellungen von heiterem Grundcharakter und großer Beweglichkeit der Zirkusgestalten.

Es ist begreiflich, daß die nun erreichten Möglichkeiten der Farbradierung in Rouault den Wunsch aufkommen ließen, das Thema der *Blumen des Bösen* noch einmal aufzugreifen. 30 Tafeln waren geplant, 12 wurden schließlich zwischen 1936 und 1938 gemeinsam mit Lacourière geschaffen.

Dem anderen Gemeinschaftsprojekt Rouaults und Suarès war jedoch ein günstigeres Schicksal beschieden als *Cirque. Passion,* schon 1927 begonnen, erschien 1939 – als letztes zu Lebzeiten Vollards veröffentlichtes Buch Rouaults. Wie schon bei früheren Illustrationen behandelte Rouault den Text von Suarès in sehr freier Weise, gruppierte rund um ihn seine eigenen Anliegen: das triste Leben in den Vorstädten, die Bauern und Fischer und deren hart verdientes Brot oder das ausgesetzte Leben der Wanderer, der Unbehausten, schließlich auch wieder Jesu Auftreten in unserer Zeit und Szenen aus der Leidensgeschichte. Die Farbigkeit dieser Radierungen weist schon auf den späteren Rouault und seinen leuchtenden Kolorismus hin. Suarès war von den Bildern tief beeindruckt und schrieb dem Freund: »Was den Geist betrifft, sehe ich mehrere darunter, die in meinen Augen die einzigen wahrhaft religiösen Werke dieser Zeit sind ...«

In den folgenden Bildtafeln 82-138 werden jeweils nur ausgewählte Beispiele der einzelnen Zyklen bzw. Bücher vorgeführt; dabei wurde immer der letzte Zustand der Drucke gewählt. Die Tafeln 139-143 geben Einzelblätter wieder. (Maßangaben beziehen sich auf das Format der Platte bzw. Darstellung.)

82 Georges Rouault – Selbstporträt I *(Autoportrait I)*, 1926 [23 x 17,2 cm]

83 André Suarès, 1926 [24,3 x 17,7 cm]

84 Léon Bloy, 1926 [23,5 x 16,7 cm]

85 Charles Baudelaire, 1926 [21,1 x 16,5 cm]

86 Gustave Moreau, 1926 [23 x 17 cm]

PERSÖNLICHE ERINNERUNGEN *(Souvenirs intimes)*, 1926

Folioband, Text von Rouault, Vorwort von André Suarès, 6 Lithographien von Rouault. Buchformat 33 x 25,5 cm; Privatbesitz Paris.
Verlag: Galerie des Peintres Graveurs, E. Frapier éditeur, Paris 1926. Druck: Duchâtel, Paris. 1. Auflage 350 Exemplare und 35 außerhalb des Handels;
2. Auflage (1926) 1000 Exemplare, um eine weitere Lithographie mit Baudelaires Porträt erweitert.

87 Skelett *(Squelette)*, 1926 [35 x 25,5 cm]

88 »Stolz wie eine Lebendige auf ihren edlen Wuchs« *(»Fière autant qu'un vivant, de sa noble stature ...«)*, 1927 [35,4 x 25,8 cm]

89 Verspottung Christi *(Christ aux outrages)*, 1926 [35 x 25 cm]

90 Satan III, 1926 [35 x 25,8 cm]

91 »Die Ausschweifung und der Tod ...« (*»La Débauche et la mort ...«*), 1926 [35 x 25,5 cm]

DIE BLUMEN DES BÖSEN (*Les Fleurs du Mal*), 1926-1927

Folioband, Text von Charles Baudelaire, 14 Originalradierungen von Rouault. Buchformat 45 x 34 cm; Privatbesitz Paris.
Verlag: Edition l'Etoile filante, Paris 1966. Druck: Jacquemin, Paris 1927. Auflage 425 Exemplare und 25 außerhalb des Handels.

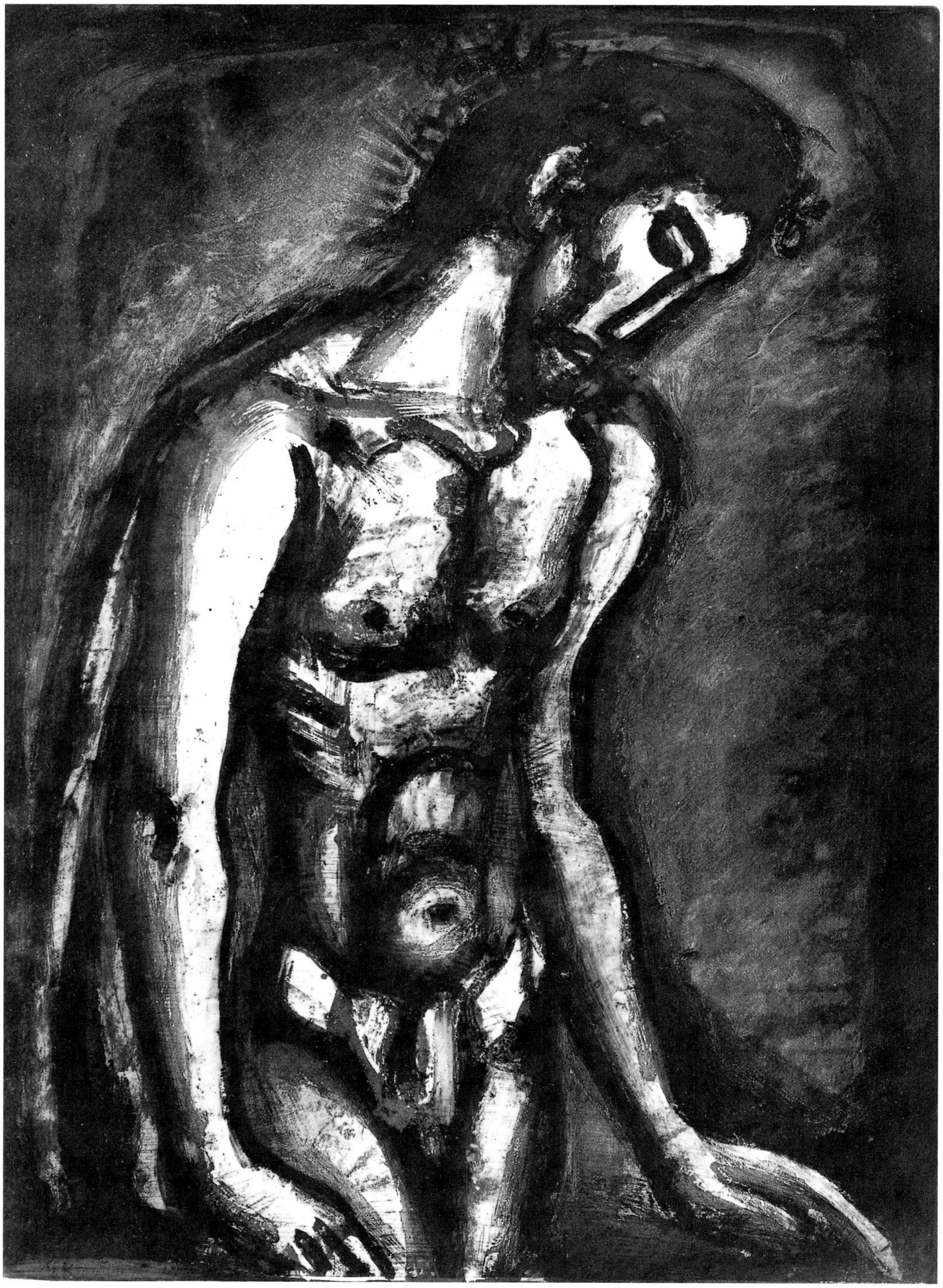

92 »Er wurde mißhandelt und bedrückt und tat seinen Mund nicht auf«
(»Il a été maltraité et opprimé et il n'a pas ouvert la bouche«), 1923 [57,8x41 cm]

93 Leben, ein hartes Handwerk *(Le dur métier de vivre ...)*, 1922 [48 x 36 cm]

MISERERE, 1922-1927

Folioband, 58 Radierungen von Rouault; Buchformat 68,5 x 51,5 cm; Privatbesitz Paris.

Verlag: Edition l'Etoile filante, Paris 1948. Druck der Radierungen: Jacquemin, Paris 1922-1927. Auflage 425 Exemplare und 25 außerhalb des Handels.

94 Wir halten uns für Könige *(Nous croyant rois)*, 1923 [59 x 42 cm]

95 Miserere mei, Deus, secundum magnam misericordiam tuam, 1923 [57,5×42 cm]

96 Selbst die Ruinen sind untergegangen *(Les ruines elles-mêmes ont péri)*, 1926 [57,5×44,5 cm]

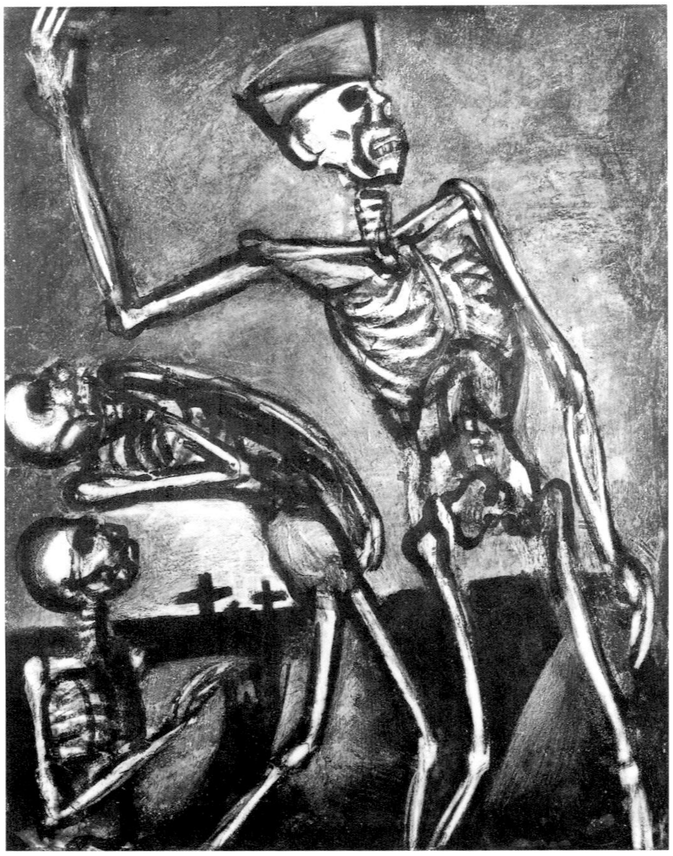

97 Auf, ihr Toten! *(Debout les morts)*, 1927 [58,8×44,4 cm]

98 Es wird das letzte Mal sein, lieber Vater! *(Ce sera la dernière, petit père)*, 1927 [58,8×43 cm]

99 Der Verurteilte ist weggegangen *(Le condamné s'en est allé ...)*, 1922 [50x34,5 cm]

100 Einsam in diesem Leben der Hinterlist und Bosheit *(Solitaire en cette vie d'embuches et de malices)*, 1922 [57,5x41,5 cm]

101 Dame der gehobenen Gesellschaft, die glaubt, auch im Himmel einen reservierten Platz zu bekommen *(Dame du haut quartier croit prendre pour le ciel place réservée)*, 1922 [57,2x41,2 cm]

102 Sein Anwalt beschwört in hohlen Phrasen seine völlige Unschuld *(Son avocat, en phrases creuses, clame sa totale inconscience ...)*, 1922 [53,5x40,8 cm]

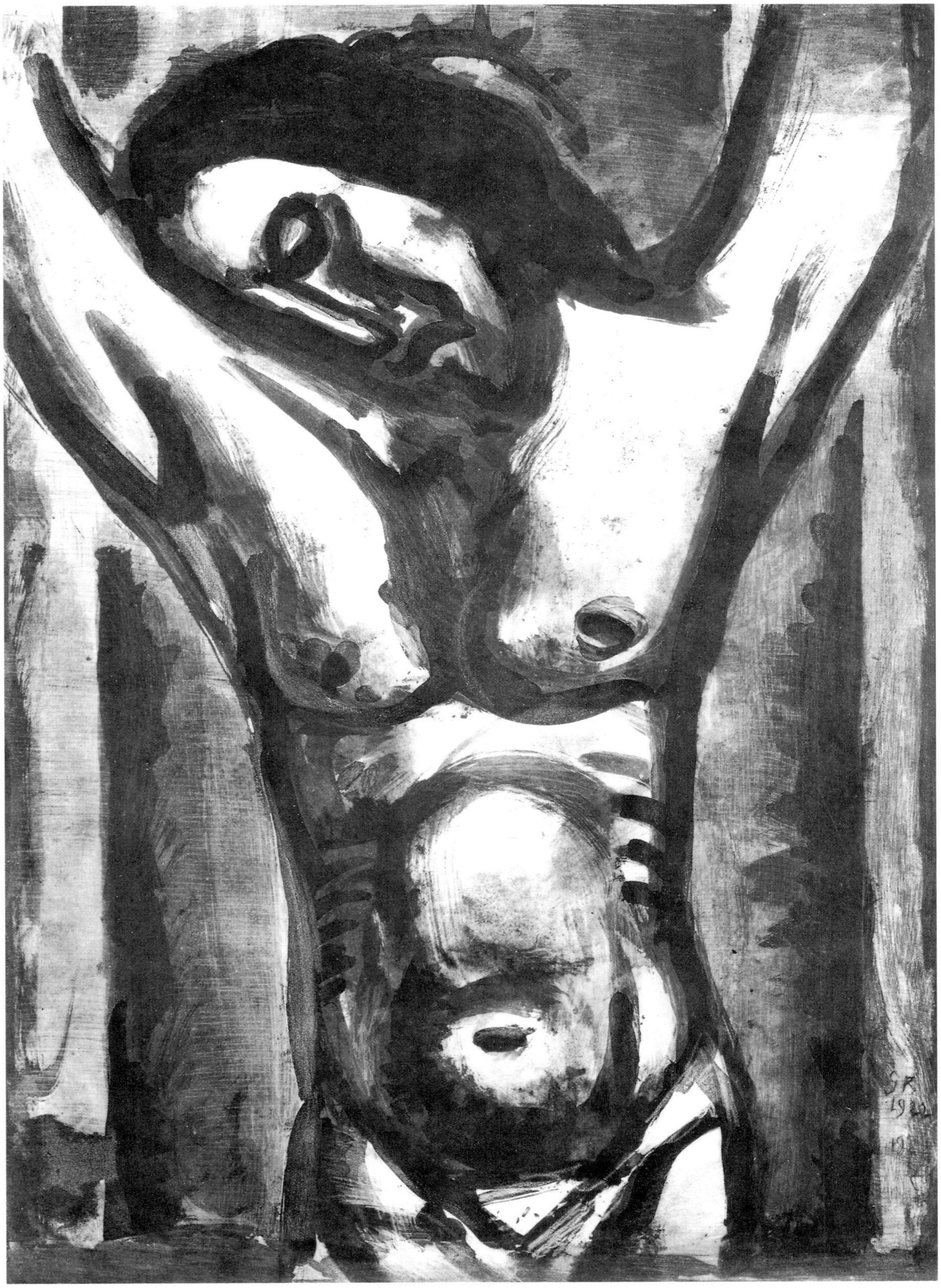

103 »Jesus wird im Todeskampf sein bis an das Ende der Welt ...«
(»Jésus sera en agonie jusqu' à la fin du monde ...), 1926 [58x41 cm]

104 Der Theaterdirektor *(Le Directeur de théâtre)*, gedruckt 1928 [30 x 19,6 cm]

105 Der gute Kandidat Budubadabu *(Bon candidat Boudoubadabou)*, gedruckt 1928 [30 x 19,5 cm]

106 Frontispiz *(Frontispice)*, gedruckt 1928 [30 x 20 cm]

107 Bambula *(Bamboula)*, 1928 [30 x 15 cm]

108 Der Père Ubu als Sänger *(Le Père Ubu chantre), gedruckt* 1928 [30,7x19,6 cm]

DIE REINKARNATIONEN DES PERE UBU *(Réincarnations du Père Ubu)*, 1928

Folioband, Text von Ambroise Vollard, 22 Originalradierungen von Rouault (datiert 1928) und 104 Holzstiche nach Tuschpinselzeichnungen Rouaults, gestochen von Georges Aubert. Buchformat 45x34 cm; Privatbesitz Paris. Verlag: Ambroise Vollard, Paris 1932. Druck der Radierungen: Aux deux Ours, Henri Jourde, Paris 1928-1932. Auflage 305 Exemplare und 30 außerhalb des Handels; des weiteren 225 Folgen der Radierungen.

109 Die Jünger von Emmaus *(Les disciples d'Emmaüs)*, 1929 [24 x 17 cm]

110 An den Ufern des Jordan *(Aux rives du Jourdain)*, 1929 [24 x 17 cm]

111 Christus und Landstreicher *(Christ et chemineaux)*, 1929 [24 x 17 cm]

112 Der schöne Sonntag *(Le beau dimanche)*, 1929 [23,5 x 17 cm]

113 Auf dem Fluß *(Sur la rivière)*, 1929 [24 x 17 cm]

LEGENDÄRE LANDSCHAFTEN *(Paysages légendaires)*, 1929

Buch, Gedichte von Rouault, 6 Originallithographien von Rouault und 50 Reproduktionen
nach Tuschpinselzeichnungen von Rouault; Buchformat 33 x 25,5 cm; Privatbesitz Paris.
Verlag: Editions Porteret, Paris 1929. Druck der Lithographien: Duchâtel, Paris 1929. Auflage 132 Exemplare und 15 außerhalb des Handels.

114 Vorstadt der langen Leiden / Die arme Familie
(Faubourg des Longues Peines / La pauvre famille),
1929 [33,5 x 22,5 cm]

115 De profundis, 1929 [33,3 x 22,5 cm]

116 Vorstadt der langen Leiden / Sackgasse
(Faubourg des Longues Peines / Impasse), 1929
[33,5 x 22,5 cm]

117 Vorstadt der langen Leiden / Die ärmliche Kirche
(Faubourg des Longues Peines / La pauvre église), 1929
[30 x 23 cm]

118 Vorstadt der langen Leiden / Übersiedlung *(Faubourg des Longues Peines / Déménagement)*, 1929
[31,5 x 23 cm]

DIE KLEINE VORSTADT *(La Petite banlieue)*, 1929

Folioband, 6 Originallithographien von Rouault; Buchformat 44,5 x 31,5 cm; Privatbesitz Paris.
Verlag: Edition des Quatre Chemins, Paris 1929. Druck: Duchâtel, Paris 1929. Auflage 100 Exemplare und 25 außerhalb des Handels.

119 Amazone *(Amazone)*, 1930 [29,7 x 22,5 cm]

120 Der Clown mit der großen Trommel
(Le Clown à la grosse caisse), 1930 [31 x 21 cm]

121 Die Zirkusparade *(La Parade)*, 1930 [30 x 26,5 cm]

122 Clown und Kind *(Clown et Enfant)*, 1930
[31 x 21 cm]

123 Der alte Clown *(Le Vieux Clown)*, 1930 [32,5 x 22,7 cm]

ZIRKUS *(Cirque)*, 1930

Folioband, 8 Originalfarbradierungen von Rouault (der vorgesehene Text von André Suarès wurde nicht verwendet).
Buchformat 44,5 x 33,7 cm; Privatbesitz Paris.
Verlag: Ambroise Vollard, Paris 1930. Druck: Potin, Paris. Auflage 270 Exemplare.

124 Passion *(Passion)*, 1937 [31,3 x 21,2 cm]

125 Die drei Kreuze *(Les Trois Croix)*, 1938
[30,4 x 21,8 cm]

126 Lakai *(Laquais)*, 1937 [30,6 x 20,7 cm]

127 Richter *(Juges)*, 1938 [30,8 x 21,6 cm]

128 Kurtisane mit gesenktem Blick *(Courtisane aux yeux baissés)*, 1937 [30x21,4 cm]

DIE BLUMEN DES BÖSEN *(Les Fleurs du Mal)*, 1936-1938

Mappe mit 12 Originalfarbradierungen von Rouault. Format 44,3x34 cm; Privatbesitz Paris.
Verlag: Ambroise Vollard, Paris (unvollendet). Druck: Roger Lacourière, Paris 1936-1938. Auflage 250 Exemplare.

129 Der Zwerg *(Le Petit Nain)*, 1934 [30,5 x 20,6 cm]

130 Meister Arthur *(Master Arthur)*, 1934
[30,1 x 20,3 cm]

131 Schwarzer Pierrot *(Pierrot Noir)*, 1935
[30,2 x 20,4 cm]

132 Zirkuskind *(Enfant de la balle)*, 1935
[30,5 x 20,3 cm]

133 Jongleur *(Jongleur)*, 1934 [31,2 x 20,2 cm]

ZIRKUS STERNSCHNUPPE *(Cirque de l'Etoile filante)*, 1938
Folioband, Text von Rouault, 17 Originalfarbradierungen von Rouault und 82 Holzstiche nach Vorlagen von Rouault, gestochen von Georges Aubert. Buchformat 45,5 x 34,5 cm; Privatbesitz Paris.
Verlag: Ambroise Vollard, Paris 1938. Druck der Farbradierungen: Roger Lacourière, Paris 1938. Auflage 250 Exemplare und 30 außerhalb des Handels.

134 Ecce dolor, 1936 [30,6 x 21,5 cm]

135 Begegnung *(Rencontre)*, 1936 [30,7 x 21,7 cm]

136 Der alte Mann zieht seines Weges
(Le vieil homme chemine), 1936 [31,2 x 21,8 cm]

137 Ecce Homo, 1936 [31,8 x 20,4 cm]

138 Henkers-Gehilfe (einen Balken des Kreuzes tragend)
(Aide-bourreau portant un des bois de la croix), 1936 [30,5 x 21,3 cm]

PASSION, 1939

Folioband, Text von André Suarès, 17 Originalfarbradierungen von Rouault und 82 Holzstiche nach Vorlagen Rouaults, gestochen von Georges Aubert. Buchformat 45,5 x 34,5 cm; Privatbesitz Paris.
Verlag: Ambroise Vollard, Paris 1939. Druck der Farbradierungen: Roger Lacourière, Paris 1939. Auflage 245 Exemplare und 25 außerhalb des Handels.

139 Die Bucht der Hingeschiedenen *(La Baie des Trépassés)*, 1939
Farbradierung; 60,8x45 cm; Privatbesitz Paris; Auflage 175 Exemplare

140 Christus am Kreuz *(Christ en croix)*, 1936
Farbradierung; 64,8x48,7 cm; Privatbesitz Paris; Auflage 175 Exemplare

141
Der Ausritt
(La Chevauchée), 1910
Farblithographie;
33,5 x 44,5 cm
Privatbesitz Paris
Druck: Clot, Paris
Auflage 25 Exemplare

142
Herbst *(Automne)*, 1933
Lithographie; 43 x 57 cm
Privatbesitz Paris
Auflage 175 Exemplare

143 Selbstporträt III *(Autoportrait III)*, 1926
Farblithographie; 34 x 24,5 cm; Privatbesitz Paris; Auflage 100 Exemplare

Biographie

Sigrun Loos

1871

Georges Henri Rouault wird am 27. Mai im Keller der Rue de La Villette 51 in Paris während eines Bombardements beim Aufstand der Kommune geboren. Der Vater, Alexandre Rouault, ein Kunsttischler, ist Bretone, die Mutter Marie-Louise Champdavoine stammt aus Paris.

1881

Häufiger Besuch bei seinem Großvater mütterlicherseits, Alexandre Champdavoine, im Marais-Viertel, einem Bewunderer von Daumier, Courbet und Manet, Maler, die damals noch wenig Anerkennung gefunden hatten. Seine bei ihm lebenden Töchter, die Tanten Rouaults, waren Porzellanmalerinnen.

1885

Einjähriger Besuch eines Abendkurses an der Ecole des Arts Décoratifs.

1885-1890

Lehre bei dem Glasmaler Tamoni sowie bei dem Glasfensterrestaurator Hirsch. Rouault beschließt, Maler zu werden.

1890

Am 3. Dezember tritt Rouault in die Ecole Nationale Supérieure des Beaux-Arts in Paris, Klasse Elie Delaunay (1828-1891) ein. Noch im Totenbett gelingt es diesem, Gustave Moreau als seinen Nachfolger zu gewinnen. Moreau wird Lehrer von Rouault, Henri Matisse, Pierre Albert Marquet, Léon Lehmann, René Piot u. a. Sie alle profitieren von dessen liberalem und anspruchsvollem Unterricht. Durch Moreau lernt Rouault wichtige Werke der französischen Literatur und Geistesgeschichte kennen, darunter Schriften von Charles Baudelaire und Blaise Pascal.

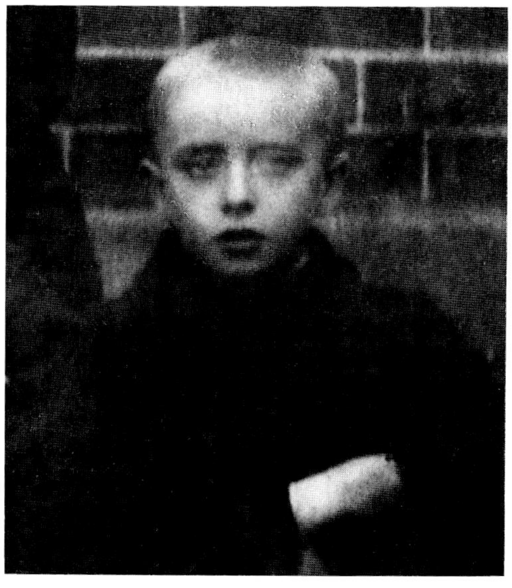

1 Georges Rouault im Alter von 7 Jahren

1893

Moreau fordert seinen Lieblingsschüler Rouault auf, das Bild *Die Prüfung des Samson* für den Prix de Rome einzureichen; das Bild wird jedoch nicht prämiert.

1894

Für sein Bild *Jesus unter den Schriftgelehrten* erhält Rouault den Prix Chenavard, aber erst, nachdem die Schüler einhellig gegen die Vergabe an einen Eleven von J. P. Laurens protestiert hatten.

1895

Ein neuerlicher Versuch, mit dem Bild *Beweinung Christi durch die heiligen Frauen* den Prix de Rome zu gewinnen, schlägt fehl. Moreau empfiehlt Rouault, die Schule zu verlassen und selbständig zu arbeiten. Ein Jahr später stellt Rouault das Bild im Salon des artistes français aus. Es entstehen Landschaften und Badende. (Bei Vollard Cézanne-Ausstellung.)

1898

Tod Moreaus. Laut Testament wird der französische Staat Eigentümer seines Ateliers sowie der darin befindlichen Bilder.

1900

Rouault nimmt am Salon des artistes français mit dem Bild *Salomé* teil. Er malt zahlreiche Porträts und Selbstporträts sowie Landschaften, im folgenden Jahr auch religiöse Szenen und den Pariser Alltag.

1901

Mehrmonatiger Aufenthalt in der Nähe des Klosters Ligugé, wo Joris-Karl Huysmans eine christlich orientierte Künstlerkolonie gründen will.

1902

Bis 1914 entstehen weniger Ölbilder als Aquarelle und Gouachen; bevorzugte Themen von Rouault sind Dirnen, Clowns, Figuren der Commedia dell'arte. Stilistisch wird er zu einem der ersten Expressionisten. Schwere persönliche Krise, die sich im Jahre 1902 auch gesundheitlich auswirkt. Zwei Aufenthalte in Savoyen zur Erholung.

1903

Eröffnung des Musée Gustave Moreau im Wohnhaus und Atelier des Künstlers. Rouault wird zum Konservator bestellt. Er gründet zusammen mit Desvallières, Matisse, Marquet, Piot und dem Kritiker Y. Rambosson den Salon d'Automne (Herbstsalon), wo er bis 1908 regelmäßig ausstellt. Rouault lernt die Schriften Léon Bloys kennen.

1904

Rouault lernt Léon Bloy kennen; es entwickelt sich eine enge Freundschaft. Er stellt im Salon d'Automne mehrere Aquarelle und Zeichnungen aus, dunkle Bilder zum Thema Dirnen,

2 Georges Rouault, seine Frau Marthe und die drei ältesten Kinder Isabelle, Michel und Geneviève

Clowns und Akrobaten. Erste große Cézanne-Ausstellung im Salon d'Automne.

1905

Bis 1912 stellt Rouault regelmäßig im Salon des Indépendants aus. Im Herbstsalon zeigt er ein Triptychon mit dem Titel *Dirnen*. Eine dieser Tafeln stellt Monsieur und Madame Poulot dar, Gestalten aus Bloys Roman *La Femme pauvre*; die beiden anderen Tafeln zeigen eine Prostituierte und Terpsichore. Bloy ist erschüttert und verleiht seiner Enttäuschung in erbosten Briefen an Rouault Ausdruck.

1906

Ausstellung bei Berthe Weill. Bei Methey, für den er bis 1912 Keramiken bemalt, lernt er Ambroise Vollard und Odilon Redon kennen.

1907

Ermöglicht durch einen befreundeten Staatsanwalt, M. Granier, wohnt er Gerichtssitzungen bei; diese inspirieren ihn zu Richterdarstellungen und Gerichtssaalszenen. Daneben entstehen Bilder aus dem Milieu der Ärmsten, der Bauern und Arbeiter, die *Vorstädte der langen Leiden*

1908

Heirat mit Marthe Le Sidaner, der Schwester des Malers Henri Le Sidaner; das Paar hat vier Kinder: Geneviève, Isabelle, Michel und Agnès.

1910

Vom 25. Februar bis 5. März erste Einzelausstellung Rouaults in der Galerie Druet in Paris; er zeigt 121 Bilder, 8 Zeichnungen und 43 keramische Arbeiten.

1911

Er lernt den Schriftsteller André Suarès (1868-1948) kennen. Der Briefwechsel zwischen den beiden Persönlichkeiten wurde 1960 erstmals publiziert. Einsetzen des Stilwandels hin zu starken, aussagekräftigen Konturlinien und einer zunehmenden Typisierung der Gestalten.

1912

Umzug Rouaults mit seiner Familie nach Versailles. Freundschaft mit dem Philosophen Jacques Maritain (1882-1973) und dessen Frau Raïssa, die seine Nachbarn werden.

1914

Josef Florian, ein Prager Verleger, bringt die ersten Farbreproduktionen nach Bildern Rouaults heraus. Der Maler ist begeistert.

1916

Die Familie zieht nach Paris in die Rue Blomet im 15. Arrondissement. Beginn des umfangreichen graphischen Werkes: Vollard beauftragt den Künstler, die *Réincarnations du Père Ubu* zu seinem eigenen Text (nach Jarry) mit Radierungen zu illustrieren. Rouault akzeptiert unter der Bedingung, daß er einen Radierzyklus, *Guerre et Miserere*, herausgeben kann. Die *Réincarnations* erscheinen 1932, *Miserere* erst 1948.

1917

Vollard nimmt den Künstler unter Exklusiv-Vertrag und richtet ihm wenig später in seinem Haus ein Atelier ein.

1918-1930

Nach den Jahren der Aquarelle und Gouachen beschäftigt ihn wieder intensiver die Ölmalerei; christliche Themen, besonders die Passion, stehen im Mittelpunkt.

1919

Das Bild *Jesus unter den Schriftgelehrten*, das der französische Staat 1917 angekauft hatte, findet ab Oktober seinen endgültigen Platz im Museum Unterlinden in Colmar; es ist das erste Bild Rouaults in einer öffentlichen Sammlung.

1920

Der Arzt Maurice Girardin, ein Verehrer und Sammler der Bilder Rouaults, organisiert in der Galerie La Licorne, Paris, eine Einzelausstellung für den Künstler.

1921

Michel Puy publiziert die erste Monographie über Rouault.

1922

Einzelausstellung in der Galerie Barbazanges.

1924

Große retrospektive Ausstellung vom 22. April bis 2. Mai in der Galerie Druet. Am 15. Mai erscheint in der *Revue Universelle* ein wichtiger Artikel über den Künstler von Jacques Maritain. Die erste Einzelausstellung in Deutschland (Werke von 1897-1924) in der Galerie Flechtheim in Berlin findet begeisterte Aufnahme.

1925

Rouault wird zum Ritter der Ehrenlegion ernannt.

1926

Veröffentlichung seiner *Souvenirs Intimes*, sieben Porträt-Lithographien, als Begleitung seiner Erinnerungen an Gustave Moreau, Léon Bloy, Joris-Karl Huysmans, Charles Baudelaire, Honoré Daumier, Paul Cézanne, Auguste Renoir und Edgar Degas.

1929

Arbeit an den Bühnenbildern und Kostümen zu Diaghilevs Ballett *Der verlorene Sohn* (Musik Serge Prokofjew, Choreographie Balanchine), das im Mai/Juni im Théâtre Sarah Bernard aufgeführt wird. Bei Porteret erscheinen die *Paysages légendaires*, ein Buch mit 6 Lithographien und 50 Reproduktionen nach Zeichnungen zu einem Gedicht des Künstlers.

1930

Ausstellungen im Ausland: London (Saint-Georges Gallery), München (Galerie Neumann), New York (Brummer Gallery), Chicago (Art Club). Arbeit an den Farbradierungen zu *Cirque de l'Etoile filante* und zur *Passion*. In den nächsten Jahren entstehen großformatige Gemälde mit Darstellungen von Clowns, Richtern, Pierrots sowie biblische Landschaften. Der Farbauftrag wird immer reicher.

3
Im Atelier von Saint-Malo, 1932

4 Rouault mit seinen Töchtern Geneviève und Isabelle, Venedig 1948

1931

Illustration der *Carnets de Gilbert* des Dichters Marcel Arland (1899-1986) für die *Nouvelle Revue Française*; Arland bleibt einer der treuesten Bewunderer und Befürworter der Kunst Rouaults.

1932

Für Marie Cuttoli entsteht erstmals ein Entwurf für einen Wandteppich. Die *Réincarnations du Père Ubu* von Ambroise Vollard erscheinen mit 22 Radierungen und 104 Holzschnitten.

1933

Das Bild *Das Heilige Antlitz* kommt als erstes Bild Rouaults in das Musée du Luxembourg (später Musée national d'art moderne). Ausstellung in der Pierre Matisse Gallery, New York.

1937

In der Ausstellung ›Les maîtres de l'art indépendant‹ im Rahmen der Pariser Weltausstellung ist Rouault mit 42 Bildern im Petit Palais zu sehen; davon stammen ungefähr 20 aus dem Besitz von Vollard. Die Zeitschrift *La Renaissance* widmet Rouault eine ganze Nummer mit einem Text von Waldemar George.

1938

Im Museum of Modern Art in New York wird das graphische Werk ausgestellt. Gleichzeitig findet eine Ausstellung in der Kunsthalle Basel statt.

1939

Bei Vollard erscheint *Passion* mit 17 Farbradierungen und 82 Holzschnitten nach Gemälden Rouaults und einem Text von André Suarès. Am 22. Juli kommt Vollard durch einen Autounfall ums Leben. Die Erben versiegeln das Atelier Rouaults, in dem sich noch Hunderte unfertiger Bilder befinden.

1940-1948

Rouault malt pastose Ölbilder kleineren Formats, die Leinwände sind mit Farben beladen, das Blau dominiert.

5 George Rouault im Alter von 82 Jahren

1940

In New York erscheint die Monographie Lionello Venturis. Bis 1941 Ausstellungen in Boston, Washington und San Francisco. Rouault zieht 1940-42 nach Golfe-Juan um.

1945

Das Museum of Modern Art in New York zeigt eine große Retrospektive mit 161 Werken. Er erhält den Auftrag, für die Kapelle in Plateau d'Assy fünf Glasfenster zu entwerfen.

1946

Im April stellt Rouault zusammen mit Georges Braque in der Tate Gallery in London aus; die Galerie René Drouin zeigt unter dem Titel ›Für eine religiöse Kunst‹ 17 Bilder Rouaults.

1947

Im März gewinnt Rouault den Musterprozeß gegen die Erben Vollards. Das Gericht bestätigt den Künstler als Eigentümer seiner Werke. 800 unfertige Bilder müssen ihm zurückerstattet werden, es fehlen jedoch 119.

1948

Große Retrospektive mit 263 Werken im Kunsthaus Zürich. Rouault vertritt Frankreich mit 26 Ölbildern und 12 Radierungen auf der Biennale in Venedig. Die 58 Radierungen zu *Miserere* werden von den Töchtern Geneviève und Isabelle bei Editions de l'Etoile filante herausgegeben. Am 5. November verbrennt der 77-jährige Rouault 315 der 700 zurückerstatteten Bilder, weil er damit rechnet, diese nicht mehr vollenden zu können. Im November/Dezember werden die *Miserere*-Blätter in der Galerie Odette des Garets erstmals ausgestellt und erregen großes Aufsehen. Reisen in die Schweiz und erstmals nach Italien. – Rouault ändert noch einmal seine Palette – leuchtendes Rot, Gelb und Grün prägen die Bilder.

1949

Modelle für Emailarbeiten, die in der Werkstatt der Abtei von Ligugé ausgeführt werden. Reise nach Belgien und erstmals nach Holland.

1951

Im Centre catholique des intellectuels français wird der Künstler anläßlich seines 80. Geburtstages geehrt. Aus diesem Anlaß wird der Film von Abbé Morel über den *Miserere*-Zyklus erstmals öffentlich aufgeführt. Rouault wird Kommandeur der Ehrenlegion.

1952

Retrospektive Ausstellungen in Brüssel (Palais des Beaux Arts), Amsterdam (Stadtmuseum) und Paris (Musée National d'Art Moderne) sowie Präsentation des *Miserere*-Zyklus in der Galerie Louis Carré, Paris.

1953

Große Ausstellungen in Cleveland (Museum of Art), New York (The Museum of Modern Art), Los Angeles (County Museum of Art) und in den Nationalmuseen von Tokio und Osaka. Ernennung zum Kommandeur des Ordens Gregors des Großen durch Papst Pius XII.

1954

Retrospektive in Mailand (Galleria d'arte moderna). Ausstellung der Sammlung Girardin im Petit Palais, Paris. Rouault wird korrespondierendes Mitglied der Academia di San Luca, Rom.

1955

Ausstellung im Nationalmuseum Jerusalem.

1956

Ausstellung im Toulouse-Lautrec Museum in Albi. Ernennung zum Commandeur de l'Ordre des Palmes académiques. Infolge physischer Erschöpfung hört Rouault Ende des Jahres zu malen auf.

1957

Ernennung zum Commandeur de l'Ordre des Arts et des Lettres.

1958

Rouault stirbt am 13. Februar im Alter von 86 Jahren. Totenmesse am 17. Februar in der Kirche Saint-Germain-des-Prés mit Ansprache von Abbé Morel, des Erziehungsministers René Billières und des Malers André Lhote, der im Namen der Künstler spricht.

1963

Madame Rouault und die Kinder schenken dem Staat mehr als 800 unvollendete Werke des Malers.

6
Rouault und seine Tochter Agnès im Park von Sceaux, 1955

Zeitzeugen über Georges Rouault

Die ›Grotesken‹ Rouaults

Guillaume Apollinaire

Als im letzten Jahr anläßlich einer Ausstellung bei Druet die ›Mappen‹ von Rouault gezeigt wurden, haben diese großartig-schrecklichen Arbeiten nicht genügend Beachtung gefunden. Die von Mitleid und Ironie getränkten Zeichnungen, die mit scharfen und bitteren Notaten abwechselten, waren von einzigartigen Gedichten begleitet. Ihre Verse ließen an die Lieder denken, wie sie einst die Anhänger des hl. Franz von Assisi in den Dörfern Umbriens gesungen hatten – jene ›giulliari di Dio‹, deren Gesänge mit einem neuen und herzergreifenden Lyrismus in den Himmel stiegen.

Einige Freunde Rouaults, die von der Reihe seiner fünf kleinen ›Mappen‹ wußten, haben ihm geraten, diese graphischen Folgen in Gestalt von Schwarz-Weiß-Reproduktionen zu veröffentlichen. Rouault hat meines Wissens vierzig Entwürfe farbiger Graphiken ins Ausland gesandt, wo sie zweifellos Furore machen werden. Indessen sind die Mappen noch in Frankreich, wo sie auf einen Herausgeber warten.

Sie sind vor nunmehr zwei Jahren fertig ausgearbeitet worden und tragen die folgenden Titel: *Versailles; Messieurs-peintres; Miserere; Types provinciaux et internationaux; Types familiers*.

In meinen Augen haben nur wenige Maler nach Daumier die Kunst der sublimen Komik derart bis zur sublimen Tragik gesteigert.

Aus *Chroniques d'Art*, von Guillaume Apollinaire (verfaßt am 5. Juli 1914)

Künstlerische Größe, menschliche Größe

Marcel Arland

Als Maler nimmt Rouault unter den Künstlern des 20. Jahrhunderts eine einzigartige Stellung ein. Seit seinen ersten Arbeiten, die von satirischer und tragischer Gewalt geprägt sind, bis zu seinen neuesten Werken, in denen sich spirituelle Glut und überwältigende Schönheit des Stofflichen verbinden, gilt er als einer der größten Schöpfer im Bereich der modernen Kunst. Aber bei aller Bewunderung für den Maler stellt man sich angesichts der 58 Tafeln des *Miserere* doch die Frage, ob Rouaults Genie nicht hier zu seinem stärksten Ausdruck gelangt. Gewiß drängt sich dem Betrachter, der vor diesen Blättern steht, noch der Gedanke an den Maler Rouault auf; man stellt sich vor, mit welchen Farben er sie bedeckt hätte; in Wahrheit jedoch und so schön das Ergebnis auch wäre, hätte ein solches Verfahren diesen Werken nur überflüssigen Ballast bedeutet. Schwarz und Weiß mit ihrer ganzen Klarheit und all ihrem Nuancenreichtum, großzügig fließend oder sorgfältig und fein aufgetragen, sind dem Künstler genug. Hier gewinnt seine Kunst an Nüchternheit und kraftvoller Tiefe. Unter dem reichen pastosen Farbauftrag Rouaults war stets eine gewisse Strenge zu spüren, die gleichzeitig Leidenschaft und feierliche Würde ausstrahlte. Hier, in diesen der Farbe entkleideten Werken, in der Ausgewogenheit und im Rhythmus der Darstellung, im Kontrast von Schwarz und Weiß, in einem langgestreckten Körper, einem nackten Gesicht, bestätigt sich seine Kunst und findet endlich den ihr gemäßen Stil und ihren wahren Namen: dieser Name heißt Größe (grandeur).

Wer sich nicht um ›Grandeur‹ bemüht, wer keine Hingabe an Größe kennt, wird weder im Tun noch im Sein Größe erlangen. An diesem Werk berührt mich am tiefsten, daß es bei all seiner Größe so menschlich und mit seinem Schöpfer so eng verbunden ist. Rouault greift auf seinen gewohnten Themenkreis zurück, hier sind sie wieder: seine Richter, Dirnen, Clowns, seine trostlos-düsteren Landschaften, Christus am Kreuz und das Schweißtuch der Veronika. Und auch hier schlägt er jeweils wieder den satirischen oder den mitleidsvollen, den komischen oder andächtigen Grundakkord eines Themas an. Und doch gibt es keine Disharmonie zwischen diesen vielen Figuren und ihren Stimmen, die er in den Mittelpunkt seines Lebens und seines Schaffens stellt: Er durchschaut sie bis auf den Grund, er vereinfacht sie auf das Wesentliche, verdichtet sie zu höchster Intensität, ja, mehr als das – er verbindet sie miteinander, verschmilzt sie und macht als Mensch und Künstler aus ihnen sein großes Lied. Da diese Tafeln zum größten Teil während des Krieges von 1914 konzipiert wurden, entspringen ihre Gewaltsamkeit und ihre Einheitlichkeit darüber hinaus vielleicht der tragischen Atmosphäre jener Zeit.

In ihrer technischen Ausführung findet sich dasselbe mannigfaltige Erscheinungsbild und derselbe einheitliche Grundcharakter wieder. Manchmal nimmt ein Kopf das ganze Blatt ein: *Das Heilige Antlitz*, *Die sieben Schmerzen Mariae*, *Kopf eines schmerzerfüllten Clowns* oder eines Advokaten, der gegen den Künstler plädiert; nackte Körper erscheinen, zusammengesunken oder im Schmerz gekrümmt (die Körper Rouaults – bald aufgebläht wie monströse Puppen, bald von der feierlichen Würde des Primitiven durchdrungen – zeigen die zwei Gesichter ein und desselben Stils). Wir sehen den elfenbeinblassen und unnatürlich langgestreckten Körper Jesu, an ein einsames Kreuz in der Landschaft geschlagen (im wahrsten Sinne des Wortes ›verlassen‹), den an einen Pfahl gebundenen Christus, oder seinen Leib, uns so nahegerückt, daß wir seine Wunden berühren müssen; Berge von Totenköpfen häufen sich zu beiden Seiten eines Kreuzes in einer gemauerten Nische, und unter diesen Schädeln liegt all der Staub, der auf seine Auferstehung wartet; wir sehen einen Chinesen, der in idyllischer Szenerie in seinem Haus über die Segnungen des Schießpulvers meditiert, das er uns zum Geschenk machte; eine Mutter und ihre Tochter, die einander in die Arme schließen … Hie und da gibt es auch weiträumige Kompositionen: die Taufe Christi, die Versöhnung im Geist der Liebe am Fuß des Kreuzes, der von Engeln getragene Leichnam des Gerechten … Man weiß nicht, was man mehr bewundern soll: die Kühnheit der Komposition oder ihre Strenge und Ausgewogenheit. Einige Streifen in Weiß, Grau oder Schwarz, einige schwungvolle Schnörkel beschwören unvermittelt einen Körper, einen Baum, ein Stück Erde; ein weißer Fleck, von Strichlagen umgeben, die einem Haarschopf ähneln, das Ganze kaum noch rund: das ist die Sonne. Diese Komposition trägt die Unterschrift: »Morgen wird's schön, sagte der Schiffbrüchige« oder »Singet die Morgengebete, der Tag kehrt wieder«. Und unter all diesen Tafeln ist keine zu finden, die uns nicht zutiefst aufwühlte, keine, die mit der paradoxen Schlichtheit ihrer Mittel nicht authentische Größe offenbarte.

Denn es ist dieses eine Wort Größe, das einem nicht aus dem Sinn geht, je mehr man sich in die Blätter des *Miserere* vertieft – künstlerische und menschliche Größe und, welches auch immer das behandelte Thema sei, religiöse Größe.

Es ist keineswegs ausreichend, das *Miserere* als das bedeutendste Werk Rouaults und damit als das Hauptwerk der zeitgenössischen Kunst zu bezeichnen. In seiner mächtigen Spannweite ist es dem Schaffen van Goghs oder Goyas an die Seite zu stellen. Es erscheint mir nicht unmöglich, daß künftige Zeiten es einmal als ein Werk beurteilen werden, das nach Rembrandt nicht seinesgleichen hat.

Aus: ›Mensch und Welt‹, in *Les Arts*, Nr. 32, März 1949

Eine leidenschaftliche Natur

Raymond Cogniat

Ich hatte mehrfach Gelegenheit, Rouault zu begegnen und mich mit ihm zu unterhalten, obwohl ich nicht zu seinen vertrauten Freunden gehörte. Dennoch habe ich den Eindruck, ihn gut gekannt zu haben. Seine Erscheinung, sein Gesicht haben sich mir mit der Klarheit einer Gemme eingeprägt, und auch seine Stimme ist in meinem Gedächtnis lebendig geblieben. Ich glaube, daß er mir ein gewisses Vertrauen entgegenbrachte, denn jedes Mal, wenn ich ihn um ein Treffen bat, willigte er – sei es bei ihm zu Hause, sei es bei mir – in die Begegnung ein. Seine ihm ergebene Tochter Isabelle war dabei stets eine aufmerksame und diskrete Zuhörerin.

Ich sah diesen Zusammenkünften mit ebensoviel Unruhe wie Neugierde entgegen. Die Bewunderung, die ich für sein Schaffen hegte und immer noch hege, erlaubte es mir nicht, ihn für einen Menschen wie alle anderen zu halten. War er es? Nichts an ihm deutete auf Affektiertheit. Noch hatte ich je im geringsten das Gefühl, er suche Distanz zwischen sich und seinem Zuhörer zu schaffen. Von Anfang an reagierte er auf meine Fragen mit Enthusiasmus und ließ seine Erinnerungen emporsteigen, die sich wie Glieder einer Kette aneinanderfügten. Man brauchte nichts weiter zu tun, als ihm zuzuhören und den verschlungenen und langen Pfaden seiner Gedanken zu folgen. Die Außenwelt versank, der Augenblick hüllte ihn ein, führte ihn zu sich selbst zurück – isolierte ihn von allem, was ihm fremd war, und machte ihn undurchdringlich gegenüber allen Einflüssen, die mit seiner inneren Welt nichts zu tun hatten.

Man hat glauben wollen, daß Rouault sich bewußt und aus freien Stücken mit Geheimnis umgab. Tatsächlich war jedoch seine angebliche Vorliebe für das Geheimnisvolle wohl eher ein Mittel, sich gegen die Ablenkungen und Zerstreuungen der Großstadt abzuschirmen, und weit mehr noch eine Vorsichtsmaßnahme gegen sich selbst. Ich kann mir gut vorstellen, daß er fürchtete, sein heißblütiges Naturell würde ihn allzuleicht fortreißen, denn wenn unsere Unterhaltung sich in die Länge zog, wurde spürbar, daß seine Leidenschaft die Oberhand über seine Reserviertheit gewann.

Man hielt ihn für schwer zu fassen, weil er zwischen sich und den anderen eine Reihe von äußeren Hindernissen aufgerichtet hatte, deren Überwindung man auf sich nehmen mußte, so wie man sich den Prüfungen einer Initiation unterwirft. Seine Privatadresse blieb so gut wie unbekannt – wie damals, als er Konservator des Musée Moreau war und man ihm über die Adresse dieses Museums schreiben mußte, wenn man ihn sehen wollte: von dort wurde ihm die Post nach Hause geschickt. Dieser Umweg gab den Beziehungen, die man mit ihm einzugehen hoffte, bereits eine eigene Note, ein Gefühl der Distanz. Doch wenn man die Zusage zu einer Unterredung erhalten hatte, kam er einfach und selbstverständlich und ließ sich ohne weiteres auf einen Ideenaustausch, sogar auf vertrauensvolle Mitteilungen ein. Denn er war, ich sagte es schon, voll der Erinnerungen und leidenschaftlich in seiner Bewunderung und seinem Haß. Und jede Erinnerung zog andere ans Licht, lange Ketten von Erinnerungen, aus denen sich die Chronologie von Ereignissen und von Generationen zusammensetzte. Die Minuten verflossen, und man verlor jedes Zeitgefühl.

Als er das erste Mal zu mir kam, war es früher Nachmittag. Die Zeit verging, und er akzeptierte eine Tasse Tee, dann nahte die Stunde des Abendessens, und da seine Erinnerungen noch nicht vollends ausgeschöpft waren, erklärte er sich kurzentschlossen dazu bereit, mein improvisiertes Mahl mit mir zu teilen, worauf er dann die Folge seiner Erzählungen bis spät in den Abend hinein fortführte.

Man hörte ihm zu, ohne sich je zu langweilen und ohne in Versuchung zu geraten, ihn zu unterbrechen. Impulsiv, schier unerschöpflich beschwor er seine schwierigen Anfänge, seine Kämpfe, seine Begeisterung, seine Enttäuschungen. Zwei Namen kehrten häufiger als andere immer wieder: der Name Gustave Moreaus, der sein Lehrer gewesen war und den er glühend verehrte, und Ambroise Vollards, der lange Zeit sein Kunsthändler war und von dem er wie besessen schien.

Von dem einen wie dem anderen sprach er so bereitwillig, daß man zwischen ihnen und ihm mehr oder weniger bewußte Affinitäten, eher instinktive als vernunftbestimmte Empfindungen, verspürte. Das Phantastische und Mystische, das den Farben Moreaus anhaftet, findet in der Malerei Rouaults ein deutliches Echo, und Vollard ist für Rouault eine fleischgewordene Version von Ubu. Als ich Rouault sah, ihm zuhörte, hatte ich darüber hinaus den vagen und seltsamen Eindruck, daß eine gewisse Verwandtschaft zwischen ihm, Vollard und Ubu bestünde, wobei jeder von ihnen auf seine Art einen monolithischen Block, eine in sich geschlossene und fast undurchdringliche Einheit bildete, eine Form, komprimiert wie ein Kieselstein, auf den die Außenwelt keinen Einfluß hat. Diese in ihrem Erscheinungsbild einfache Form ist an und für sich ein schwer zu entschlüsselndes Mysterium, weil man nicht weiß, wo man mit der Entschlüsselung beginnen soll.

So schien Rouault, wenn er längere Zeit von sich sprach, sein Herz auszuschütten, während er doch nur Äußerliches preisgab. Um die Ambivalenz des Mannes verstehen zu können, muß man sich die Ambivalenz seiner Malweise vor Augen führen. Sie ist geprägt von der sinnlichen Brutalität eines heftigen und pastosen Farbauftrags, durch den Rouault sublime spirituelle Empfindungen und sein überwältigendes Mitleid mit der Menschheit zum Ausdruck bringt; von einer offenkundigen und heftigen Einfachheit der Farbkontraste, die jedoch in Wahrheit aus der Überlagerung unsagbar subtiler Farbschichten und Transparenzen entstanden. Seine Gestalten mit den unbewegten Gesichtern und dem starren Blick prägen sich unvergeßlich ein und stammen alle aus derselben Familie, ob es sich um Ungeheuer oder um Heilige handelt.

Er selbst war sich wahrscheinlich dessen gar nicht bewußt, was an dem Eindruck von Einfachheit, den er selbst und seine Kunst vermittelte, Außergewöhnliches war. Eines Tages wurde er in meiner Gegenwart vom eigenen Staunen über die Mannigfaltigkeit seines Werkes ungeachtet der Einheitlichkeit seiner Stilmittel ergriffen. »Sehen Sie nur den gewalttätigen, wilden Charakter dieses Gesichts«, sagte er (es handelte sich meines Wissens um eine biblische Gestalt), »und dagegen die Aufrichtigkeit und Güte dieses Pierrots.« Nun waren aber beide mit derselben Leidenschaft gemalt worden, dem gleichen überladenen Pinsel, den gleichen Farben, die zu prachtvollen Harmonien zusammenklangen; beide besaßen den gleichen unverwandten Blick aus starren Augen, die sich ins Nichts öffneten. Dennoch hatte Rouault nicht ganz unrecht, denn man fühlte, daß die beiden Gestalten verschiedenen Empfindungswelten angehörten, ohne doch im geringsten sagen zu können, wodurch dieser Eindruck hervorgerufen wurde.

In Rouault spiegelte sich diese menschliche Ambivalenz wider. Sein rundes Gesicht, das einem ernsten und mit unerschütterlicher Gewißheit seinem Glauben verbundenen Mönch zu gehören schien, hätte auch das eines unschuldig-naiven Pierrot oder das von Überdruß und Resignation gezeichnete Gesicht eines Clowns sein können. Aber all dies war nicht unmittelbar zu erkennen; man erriet es, spürte es durch die freundlichen und biederen Züge hindurchschimmern.

Alles bei Rouault nahm den Charakter dieser unbewußten Hellsichtigkeit an, der unberechenbaren Realität, des logischen Widerspruchs, und man begriff, daß nur der Glaube – ein Glaube, in dem Gott und die Kunst zu einer Leidenschaft verschmolzen – diesem ungestümen Brodeln der Gefühle gerecht werden konnte.

Ein Mensch, der ›ist‹ – Bemerkungen über den Ausdruck des Tragischen in der Malerei

André Malraux

Der Mensch, dessen Denken – ob bewußt oder unbewußt – vom Tod bestimmt wird, verfällt keineswegs in Verzweiflung. Der Tod verleiht dem Leben eine besondere Färbung – das ist alles; er führt den Menschen nicht zu verzweifelter Klage, sondern ins Angesicht des Absurden. Ich bin sicher, daß Monsieur Rouault sich vom Gedanken an den Tod aufs äußerste bedrängt und bedroht fühlt. Heutzutage gibt es wohl kein Œuvre, das mehr der Liebe ermangelt als das profane Schaffen dieses christlichen Malers, ganz als könnte sich die Liebe in den Augen eines Menschen mit Rouaults Weltsicht und Weltgefühl nur in der Gestalt Christi ausdrücken.

Christus – und nicht Gott – erlöst diejenigen, die an ihn glauben, vom Absurden.

Andere, qualifiziertere Kunstkenner als ich, werden über die christlichen Gemälde Rouaults gewiß profundere Aussagen zu machen wissen. Dennoch fühle ich mich gedrängt, darauf hinzuweisen, daß mir das Ensemble seiner Gemälde wie eine geschlossene und unverständliche Welt erscheint. Der Zugang zu diesem Universum läßt sich nur auf dem Weg über einige der großen Menschheitsfragen gewinnen. Zweifellos regt jeder große Maler seine Betrachter zu den unterschiedlichsten Interpretationen seiner Werke an, gerade weil er groß und vielschichtig ist; aber ich bin doch jedes Mal überrascht, wenn ich höre, daß man Rouault an die Seite Daumiers stellt. Mir scheint zwischen beiden Künstlern ein Gegensatz zu bestehen. Für Daumier gibt es nur eine Welt, die Welt des Menschen: von Don Quijote bis zu Sancho Pansa, von dem, der die Unzulänglichkeiten der Götter durch seine Träume ausgleicht, bis zu dem, der sie durch sich selbst kompensiert (von den Richtern zu den Bourgeois). Dabei bleibt der Maler stets im privaten Bereich, in der persönlichen oder beruflichen Sphäre. Seine Kunst strebt nach Aneignung, sie ergreift Besitz. Daumier ist Herr über das Modell; er will es übersetzen, und indem er es übersetzt, sucht er es zu beherrschen. Für Rouault hingegen – ungeachtet der Tatsache, daß man bei ihm irrtümlich vom ›Pittoresken‹ des Sujets zu sprechen pflegt – existiert das Modell nicht: es ist eine Wahrnehmungsmöglichkeit, aus der sich die Malerhandschrift Rouaults entfaltet, dieser malerische Auftrag, der bald dicht und grob erscheint, bald in Farbzonen aufgeteilt wird wie die Glasfenster der Kathedrale von Chartres. Jedes Wesen wird hier auf seinen Kern reduziert, auf das, was nach einer tragischen Meditation über sich selbst von ihm übrigbleibt. Und auf Rouaults Trinität von Parodiefiguren: die Dirne, den Richter, den Hanswurst, auf alle diese mit Bitterkeit getränkten Gestalten, legt sich der große Schatten des Friedhofs von Basel und gibt diesem Reigen seinen Namen: Totentanz.

Nichts könnte besser vor Augen führen, in welch geringem Maß Rouaults Schaffen der Außenwelt unterworfen ist, als der Vergleich zwischen den Menschen in den Gemälden des Künstlers mit Menschen aus Fleisch und Blut. Die Richter von Daumier sind in vielen Gerichtsgebäuden zu finden, Goyas Fahrende gibt es in Spanien, Landschaften von Vlaminck liegen vor den Toren so mancher europäischen Stadt. Doch Rouaults Richter, Dirnen und Clowns gibt es außerhalb seiner Leinwände nirgends, wie es ja auch die Menschen in den Bildern Grünewalds niemals gegeben hat. Sie sind keine menschlichen Wesen, sondern plastische Zeichen innerhalb des Bildgefüges, Zeichen dessen, was der Künstler in der Ordnung des Bildes benennen will. Denn Rouault ist kein Mensch, der ›sieht‹, sondern ein Mensch, der ›ist‹.

Hier begibt sich Rouault in einen Gegensatz zu fast allen Malern seiner Zeit. Nicht farbliche Ausgewogenheit sucht er zu erreichen, sondern ›Sinngebung‹; seine Kunst versteht sich nicht als Funktion des Wortes ›schön‹, sondern des Wortes ›sein‹. Wie Michelangelo den zu Staub zerfallenden Toten, dieser Demonstration der Vergänglichkeit, die überlebensgroßen Gestalten der Sibyllen entgegensetzte, so sucht Rouault dem Anspruch der Vergänglichkeit seine Kontemplation über die menschliche Erbärmlichkeit und die Barmherzigkeit Christi entgegenzustellen. Es ist ein persönlicher Akt, ein Werk, aus der eigenen Erfahrung, Erkenntnis und Offenbarung geboren, das keinen direkten Kontakt mit dem Betrachter aufnimmt; das Werk eines stumm Verzweifelten, vielleicht eines Masochisten, den das menschliche Leid zu Gott treibt und der weiß, daß er sich nie mit der Welt arrangieren wird.

Doch weil er die Form liebt, weil er sich künstlerisch auszubilden und zu entwickeln vermochte, bleibt ihm eines: die Kunst. Es bleibt ihm die Suche nach einer geheimen Beziehung zu den Menschen, zu allem, was in diesem Reich des Zwiespalts lebt, das heißt zwischen ihm selbst und seiner Anklage gegen das Leben, ihm selbst und dem Absoluten.

Uccello, der einsamer war als Rouault, zweifellos aus ganz andersgearteten Gründen, kann von einem privilegierten Betrachter erwarten, daß dieser ihm Genialität zuerkennt. Doch daß eine Menschenmenge, die Lügenmärchen über die Fleckenmalerei verbreitet, sich dennoch drängt, eine Ausstellung von Rouault zu besuchen, ist schon erstaunlich. Immerhin bietet jedoch ein Ensemble von 50 Gemälden eine gute Einführung in diese Welt der Tragödie, die der Maler wie in dem ergreifenden Taumel eines Paralytikers umkreist. Aber daß ein Bild von Rouault allein für sich genommen von gewissen Menschen bewundert wird, als handle es sich um einen Renoir, das scheint mir auf recht kuriose Weise zu veranschaulichen, zu welcher Geschmacksverirrung der Hang zur Bewunderung führen kann. Rouault steht im Mittelpunkt seines Werkes, so wie Rimbaud im Zentrum der *Illuminations* steht. Beide sagen Gott, daß sie sein Universum nicht akzeptieren. Doch Rimbaud ist groß genug, in einem Stillschweigen zu verharren, in dem die letzten Heroen einander ins Gesicht spucken, während der Gott Rouaults diesem antwortet, daß es in seiner Welt ›auch‹ Satan gibt.

Aus: *Formes*, Dezember 1929 (Edition des Quatre Chemins)

An der Schwelle neuer Freundschaften

Raïssa Maritain

Bei Léon Bloy begegneten wir Georges Rouault zum erstenmal …

Wenn Rouault an jenem Tag mit Léon Bloy diskutiert und versucht hat, ihm den Sinn seiner letzten Arbeiten begreiflich zu machen, hat er es schnell aufgeben müssen, das Verständnis des alten Schriftstellers zu gewinnen, denn Bloys künstlerisches Empfinden war vom Mittelalter und von der Renaissance her bestimmt, und er konnte nicht auf die Schönheit der Form verzichten. Wie oft haben wir in den folgenden Jahren Rouault bei Bloy gesehen! Er lehnte sich an die Wand, hatte ein leises Lächeln auf den geschlossenen Lippen und blickte in die Ferne; sein Gesicht war scheinbar unbewegt, aber seine Blässe vertiefte sich, wenn das Thema der modernen Malerei angeschnitten wurde. Rouault erbleichte, bewahrte aber bis zum Schluß ein heroisches Schweigen. Und doch ist er trotz dieses unlösbaren Gegensatzes in der eigentlichen Frage seiner Kunst Léon Bloy treu geblieben. Man hätte meinen können, er suche bei Bloy geradezu die Anklagen, mit denen er innerlich quälte, was ihm am teuersten war, nicht um sie irgendeiner Erörterung zu unterziehen, sondern um die Kraft des Instinkts an ihnen zu erproben, der ihn zum Unbekannten trieb und der über alle Hindernisse siegen sollte.

Wir haben das Glück gehabt, Rouault gut zu kennen und ihn in den Jahren, da er und wir in Versailles wohnten, sehr oft zu sehen. Er glich damals aufs Haar gewissen Harlekinen oder Clowns seiner Bilder: sein längliches, elfenbeinblasses Gesicht besaß eine zugleich bretonische und pariserische Anmut – sein Vater war Bretone und seine Mutter Pariserin – und infolgedessen eine doppelte Empfindsamkeit und eine gewisse Schwermut; seine Lippen waren schmal, die Augen blau, klar, durchsichtig, aber sein Blick war nach innen gekehrt und gab sich nicht preis. An ihm erkannten wir, was Sensibilität und Ehrlichkeit in bezug auf die eigene Arbeit, was Heldentum eines großen Künstlers ist. Wir haben ihn in jenen schweren Jahren gekannt, da beinahe alle seine Freunde nur mit tadelndem Kopfschütteln von ihm sprachen und da er inmitten der zahllosen Schwierigkeiten, die eine lange Jahre dauernde Armut auftürmt, hartnäckig seiner Arbeit nachging …

Jacques hat vor allem an ihn gedacht, als er *Art et Scolastique* schrieb. Da wir weder Kunstkritiker noch alte Kameraden waren, gewährte uns Rouault gern Einblick in seine Arbeit. Nicht ohne innere Bewegung konnten wir verfolgen, wie sich sein geduldiges Schaffen in einer selbst bei den größten Meistern außerordentlich seltenen Reinheit der künstlerischen Absicht entfaltete. So haben wir ihn von einer düsteren Epoche zu einer lichtvollen schreiten sehen; er entwickelte sich stetig zur Heiterkeit, zur vollen Beherrschung des Bildstoffes wie auch zur vollkommenen Mühelosigkeit und zusammenfassenden Kraft seiner großen Zeichnungen …

Schon gleich bei seinen ersten Besuchen begann Rouault uns seine Mappen mit den satirischen Zeichnungen zu zeigen, die, auf ihre Art eine ›Exegese der Gemeinplätze‹ darstellend, von derselben Ironie getränkt sind, die man bei Bloy findet. Er tat es mit Behutsamkeit und Zaudern, das freilich nicht seine Überzeugung, recht zu haben, verbarg, wohl aber sein scheues Zartgefühl seiner Kunst gegenüber enthüllte, da er noch nicht wußte, wie wir uns ihr gegenüber verhalten würden. Er war uns dankbar, daß wir nie über die riesenhaften Übertreibungen lachten, sondern verstanden, welch tiefen moralischen Forderungen, welch schmerzhafter Feinfühligkeit diese sogenannten Karikaturen entsprangen. Da sah man zum Beispiel eine schreckliche ›bessere Dame‹ bequem in einem Sessel sitzen, und darunter stand: »Ich werde geradenwegs in den Himmel kommen!« Diesen Ausspruch hatte Rouault wirklich gehört, vielleicht bei einem jener großen Familienessen, bei denen er einmal vor Empörung ohnmächtig geworden war. Rouault spürte die tiefe Aufrichtigkeit unserer Begeisterung und unsere Erschütterung; er faßte Vertrauen zu uns, so daß wir viele seiner Zeichnungen und Bilder bewundern konnten, ehe sie ausgestellt wurden.

Da wir uns seiner Größe als Künstler bewußt waren und seine Geheimnisse achteten, wagten wir ihn nie zu bitten, uns zu zeigen, was er ›in Arbeit‹ hatte. Gerade diese Zurückhaltung indessen ließ ihn zutraulicher werden. Wir erfuhren später, wie sehr er Zudringlichkeit verabscheute. Eines Tages kehrten wir gemeinsam von Bourg-la-Reine zurück, wo Léon Bloy wohnte, seitdem er Montmartre und die Rue de la Barre verlassen hatte. In unserer Gesellschaft befand sich auch Ricardo Viñès. Aus aufrichtigem Interesse oder auch nur aus einer landläufigen Höflichkeit Künstlern gegenüber fragte Viñès Rouault, ob er sein Atelier besichtigen dürfe. Rouault brummte eine unbestimmte Antwort, machte ein saures Gesicht und hegte von diesem Tage an eine herzliche Abneigung gegen den armen Komponisten, dem er natürlich sein Atelier nie zeigte.

Ich habe für Anekdoten nicht viel übrig, will aber trotzdem noch eine andere Eigenart anführen, die Rouaults Menschenscheu kennzeichnet. Er hat das unglaubliche Kunststück fertiggebracht, seine Adresse jahrzehntelang fast allen seinen Bekannten zu verheimlichen. Er gab immer nur die Adresse des Gustave-Moreau-Museums an. Ich frage mich, ob außer uns und André Suarès mehr als zwei, drei andere Menschen gewußt haben, wo er mit seiner Familie in Versailles und später in Paris wohnte. Wir hatten versprechen müssen, das Geheimnis nie zu verraten, und haben unser Wort gewissenhaft gehalten. Selbst Ambroise Vollard, in dessen Hause Rouault später ein Atelier hatte, kannte lange Zeit die persönliche Adresse des Malers nicht …

Rouault wurde für uns die Offenbarung der zeitgenössischen Kunst; durch ihn fanden wir den Weg zu Cézanne, von dem er eigentlich herkommt, auch wenn er seine persönliche Eigenart absolut wahrt. Durch ihn gelangten wir auch zum Verständnis der ›Fauves‹, mit denen er in gewissen, allerdings nur sehr allgemeinen Prinzipien übereinstimmt, denn seine Kunst geht auf eine ganz andere Art der Inspiration zurück, sie besitzt eine andere Form und ein anderes Kolorit als die eines Matisse oder eines Derain.

Aber Rouault war für uns hauptsächlich die erste Offenbarung eines echten, großen Künstlers. An ihm erkannten wir in concreto zuerst das Wesen der Kunst, ihre gebieterischen Fordeungen, ihre Antinomien und den sehr realen und manchmal tragischen Widerstreit der Pflichten, der sich in der Seele eines Künstlers abspielen kann …

Jahre hindurch kam Rouault in Versailles fast jede Woche einmal zum Abendessen zu uns. Er war immer der einzige Gast, damit er ungestört und ausführlich sprechen konnte, denn das brauchte er. Sobald er eingetreten war, entschlüpfte ihm sogleich in köstlicher, ungeordneter Rede alles, was ihn beschäftigte. Er kümmerte sich weder um Einleitungen noch um Erklärungen, und es war gänzlich unnütz, ihn darum zu bitten. Es war viel besser, ihn bis zum Ende anzuhören; dann konnte man hinterher Ordnung in die Tatsachen bringen, die er, den klaren, kalten Blick in die Ferne gerichtet, mit gleichsam unfehlbarer Genauigkeit erzählt hatte.

Lange Zeit bereiteten ihm das Gustave-Moreau-Museum, dessen Konservator er seit 1898 war, und seine Pflichten gegenüber dieser heiligen Hinterlassenschaft seines Lehrers große Sorgen. Von all den Menschen, die mit dem Leben und den Interessen des Museums in irgendeiner Weise verbunden waren – vom Verwalter, Herrn Rupp, bis zum Pförtner –, konnte Rouault nie genug berichten. Seine Regungen der Ungeduld, seine Ansprüche gingen ins Uferlose, und er besaß die Gabe, auch die unerheblichsten Dinge malerisch darzustellen. Sie ihm nachzuerzählen, wäre ein vergebliches Bemühen. Diese zahllosen Anekdoten waren köstliche, doch leider vergängliche Leckerbissen.

Nach Tagen voll erbitterter, geheimer Arbeit, bei der kein Mensch Zeuge sein durfte und bei der er um die Lösung der schwierigen Probleme seiner Kunst und seines materiellen Lebens rang, kam er ganz außer sich bei uns an und begann zuerst einmal alles, was ihn bedrückt oder auch nur geärgert hatte, hervorzusprudeln. Nach und nach beruhigte er sich jedoch, wurde deutlicher, fand seine Ironie und sein Lachen wieder und begann, komische Geschichten zu erzählen – niemals derbe, denn er haßte Plattheiten. Er besaß in hohem Maße das Zartgefühl und die Scham sowohl des echten Mannes aus dem Volke wie des echten Handwerkers, der er immer blieb.

Oft zog er dann aus seiner Tasche unleserliche Zettel, auf denen nur er, je nach Lust und Laune, sein letztes oder ein älteres, noch nicht gezeigtes Gedicht entziffern konnte. Vielleicht weiß man, daß dieser große Maler auch unzählige Gedichte verfaßt hat. Seine stets rege Phantasie, sein waches Mitleid, sein Widerspruchsgeist und sein Sinn für Satire bedurften auch dieser Art des Ausdrucks. Freilich hat er keine Sonette geschrieben, denn er hielt sich an keine regelmäßige Versform. Reime und Assonanzen blieben dem Zufall überlassen. Er machte weitgehend Gebrauch von den Freiheiten der modernen Dichtung und auch von einigen anderen, deren er bedurfte. So ließ er zum Beispiel fast alle Artikel weg. Die Gedichte, die wir kennen, haben einen volksliedhaften Charakter oder gemahnen an einen etwas nachlässigen Villon.

Rouault hat immer gezögert, sie zu veröffentlichen. Er scheute sich, sie herauszugeben, da er spürte, daß er die Technik der Dichtung nicht so gut beherrschte wie die der Malerei. Einmal jedoch ließ er auf seine Kosten eine dicke Liedersammlung drucken. Er zeigte sie uns, besann sich aber bald eines anderen und befahl, die ganze Auflage einzustampfen. Wenigstens erklärte er uns, dies tun zu wollen. Und sicher ist, daß sie nicht im Buchhandel erschien. Nur einige wenige Gedichte sind verschiedentlich veröffentlicht worden.

Aus: Raïssa Maritain, *Die großen Freundschaften*, Heidelberg 1954

Eine Gebärde der Liebe

Ein Interview mit François Mauriac von André Parinaud

»Ich verstehe mich nicht darauf, über Malerei zu sprechen, ich könnte Ihnen nur die Gedanken anvertrauen, die mir – wie wohl jedermann – angesichts der Werke in den Sinn gekommen sind …«

François Mauriac läßt den Kopf auf seine Brust sinken, wie um seinen Erinnerungen nachzusinnen. Im Zwielicht des Wohnzimmers zeichnet sich sein Profil scharf ab und gibt sich mir überraschend als die Gestalt des *Christ aux outrages* von Rouault zu erkennen … Mauriac spricht mit leiser Stimme, die nur ein wenig gespannter und getragener als gewöhnlich ist. Kurz zuvor hat er mir gestanden, daß ihm die Temperatur zu schaffen mache. Dieser Mensch aus dem Süden fürchtet die Hitze. Er liebt den grauen Himmel und trockenes Wetter.

»Gleichwohl muß man die Malerei Rouaults unter dem Licht der Sonne betrachten. Dieses Werk, das eine Gebärde der Liebe ist, einer der aufrichtigsten, authentischen Schreie des Erbarmens in der Kunst, muß mit der strahlenden Realität in Kontrast gesetzt werden …«

François Mauriac blättert, auf dem Sofa sitzend, durch die Druckgraphik Rouaults und hält bei dem im Jahre 1906 entstandenen Blatt *Fille* aus der Sammlung Girardin inne.

»Ja, selbst vor dieser Abscheulichkeit, dieser auf die Leinwand gesetzten Verwünschung, fühlen wir uns angerufen und vernehmen die Mahnung: ›Seht her, was wir aus einem menschlichen Wesen gemacht haben!‹ Wir befinden uns hier übrigens in dem großen Jahr der Malerei Rouaults, dem Jahr seiner Erlösung. Hinter der Schmach dieser nackten Frau steht das Gefühl des Künstlers: und dabei handelt es sich vor allem um Liebe.«

Jenseits des Schreckens

»Nein, bei Rouault finden sich keine dieser Hintergedanken, die man ewa bei einem Degas bemerken kann. Denken wir nur an das berühmte Gemälde, das eine Frau bei ihrer Toilette mit einer Sitzbadewanne zeigt. Diese Werk strahlt eine Art von höhnischem Grinsen aus, es zeigt einen rachelüsternen Beigeschmack, eine Absicht, die Frau zu demütigen und vielleicht doch zu begehren, trotz der Herabsetzung der Person an sich ... Nichts davon bei Rouault; der Ton ist rein, schneidend, ohne Zugeständnisse. Diese gewollte Vulgarität läßt eine Seele sprechen.«

Der illustre Schriftsteller unterstreicht jeden Satz, den er spricht, mit Bewegungen seiner langen, schmalen Hände. Wie in einer Geste des Erbarmens legt er häufig die Spitzen seiner Zeigefinger zusammen.

»Bei Rouault verschmilzt der weitgespannte Bogen eines wunderbaren Gefühls der Liebe mit der gemeinsten Wirklichkeit. Er weist wahrlich über den Schrecken hinaus ...«

François Mauriac hat sich erhoben und geht zum Fenster. Er wendet mir den Rücken zu und drückt seine Stirn gegen die Scheibe. Ich muß mich anstrengen, um seine fast unhörbaren Worte zu verstehen.

Der Weg des Erbarmens

»Es war Léon Bloy, nicht wahr, der sich fragte, ob Rouault nicht vom Sog des Häßlichen angezogen würde? ›Wären Sie ein Mann des Gebetes‹, so schrieb er ihm, ›könnten Sie nicht diese schrecklichen Bilder malen‹. Ich halte diese Urteile für verfehlt. Im Gegenteil, die Tiefgründigkeit Rouaults wurzelt in seinem eigenen Entsetzen. Seine Genialität offenbart sich darin, daß er uns aus der Phantasie beschworene, imaginierte Personen vorstellt, die er durch die Tränen seines Mitleids wiedererschaffen, gesehen und gemalt hat ...«

Nach einem Augenblick der Stille dreht sich François Mauriac um und fügt beinahe vertraulich hinzu: »Rouault ist ein Maler nach meinem Herzen.« – Er setzt sich nun neben mich und spricht, wobei er seine Hände betrachtet: »Er steht gleichzeitig Gott zu nahe, um den Bannfluch gegen ihn zu schleudern, aber er steht auch Satan zu fern, um nicht zu urteilen ... Doch er urteilt ohne diese verkrampfte, nervöse Wut, die man bei Goya findet, bei dem das Monströse stets allzu wahrscheinlich und glaubhaft ist. Was Rouault betrifft, so geht er über Gut und Böse hinaus und läßt uns in ein Reich eindringen, in dem nur die Geschöpfe Gottes existieren, nackt, demütig, ernst angesichts der Absolutheit ihrer Lage. Seine Empörung, seine Heftigkeit, sein Wille, Ärgernis zu erregen, haben ihren Ursprung in seinem festen Glauben an den Menschen. Und dieser Gläubige führt uns das Grauen der Welt und ihre Schrecken vor Augen, nicht nur um uns zu beschämen, nicht nur, um uns in Furcht zu versetzen, sondern vielleicht, um uns zum Beten zu bringen.«

Mein Gesprächspartner hat nun sein Thema gefunden. Seine Sätze bleiben weiterhin kurz, ein wenig abgehackt, aber seine Sprechweise ist rascher und klarer.

»Es ist die Seele des Primitiven, die seine Leinwände durchdringt. Seine Clowns haben das Antlitz Christi, geschunden und sublim, und seine Prostituierten sind Maria Magdalena, die am Ende der Nacht angekommen ist. Die künstliche Verzerrtheit der Gemälde Picassos berührt mich oft peinlich, die von Rouault gemalte Häßlichkeit erschüttert mich. Er ist der authentischste Primitive des Jahrhunderts. Es hat den Anschein, als präsentiere er durch seine Kunst die Personen unseres irdischen Fegefeuers. Ich weiß nicht mehr, wer einmal bemerkte, daß in den romanischen Kathedralen Satan etwas von Gott hat. Ich würde meinen, daß es in dem ganzen Rausch und Taumel des Häßlichen, wie von Rouault gemalt, daß es jenseits seiner Hölle das Versprechen auf ein Paradies gibt. An den Grenzen des von Rouault geschaffenen Universums beginnt die Gnade.«

Ich suche die Unterhaltung auf die Einschätzung von Rouaults Talent zu lenken. François Mauriac tut mir den Gefallen und geht auf das Spiel ein.

»Wer vermag etwas preiszugeben, um etwas anderes zu retten? Er allein wird es eines Tages sagen. Früher oder später hat jeder Künstler das Bedürfnis, sich seiner geistigen Vorstellung entsprechend als Schöpfer zu vollenden. Rouault ist vielleicht nicht weit von diesem Moment entfernt. Denken Sie daran, daß er den Erben Vollards untersagt hat, über die Leinwände zu verfügen, die er als unvollendet betrachtet. In jenem Augenblick wird er sich mit seinem Genie auseinandersetzen. Aber wird er den Einfluß feststellen können, den sein Vater auf ihn hatte, der bescheidene Kunsttischler, der fanatische Verteidiger von Lamennais? Und welche Anziehungskraft haben die bunten Glasfenster von Saint-Séverin auf seine Kunst ausgeübt? Nein! Seine Technik verschmilzt mit seinem innersten Wesen. In seiner Malerei übersteigen das Leid und die Schöpfung die Wissenschaft und das Handwerk. Die dunklen Konturen in seinen Bildern sind eine Art mystischer Aura seiner Malerei. Er umreißt nicht nur die Farbflächen, die er übrigens auf diese Weise zum Singen bringt, sondern grenzt einen Teil der Wahrheit des Universums ein. Rouaults Palette ist der Finger Gottes auf den Wunden der Welt.

Für Rouault ist, wie gesagt, jedes seiner Gemälde eine Begegnung mit sich selbst, ein Selbstgespräch. Aber die Bedeutung dieses Gesprächs liegt weniger in dem, was der Künstler verbergen, sondern vielmehr in dem, was er bekennen will. Rouault kann die Sonne noch so sehr mit seinen schwarzen Ringen einfassen, selbst seine vulgärsten Gemälde sind trotz allem das Bekenntnis einer ungeheuren Hoffnung, die Anerkennung eines Friedens, des Friedens des Gläubigen nach der Beichte. Rouault ist der Gerechte, der sich im Namen aller Menschen anklagt, und jedes seiner Werke erbringt den Beweis der göttlichen Vergebung.«

Aus *Arts*, 10. Juli 1952

Brief von André Suarès an Georges Rouault

Sie einzuführen, mein lieber Rouault, bedarf es nicht. Gustave Moreau habe ich lediglich durch Huysmans kennengelernt, der mir eine denkbar falsche Vorstellung von ihm vermittelte. Und wenn ich heute dennoch weiß, welch ein Mensch und Künstler Moreau war, dann habe ich das nur Ihnen zu verdanken. Er antwortet in diesem Jahrhundert für Sie, während Sie seine Stimme in künftigen Zeiten sein werden. In Ihren Reflexionen und Ihrer tiefempfundenen Wertschätzung erhöhen und ehren Sie einander gegenseitig. Schon am ersten, weit zurückliegenden Abend unserer Bekanntschaft bestaunte ich Ihr vertrautes Verhältnis zu diesem guten Lehrer. Die Tatsache, daß er Ihr Lehrer war und daß Ihre Kunst von diesem Maler so liebevoll gefördert wurde, weckte meine Bewunderung. Niemand war verschiedener von ihm als Sie, und doch waren Sie sein Lieblingsschüler: Er umgab Sie mit seiner Fürsorge, die sogar seinen Tod überdauerte und Sie noch heute begleitet. Nichts scheint mir schöner für Sie und ihn zu sprechen. Sie haben das Museum des Mannes verlassen, der Sie dort als den geeignetsten und klügsten Leiter einzusetzen wußte. Sie haben das getan, um zu sich selbst zu finden, ganz Sie selbst zu werden, in einer leidenschaftlichen und schmerzlichen Suche, die erst mit Ihrem letzten Atemzug enden wird. Sie, der Sie unter den Akademie-Schülern der beste hätten sein können, Anwärter auf den Prix de Rome, haben allen Erfolgen und Glücksgütern entschlossen das Büßerhemd vorgezogen: Sie sind der Malermönch unserer Zeit geworden. Und mit all den Schreckensvisionen, die sie in ihr sehen, mit all der Verachtung der Schönheit, die sich dort vielleicht finden mag, gleichen Sie einem Asketen. Kein geheimes versöhnliches Entgegenkommen mildert den Fluch, den Sie den sozialen Formen menschlichen Zusammenlebens entgegenschleudern; diese sind mit dem Gestank von Neid, Elend, Wollust, Schmerz ohne Erlösung erfüllt: Sie malen wie ein Exorzist. Aber für den, der zu sehen vermag, offenbart Ihre Liebe zur schönen Materie und der Reichtum, den Sie dort verstekken (wie ein falscher Bettler sein gediegenes Gold und seine seltensten Steine in Lumpen hüllen würde), Ihr Geheimnis: den tiefen Instinkt Ihrer Natur und den Glauben an eine ideale Zukunft. Sie sind eben ein leidenschaftlicher Dominikaner, einer von denen, die nach dem Autodafé verlangen, was aus Ihnen einen der religiösesten Maler der Epoche macht und den einzigen Mystiker seit langem. Sie sind kein Nachahmer: Kopieren auf diesem Gebiet hieße nicht religiös, sondern fromm zu sein. Es ist ein weiter Weg von Saint-Sulpice zum himmlischen Jerusalem, ja, sogar zum irdischen.

Bei Ihnen ist alles, was Sie tun, vom Religiösen durchdrungen: sogar Ihre Clowns, sogar eine traurige Prostituierte. Denn Ihr Clown weint unter seiner grotesken Schminke, und

Ihre Prostituierte ist ganz das, was sie ist: das arme Opfer der Wollust, das verrottete Fleisch des Festmahls, von dem sie sich Lebenslust versprach.

In unseren langen Gesprächen hörte ich nicht auf, Sie über Gustave Moreau zu befragen, und Sie wurden ebensowenig müde, mir von ihm zu erzählen. Im Grunde ging es hier um die Malerei als solche. Ihre *Erinnerungen* sind aus dieser Absicht geboren. Worin auch immer das Talent Moreaus als Maler bestanden haben mag, er war ein begnadeter Lehrmeister, denn noch immer inspiriert sein Geist die besten, die unterschiedlichsten und die originellsten Künstler des Jahrhunderts, die nicht einmal wissen, was sie ihm alles verdanken. Kein Lob wird ihm hier gerecht. Anreger zu sein, darin liegt sein Genie, so müssen wir ihn nennen. Er verfügte über die bewunderungswürdige Tugend, auch das zu verstehen, was am meisten zu ihm in Widerspruch stand und was ihm eigentlich am meisten widerstrebte. Da ihm die gesamte Malkunst der Vergangenheit zu Gebote stand und ihm die größten Schöpfungen als Orientierungspunkte dienten, war er der geeignete Meister, um Schüler auszubilden. Er war vor allem und zumeist Lehrer und zuallerletzt Professor. Sein Ziel war es nicht, die jungen Künstler zur Nachahmung und zum Nachschaffen der Alten Meister zu führen, sondern in ihnen die Kraft, die Lust – sofern vorhanden – zu wecken und ihnen die Mittel an die Hand zu geben, sie selbst zu sein. Welch hoher Auffassung von seiner Kunst bedurfte es doch, um dieser Rolle gerecht zu werden!

Und das ist es auch, was Sie so sehr betont haben, mein lieber Rouault. Diese noble Gestalt, so streng und schlicht, erwacht in ihren *Erinnerungen* zum Leben. Man begegnet dem unvergleichlichen Mentor, der er im Geist und nach der Tradition der Antike gewesen sein muß. Er lehrte nicht die Vollkommenheit, sondern suchte nach ihr. Geistig frei, wie das die Maler so selten sind, seinem eigenen Denken folgend, dessen sich fast alle rühmen, die sich nichts daraus machen, ist Gustave Moreau das Vorbild, das dem Künstler einen natürlichen kritischen Maßstab setzt.

Er bewundert das Genie oder das Talent, selbst in dem, was ihm widerstrebt. Die abschätzigen Meinungen, die auf Vorurteilen beruhen, die verletzende Bosheit eines Degas sind ihm fremd. Seine Seele ist gerecht, voll zarter menschlicher Güte.

Niemals verliert er die Ideale von Größe und Schönheit aus dem Blickfeld; er hat ein großzügiges Herz, einen vornehmen und gebildeten Geist. Sein Leben lang hat er – ganz wie Delacroix – an sich gearbeitet und sich gebildet. Sie lehren uns Ihren weisen Gönner zu lieben, mein lieber Rouault.

Selbst über das Werk hinaus flößen Sie uns Achtung vor dem Menschen und dem Künstler ein. So lernen wir ihn schließlich durch Sie gut kennen. Es will mir scheinen, daß Sie ihr Versprechen, einer so teuren und vollkommenen Erinnerung zu dienen, hier voll und ganz erfüllt haben.

Indem Sie ihn ehren, ehren Sie sich selbst. Man kann Sie nicht von Moreau trennen, Sie sind sein Zeuge und der Zeuge der Wahrheit. Ich weiß, daß dies Ihr sehnlichster Wunsch war. Für das Werk, das Sie zu erfüllen suchten, wird Sie jedermann ebenso loben wie ich, weil Sie es im Geist schlichter Sohnesliebe und mitfühlenden Empfindens vollbrachten.

Einführung zu Rouaults *Souvenirs intimes*
in Form eines Briefes, Paris 1926

Bibliographie

Bücher und Aufsätze Rouaults

›Noli me tangere‹ (Notizen über Cézanne), La toison d'or‹ (Carrière) und ›Le grand pan‹ (Rodin) in *Mercure de France,* 1910, S. 654-659
›Sur le Salon Officiel‹ in *Comoedia,* 1911
›Ingres ressuscité‹ in *Mercure de France,* 10. Dez. 1912
›Sur Forain‹ in *La Vie,* 1913
›L'Artiste, Miserere, Mères‹ (Gedichte) in *Les Soirées de Paris,* Nr. 26 und 27, Juli-August 1914
›Sur l'Ecole française‹ in *L'Eclair,* 29. August 1924
›Poèmes‹ in *Bulletin de la Vie artistique,* Paris 1924, S. 380-382; 1925, S. 127-130
›Deux poèmes‹ in *L'Amour de l'Art,* 1925, S. 445 (Le Christ de l'Yser, Hommage au Solitaire)
›Les Frontières artistiques‹ (Les appels de l'Orient) in *Les Cahier du Mois,* 1925, Nr. 9 und 10, S. 177-182
›Lettre-préface‹ (Brief-Vorwort) zu dem Buch von Georges Charensol, *Georges Rouault, l'homme et l'œuvre,* Paris 1926
›Souvenirs intimes‹ (mit einem Vorwort von André Suarès. Das Werk ist Moreau, Bloy, Cézanne, Baudelaire, Renoir, Daumier, Huysmans und Degas gewidmet), Paris 1926
›Gustave Moreau‹ in *Le Correspondant,* 10. April 1926, S. 141-143
›Sur le Musée Gustave Moreau in *Beaux-Arts,* 16. Okt. 1926
›Sur Gustave Moreau‹ (Briefe Rouaults an André Suarès) in *L'Art et les Artistes* (Sondernummer zu Gustave Moreau), Paris 1926, S. 219-249
›A Feu Debureau‹ in *Funambules,* Nr. 1, 1. Dez. 1926
Miserere et Guerre, Edition Ambroise Vollard, Paris 1927
›Poème-préface‹ zu dem Buch von Jules Joets, *Flandre,* Paris 1927
›Claude Monet‹ in *L'Amour de l'Art,* Nr. 6, 1927, S. 200
›Lettre de Georges Rouault‹ in *Cahiers d'Art,* Nr. 103, 1928
Déclaration à Spectateur‹, 18. Juni 1928
›Sur Huysmans‹ in *Bulletin de la Société Huysmans,* Nr. 27, S. 113
›Quel est votre paysage préféré?‹ (Antwort auf eine Umfrage) in *L'Intransigeant,* 2. April 1929
›1830-1930‹ (Antwort auf eine Umfrage) in *L'Intransigeant,* 23. Nov. 1929
Paysages légendaires (Gedichte, vom Autor illustriert), Paris 1929
›Pourquoi je me présente à l'Institut‹ in *L'Intransigeant,* 27. Mai 1930
›Sur André Derain‹ in *Les Chroniques du Jour,* Januar 1931
›Evocations‹ (über Henri Matisse) in *Les Chroniques du Jour,* April 1931, S. 8 f.
›En marge des doctrines‹ in *Nouvelle Revue Française,* Okt. 1931
›Rouault parle de son art‹ in *Demain,* 9. Dez. 1931
›Poème‹ in *L'Intransigeant,* 8. Februar 1932
›La conception de la beauté‹ in *L'Intransigeant,* 8. Februar 1932
›En marge des doctrines‹ in *L'Intransigeant,* 15. Nov. 1932
›L'art d'aujourd'hui‹ (Antwort auf eine Umfrage) in *Cahiers d'Art,* Nr. 10, 1935, S. 11-18
›L'art peut-il utiliser la photographie?‹ (Antwort auf eine Umfrage) in *Revue de l'art ancien et moderne,* März 1936
›Sur le Métier‹ (Antwort auf eine Umfrage) in *Beaux-Arts,* Oktober 1936, S. 5
›Textes inédits‹, *Revue de Belles Lettres,* Neuchâtel, 1936-37
›Souvenirs sur Degas‹ in *L'Intransigeant,* 9. März 1937
›Anciens et Modernes‹ in *Verve,* 15. Nov. 1938
Cirque de l'Etoile filante, Edition Ambroise Vollard, Paris 1938
›Préface à l'Exposition d'A. Girard‹, New York 1938
›Conceptions picturales‹ in *Verve,* Nr. 4, Januar-März 1939
›Visages réels ou imaginaires‹ in *Verve,* Juli-Oktober 1939
›Visages de la France‹ in *Verve,* September-November 1940
›Divertissement‹ in *Verve,* 1943
›Souvenirs du jeune age sont gravés dans mon cœur‹ in *Le Point* (Sondernummer), August-Oktober 1943
Soliloques, Neuchâtel 1944
›Sur Léon Bloy‹, Brief an die *Cahiers du Rhône* (Sondernummer über Bloy), 1944
›Existe-t-il un art expressionniste?‹ in *Art Présent,* Nr. 1, 1945
›Sur le métier de peindre‹ in *Art Présent,* 1945
›L'essentiel, peindre‹ in *Spectateur,* 18. Juni 1946
›Commentaire pictural‹, Einführung zu Edward Alden Jewells Buch über Rouault, Paris 1947
Avant-propos de Stella Vespertina, Paris 1947
›Préface‹ zu *Miserere,* Paris 1948
›Message aux Nordiques Gantois‹ in *La Metropole,* 21. März 1949
›Sur l'art sacré‹, *La Croix,* 11. und 12. Mai 1952.
›Lettre à Edouard Schuré‹ in *Le Goeland,* Juni 1952
›Avant-propos‹ in *Kunsten Idag* (Sondernummer über Rouault), Nr. 2, 1954
Georges Rouault – André Suarès, Correspondance, Paris 1960
›Sur l'art et sur la vie‹, mit einem Vorwort von Bernard Dorival (Text von *Soliloques,* gesammelte Essays, ausgewählte Gedichte und Briefe), Paris 1971

Von Rouault illustrierte Bücher

BAUDELAIRE, Charles, *Les Fleurs du Mal,* unvollendet (12 Farbradierungen, 1938)
———, *Les Fleurs du Mal,* Paris 1966 (14 Radierungen)
ROUAULT, Georges, *Cirque de l'Etoile filante,* Paris 1938 (17 Farbradierungen, 82 Holzschnitte nach Gemälden Rouaults).
———, *Divertissements,* Paris 1943 (15 Farbreproduktionen)
———, *Maîtres et petits maîtres d'aujourd'hui,* Paris 1926 (4 Lithographien)
———, *Miserere,* Paris 1948 (58 Radierungen)
———, *Miserere,* Verkleinerte Faksimile-Ausgaben (teilweise mit zahlreichen einführenden Texten): Paris 1951 (unter Aufsicht des Künstlers), London 1951, New York 1952, Paris 1963, Boston 1963, Assisi 1966, Dublin 1971, Tokio 1972, Seoul 1978, Mailand 1984, Paris 1991
———, *Paysages légendaires,* Paris 1929 (6 Lithographien, 50 Reproduktionen nach Zeichnungen)
———, *La Petite Banlieue,* Paris 1929 (6 Lithographien)
———, *Soliloques,* Vorwort von Claude Roulet, Neuchâtel 1944 (mit 8 Farbreproduktionen)
———, *Souvenirs intimes,* Paris 1926 (6 eingeklebte Lithographien; 2. Auflage: eine zusätzliche Lithographie als Frontispiz).
———, *Stella vespertina,* Paris 1947 (12 Farbreproduktionen)
SUARÈS, André, *Cirque,* Paris 1930 (8 Farbradierungen); der vorgesehene Text von Suarès wurde nie publiziert
———, *Passion,* Paris 1939 (17 Farbradierungen, 82 Holzschnitte nach Gemälden)
———, *Passion,* Verkleinerte Faksimileausgabe aller Farbradierungen und Holzschnitte (ohne den Text von Suarès), eingeleitet von Timothy Mitchell, New York 1982
VOLLARD, Ambroise, *Réincarnations du Père Ubu,* Paris 1932 (22 Radierungen und 104 Holzschnitte nach Tuschpinselzeichnungen)

Illustrierte Bücher unter Beteiligung Rouaults

ARLAND, Marcel, *L'ordre,* Paris 1930 (1 Farbradierung)
———, *Les Carnets de Gilbert,* Paris 1931 (1 Lithographie, 1 Radierung, 5 Farbradierungen)
———, *Avec Pascal,* Paris 1946 (2 Radierungen)
L'art d'aujourd'hui, Zeitschrift, Frühjahr 1928 (2 Farbtafeln)
CHARENSOL, Georges, *Georges Rouault,* Paris 1926 (1 Lithographie)
CHURCH, Henri, *Clowns,* Paris 1922 (3 durch Phototypie übertragene Tuschpinselzeichnungen)
Études d'art contemporain, Zeitschrift, Rouault gewidmete Sondernummer mit einem Text von Georges Chabot, 1928 (2 Lithographien)
Funambules, Zeitschrift, 1. 12. 1926 (2 durch Phototypie übertragene Gouachen Rouaults)
Peintres du cirque d'hiver, Ausstellungskatalog, Vorwort von Jean Cocteau, Paris 1927 (4 Phototypien nach Tuschpinselzeichnungen)
SUARÈS, André, *Tableaux de Paris,* Paris 1927 (1 Lithographie)
VENTURI, Lionello, *Georges Rouault,* New York 1940 (1 Farbradierung)

Verve, Zeitschrift, Nr. 4, 15. November 1938, (1 Farblithographie als Titelblatt); Nr. 5-6, Frühjahr 1939 (1 Farblithographie); Nr. 8, Sommer 1940 (1 Farblithographie)

Monographische Arbeiten über Rouault

BAGALONI, Gilberto (Hrsg.), *Rouault*, Ancona 1977

BELLINI, Paolo, *Georges Rouault: Uomo e artista*, Mailand 1972

BENINCASA, Carmine, *Georges Rouault*, Turin 1988

BESSON, Georges, ›Souvenirs sur Rouault‹ in *Le Point*, 1943

BRION, Marcel, *Georges Rouault*, Paris 1950

CARLUCCI, Luigi, *Georges Rouault*, Mailand 1967

CHAPON, François, *Le livre des livres de Georges Rouault / The Illustrated Books by Georges Rouault* (franz. und engl.), Monte Carlo 1992

CHAPON, François, und Isabelle ROUAULT, *Georges Rouault, Œuvre Gravé*, 2 Bde., Text von François Chapon, Katalog erstellt von Isabelle Rouault unter Mitwirkung von Olivier Nouaille-Rouault, Monte Carlo 1978

CHARENSOL, Georges, *Georges Rouault – l'homme et l'œuvre*, Paris 1926

CINOTTI, Mia, *Georges Rouault, Gemälde* (ins Deutsche übertragen von Hermann Jedding), Wiesbaden/Berlin 1956

COGNIAT, Raymond, *Georges Rouault*, Paris 1930

COURTHION, Pierre, *Georges Rouault*, Paris 1962; Tokio 1962; Mailand 1964; New York 1977

———, *Georges Rouault, Leben und Werk* (mit Werkkatalog, erstellt unter Mitarbeit von Isabelle Rouault), Köln 1962

———, *Visages* (Dix études de l'atelier reproduit en Facsimilés), Paris 1969

———, *Georges Rouault*, Paris 1971

———, *Georges Rouault*, Köln 1980

COURTHION, Pierre, DORIVAL, Bernard, und Maurice MOREL, *La Passion du Christ*, Tokio 1975

CRISPOLTI, Enrico, *Georges Rouault*, Mailand 1965

DIEHL, Gaston, *Georges Rouault*, Brief-Einleitung von Pierre Bonnard, Zeugnisse von Georges Braque, Paris 1943

DORIVAL, Bernard, *Rouault*, Paris 1942

———, *Cinq études sur Georges Rouault*, Paris 1956; Tokio 1961

———, *Georges Rouault*, Genf 1956

———, *Rouault*, Paris 1963

———, *Rouault*, Barcelona 1963

———, *Georges Rouault*, Paris 1964

———, *Rouault*, Tokio 1976

———, *Rouault*, Paris 1982; Naefels 1983; Norwalk 1984

DORIVAL, Bernard, und Isabelle ROUAULT, *Rouault – L'Œuvre peint*, 2 Bde., Monaco 1988; Tokio 1990

DYRNESS, William A., *Rouault: A Vision of Suffering and Salvation*, Grand Rapids 1971

ENDO, Shusaku, OGAWA, Masataka, und Shuji TAKASHINA, *Rouault et le fauvisme*, Chuokoran-Sha 1973

FORTUNESCU, Irina, *Rouault*, Paris 1975

FUKUSHIMA, S., *Georges Rouault*, Tokio 1958

GEITLEIN, F. und D., *Georges Rouault's Miserere*, Milwaukee/Bruce 1965

GEORGE, Waldemar, *Georges Rouault – Œuvres inédites*, Texte von Georges Rouault und Marie Dormoy, Paris 1937 (Sondernummer von *La Renaissance*)

GEORGE, Waldemar, und Geneviève NOUAILLE-ROUAULT, *L'Univers de Rouault*, Paris 1971; Köln 1971; London 1971

———, *Rouault und seine Welt*, Übers. v. Hans Hildenbrand, Bayreuth 1981

GROHMANN, Will, *Georges Rouault*, New York/München 1930

HAUERT, Roger (Bilder), und Bernard DORIVAL (Text), *Georges Rouault*, Übers. v. A. H. Eichmann, Genf 1956

HERGOTT, Fabrice, *Rouault*, Paris 1991; Barcelona 1991

DI SAN LAZZARO, G. (Hrsg.), *Hommage a Georges Rouault*, mit Beiträgen von J. Rivière, A. Malraux, G. Apollinaire, B. Dorival, M. Morel, G. Chabot, P. Courthion, R. Cogniat u.a., Paris 1971

ITO, R., *Rouault*, Tokio 1936

JEWELL, Edward Alden, *Georges Rouault*, Einleitung von Georges Rouault, Paris 1947

JOHNSON, Una E., *Ambroise Vollard Editeur, 1867-1939. An Appreciation and Catalogue*, darin Verzeichnis der Graphiken Rouaults für Vollard, New York 1944

KOJA, Stephan, *Zu Gestalt und Wesen der Kunst Georges Rouaults und ihrem Niederschlag in der Literatur*, Dipl. Arb., Salzburg 1986

———, *Aspekte des Menschenbildes im Werk von Georges Rouault*, Diss., Salzburg 1989

LASSAIGNE, Jacques, *Rouault*, Genf 1951

LENELL, François, *Le Christ dans l'œuvre peint de Rouault*, Mém. de maîtrise, Institut d'Histoire de l'Art, Paris IV, Paris 1984

MARCHIORI, Giuseppe, *Georges Rouault*, Mailand 1965; Lausanne 1965: Stuttgart/Berlin/Köln/Mainz 1966

MARITAIN, Jacques, *Georges Rouault*, New York 1952

MAYWALD, Wilhelm, *Georges Rouault, Portrait und Atelier, Photos*, Zürich 1958

MOREL, Maurice, *Le Miserere*, Vorwort von Georges Rouault, Paris 1951

———, *En memoire de Georges Rouault*, Paris 1959

NEUMANN, J. B., *Georges Rouault*, New York 1930

NEUMAYER, Heinrich, *Erkenne dich selbst*, Wien 1957

NOUAILLE-ROUAULT, Geneviève, und H. TAKATA, *Rouault – The Book of Great Masters*, Tokio 1979

OGAWA, M., und I. YANAIAHARA, *Matisse – Rouault*, Tokio 1967

PUY, Michel, *Rouault et son œuvre* (Nouvelle Revue Française), Paris 1920-1921

ROGER-MARX, Claude, *Rouault*, Paris 1957

ROULET, Claude, *Le peintre français Georges Rouault*, Neuchâtel 1937 (Sonderdruck der *Revue des Belles-Lettres*)

———, *Rouault – Souvenirs*, Paris 1961

SAFETA, Juka, *A. Suarès, G. Rouault, leurs pensées sur la vie et sur l'art à travers leur œuvre et leur correspondance*, Maitrise, Lett. Paris I, Paris o. J.

SCASSELATI SFORZOLINI, Christina, *Il giovane Rouault e l'atelier Moreau*, Diss., Rom 1989/90

SHOBO, Kawada, *Matisse, Rouault*, Tokio 1966

SOBY, James Thrall, *Georges Rouault*, New York 1945

SOMOS, M., *Rouault*, Budapest 1965

SOTRIFFER, Kristian, *Georges Rouault – Holzstiche*, Feldafing 1956

STADLER, Wolf, *Georges Rouault – Zirkus Sternschnuppe*, Freiburg/Basel/Wien 1984

TAKADA, H., *Rouault*, Tokio 1966

TOMINAGA, S., *Georges Rouault*, Tokio 1969

VENTURI, Lionello, *Georges Rouault*, New York 1940

———, *Georges Rouault*, Paris 1948

———, *Rouault – Biographisch-kritische Studie*, Übers. v. U. R. Hemmerich, Genf 1959

WOFSY, Alan, *Georges Rouault – The Graphik Work*, London 1976

YANAGI, Munemoto, *Rouault*, Tokio 1962

———, *Georges Rouault*, Tokio 1972

———, *Georges Rouault, peintre de l'âme chrétienne*, Tokio 1987

ZVERINA, František, *Georges Rouault*, Prag 1961

Katalogpublikationen (Auswahl)

The Prints of Georges Rouault, Museum of Modern Art, New York, 1938

Georges Rouault, Kunsthaus Zürich, 1948

Georges Rouault – Graphik, Neue Galerie, Wien, 1949

Georges Rouault, Bayerische Staatsgemäldesammlungen und Haus der Kunst, München, 1950

Rouault. Retrospective exhibition, The Cleveland Museum of Art, The Museum of Modern Art, New York, 1953

Georges Rouault, Gedächtnisausstellung, Graphische Sammlung Albertina, Wien, 1960

Georges Rouault, Musée des Beaux-Arts, Gent, 1961

Georges Rouault, Musée de Dieppe, 1963

Georges Rouault – Œuvres inachevées données à l'Etat, Musée du Louvre, Paris, 1964

Rouault, Musée de Quebec, 1965

Rouault – Peintures inconnues ou célèbres, Galerie Charpentier, Paris, 1965

Rouault – XIV Planches Gravées pour les Fleurs du Mal et XXX Lithographies originales, Galerie Creuzevault, Paris, 1966

Georges Rouault, Kunstverein Hamburg, 1966

Georges Rouault, The Arts Council of Great Britain, Tate Gallery, London, 1966

Georges Rouault, Exposition du Centenaire, Musée National d'Art Moderne, Paris, 197[illegible]

Georges Rouault – Visionnaire, Galerie Beyeler, Basel, 1971

Georges Rouault, Haus der Kunst, München, 1974

Georges Rouault: Sur le thème du ›Miserere‹, peintures et lavis inconnues, Musée d'Art Moderne de la Ville de Paris, Paris, 1978

Georges Rouault, Josef-Haubrich-Kunsthalle, Köln, 1983

Georges Rouault, 1871-1958, Catalogue raisonné, Collections de la Ville de Paris, Musée d'Art Moderne de la Ville de Paris, Paris, 1983

Georges Rouault – Ölbilder, Aquarelle, das graphische Werk, Alte Nazarethkirche, Berlin, 1988

Rouault. Première période 1903-1920, Musée National d'Art Moderne, Centre Georges Pompidou, Paris, 1992

Georges Rouault. The Early Years 1903-1920, Royal Academy of Arts, London, 1993

Wichtige Ausstellungen nach dem Tod Rouaults

1958 Paris, Bibliothèque Nationale
1960 Wien, Graphische Sammlung Albertina
1960 Marseille, Musée Cantini
1960 Dublin, The Building Center
1961 Gent, Musée des Beaux Arts
1961 Los Angeles County Museum of Art
1963 Dieppe, Chateau-Musée de Dieppe
1964 Paris, Musée du Louvre
1965 Québec, Musée de Québec/Montréal,
Musée d'art contemporain
1965 Tokio, Museum westlicher Kunst
1965 Colmar, Unterlinden-Museum
1965 Osaka, National Museum of Art
1966 London, Tate Gallery
1966 Frankfurt am Main, Frankfurter Kunstverein
1966 Hamburg, Kunstverein Hamburg
1966 Stockholm, Marlö Museum
1971 Basel, Galerie Beyeler
1971 Paris, Musée National d'Art Moderne
1971 Saint Paul de Vence, Fondation Maeght
1971-72 Bordeaux, Musée des Beaux Arts
1973 Tokio, Idemitsu Museum
1974 Manchester, City Art Gallery
1974 München, Haus der Kunst
1975 Tel Aviv Museum
1978 Paris, Musée d'Art Moderne de la Ville de Paris
1979 Tokio, Galerie Yoshii
1982 Paris, Musée du Grand Palais
1983 Köln, Josef-Haubrich-Kunsthalle
1984 Tokio, Metropolitan Teien Art Museum
1988 Berlin, Alte Nazarethkirche
1992 Paris, Musée National d'Art Moderne,
Centre Georges Pompidou
1993 London, Royal Academy of Arts

Namenregister

Photonachweis

Die Abbildungsvorlagen wurden freundlicherweise von den in den Bildlegenden genannten Museen und Sammlungen zur Verfügung gestellt. Sie stammen außerdem aus den Archiven der Familie Rouault, des Autors, des Verlages sowie den folgenden Archiven, Photoateliers und Publikationen:

Götz Adriani, Edgar Degas. Pastelle, Ölskizzen, Zeichnungen, DuMont Buchverlag, Köln 1984 Abb. 29, 30

Götz Adriani, Toulouse-Lautrec. Gemälde und Bildstudien, DuMont Buchverlag, Köln 1986 Abb. 16, 28

Götz Adriani, Toulouse-Lautrec. Das gesamte graphische Werk, DuMont Buchverlag, Köln 1986 Abb. 27

Ina Bandy, Paris S. 202 unten

Centre national d'art et de culture Georges Pompidou, Paris Abb. 1; Taf. 64, 92-99, 101-103; Philippe Migeat Taf. 28, 61, 76; Ch. Bahier, Philippe Migeat Taf. 43, 56; Adam Rzepka Taf. 8, 14, 22, 23, 30, 45, 47

François Chapon, Rouault. Œuvre Gravé, Editions André Sauret, Monte Carlo 1978 Abb. 34

Yvonne Chevalier, Paris Taf. 84, 86

Pierre Courthion, Georges Rouault. Leben und Werk, DuMont Buchverlag, Köln 1962 Abb. 5, 20

Pierre Courthion, Georges Rouault, DuMont Buchverlag, Köln 1980 Abb. 4, 6, 41, 44, 48

Bernard Dorival, Rouault. L'Œuvre peint, Editions André Sauret, Monte Carlo 1988 Abb. 21, 23, 36

Photo Florin, Tourcoing Taf. 39

Musée de Grenoble (André Morin) Taf. 12, 25

Fabrice Hergott und Sarah Withfield, Georges Rouault. The Early Years 1903-1920, Royal Academy of Arts/Lund Humphries, London 1993 Abb. 15, 22, 24

Erich Klossowski, Honoré Daumier, R. Piper & Co., München 1923 Abb. 3

Jean-Louis Losi Taf. 6

Studio Lourmel, Paris Umschlag; Taf. 63; Routhier Taf. 78

Musées de la Ville de Paris Taf. 27, 34, 35, 37, 38

Prudence Cuming Assoc. Ltd., London Taf. 21

Documentation photographique de la Réunion des musées nationaux, Paris Abb. 11; Taf. 104-106, 114, 115

René Roland (Artephot) Taf. 44, 50, 58, 67, 68, 69, 81

Royal Academy of Arts, London Taf. 13, 16, 46

Salzburger Landessammlungen Rupertinum, Salzburg Taf. 119-121, 123

Photo Vizzavona, Paris Taf. 59, 75

Ingo F. Walther (Hrsg.), Expressionismus. Eine deutsche Kunstrevolution, Benedikt Taschen Verlag, Köln 1988 Abb. 10, 49